如何强起来

广东文化产业高质量发展之路

PATHWAYS TO PREEMINENCE
Advancing High-Quality Development in Guangdong's Cultural Industry

郭跃文　向晓梅　詹双晖　严若谷　等/著

社会科学文献出版社
SOCIAL SCIENCES ACADEMIC PRESS (CHINA)

目 录

绪论 文化强国战略下广东的文化新使命⋯⋯⋯⋯⋯⋯⋯⋯⋯⋯ 1

第一节 文化产业高质量发展是文化强国战略的根本要求⋯⋯⋯⋯ 1

第二节 文化强国战略的规律性认识⋯⋯⋯⋯⋯⋯⋯⋯⋯⋯⋯⋯ 4

第三节 文化强国战略下广东文化产业迈向高质量发展新征程⋯⋯ 8

第一章 理论审视：文化产业高质量发展的时代内涵、特征与方向 ⋯⋯ 17

第一节 文化产业高质量发展的基本内涵 ⋯⋯⋯⋯⋯⋯⋯⋯⋯ 18

第二节 文化产业高质量发展的动力结构与关键因素 ⋯⋯⋯⋯⋯ 26

第三节 广东文化产业高质量发展的尺度建构 ⋯⋯⋯⋯⋯⋯⋯ 34

第二章 历史方位：对改革开放以来广东文化产业发展的
　　　　回顾与审视 ⋯⋯⋯⋯⋯⋯⋯⋯⋯⋯⋯⋯⋯⋯⋯⋯⋯ 39

第一节 广东文化产业发展的历史路径 ⋯⋯⋯⋯⋯⋯⋯⋯⋯⋯ 39

第二节 广东文化产业发展的主要成就 ⋯⋯⋯⋯⋯⋯⋯⋯⋯⋯ 44

第三节 广东文化产业发展的经验启示 ⋯⋯⋯⋯⋯⋯⋯⋯⋯⋯ 51

第三章 对标评估：新时代广东文化产业高质量发展的优势与潜力、
　　　　问题与挑战 ⋯⋯⋯⋯⋯⋯⋯⋯⋯⋯⋯⋯⋯⋯⋯⋯⋯ 59

第一节 中国文化产业发展态势 ⋯⋯⋯⋯⋯⋯⋯⋯⋯⋯⋯⋯⋯ 59

第二节 广东文化产业高质量发展的国际比较 ⋯⋯⋯⋯⋯⋯⋯ 65

第三节　广东文化产业高质量发展的国内比较 ················· 70

第四节　广东文化产业高质量发展的问题与审视 ················· 73

第四章　战略构想：新时代广东文化产业高质量发展的目标、

　　　　路径与任务 ····························· 75

第一节　广东文化产业高质量发展的目标要求 ················· 75

第二节　广东文化产业高质量发展的战略任务 ················· 77

第五章　打造数字文化产业高地 ······················· 85

第一节　数字文化产业的逻辑内涵 ······················· 86

第二节　数字文化产业的发展趋势与经验启示 ················· 96

第三节　广东数字文化产业发展的基础概况与优势行业 ········· 106

第四节　推动广东数字文化产业发展的着力点 ················· 112

第六章　推动岭南特色文化产业做优做强 ················· 119

第一节　特色文化产业的当代价值与逻辑内涵 ················· 119

第二节　特色文化产业的主要开发模式 ····················· 129

第三节　岭南特色文化产业发展现状 ······················· 133

第四节　做优做强岭南特色文化产业的思路与对策 ··········· 138

第七章　推动内容产业创新创优 ······················· 143

第一节　内容产业的基本概念与发展趋势 ··················· 144

第二节　内容产业的经验扬弃 ··························· 156

第三节　广东内容产业的发展现状 ······················· 171

第四节　广东内容产业高质量发展的问题与路径 ············· 182

第八章　推动文化制造业创新发展 ······················· 190

第一节　文化制造业前沿理论 ··························· 190

第二节　广东文化制造业发展评价 ⋯⋯⋯⋯⋯⋯⋯⋯⋯⋯⋯ 196

第三节　广东文化制造业发展建议 ⋯⋯⋯⋯⋯⋯⋯⋯⋯⋯⋯ 210

第九章　深化文化产业融合发展 ⋯⋯⋯⋯⋯⋯⋯⋯⋯⋯⋯⋯⋯ 213

第一节　文化产业融合发展的内涵与机理 ⋯⋯⋯⋯⋯⋯⋯⋯⋯ 213

第二节　国内外文化产业融合发展的模式、经验与趋势 ⋯⋯⋯⋯ 220

第三节　广东文化产业融合发展的现状、特点与问题 ⋯⋯⋯⋯⋯ 235

第四节　广东文化产业融合发展的未来进路 ⋯⋯⋯⋯⋯⋯⋯⋯ 244

第十章　展望与建议：面向 2035 年的广东文化产业高质量发展 ⋯⋯ 248

第一节　科学把握习近平文化思想，开创广东文化产业高质量

发展新局 ⋯⋯⋯⋯⋯⋯⋯⋯⋯⋯⋯⋯⋯⋯⋯⋯⋯⋯ 248

第二节　面向 2035 年的文化产业发展趋势 ⋯⋯⋯⋯⋯⋯⋯⋯ 250

第三节　新时代坚定文化自信，繁荣广东文化产业的创新路径 ⋯⋯ 257

跋 ⋯⋯⋯⋯⋯⋯⋯⋯⋯⋯⋯⋯⋯⋯⋯⋯⋯⋯⋯⋯⋯⋯⋯⋯⋯ 269

绪论
文化强国战略下广东的文化新使命

第一节　文化产业高质量发展是文化强国战略的根本要求

建设社会主义文化强国，是实现中华民族伟大复兴的基础支撑。一个民族的复兴，不仅需要强大的物质力量，更需要强大的精神力量。文化是一个国家、一个民族的灵魂。坚定文化自信、增强文化自觉、实现文化自强，事关国家前途命运、民族发展进程和人民利益福祉。

党的十九届五中全会明确提出到 2035 年建成文化强国的远景目标，对"十四五"时期推进社会主义文化强国建设进行了战略部署，明确了建成文化强国的具体时间表，标志着党对文化建设重要地位及其规律认识的深化，为在全面建设社会主义现代化国家新征程中推动建成文化强国提供了行动指南，为我们深刻认识新时代文化建设新使命、创造中华文化新辉煌指明了前进方向。党的二十大擘画了全面建设社会主义现代化国家、以中国式现代化全面推进中华民族伟大复兴的宏伟蓝图，着重强调"中国式现代化是物质文明和精神文明相协调的现代化"，"物质富足、精神富有是社会主义现代化的根本要求"，"大力发展社会主义先进文化，加强思想信念教育，传承中华文明，促进物的全面丰富和人的全面发展"[①]。这是马克思主义文

---

① 《高举中国特色社会主义伟大旗帜 为全面建设社会主义现代化国家而团结奋斗——在中国共产党第二十次全国代表大会上的报告》，《人民日报》2022 年 10 月 26 日，第 1 版。

化理论在当代中国的重大发展，是新时代文化发展的根本指针。2023 年 10 月，全国宣传思想文化工作会议正式提出并系统阐述了习近平文化思想。习近平文化思想的提出，进一步明确了繁荣发展文化产业的科学内涵与行动纲领。

人类在漫长的历史进程中创造了多姿多彩的灿烂文化，文化以多种多样的形态推动着人类文明发展进程。特别是近代以来，随着人类社会重大变革和经济快速发展，文化在社会历史运动中的地位越来越凸显。文化的力量逐渐从"自在的潜流状态"转变为"自觉的风潮状态"。文化自觉既为人类运用文化的力量创造了条件，又使人类遭遇各种各样的文化问题。世界保护文化多样性的理论共识、国家（地区）之间的合作和竞争、文化合作和竞争的现实基础、文化与政治经济社会协调发展的新趋势新要求等，都为我们观察文化、引领文化、创新文化提供了一个宏大的时代视角和历史背景。文化作为民族创造力和凝聚力的重要源泉，在当今世界国际竞争中占据重要地位，是各国综合国力和国际竞争力的重要因素。在这个宏大背景下，坚定文化自信，增强文化自觉，争取历史主动和文化主动，成为我们研究文化、推动文化产业高质量发展的思想基础和理论基础。

中华文化的未来发展，与中华民族伟大复兴进程相辅相成。习近平总书记指出，"没有中华文化繁荣兴盛，就没有中华民族伟大复兴。一个民族的复兴需要强大的物质力量，也需要强大的精神力量。没有先进文化的积极引领，没有人民精神世界的极大丰富，没有民族精神力量的不断增强，一个国家、一个民族不可能屹立于世界民族之林"[①]。党和国家对文化发展历来十分重视，改革开放为文化发展提供了良好的环境。中国文化发展对思想观念、体制机制、社会氛围、经济技术条件和对外交流合作等产生了广泛而深刻的影响，文化反过来又有力地推动了经济社会的进步。新时代以来，党中央推动文化大繁荣大发展的力度空前。党的十九大报告提出，"坚定文化自信，推动社会主义文化繁荣兴盛"[②]；党的二十大报告

---

① 《习近平在文艺工作座谈会上的讲话》，《人民日报》2015 年 10 月 15 日，第 2 版。
② 《习近平著作选读》第 2 卷，人民出版社，2023，第 33 页。

提出，"推进文化自信自强，铸就社会主义文化新辉煌"①，到2035年建成文化强国，国家文化软实力显著增强。文化强国作为国家重要战略的地位更加凸显，这是新时代新征程构建文化发展新格局的逻辑起点和实践基础。

文化强国战略是党中央坚定文化自信和文化自强理念在中国式现代化进程中全面性、系统性的贯彻落实，体现了马克思主义执政党强烈的文化自觉和坚定的文化使命。文化强国战略伴随着建设中国特色社会主义现代化强国的进程而发展。党的十五大报告明确提出"文化建设"的重要命题，党的十五大、十六大、十七大报告分别以专章的形式对"文化建设"作出重要部署。党的十七届六中全会将"文化强国"的建设目标正式载入党的报告，这对中华文化发展具有里程碑意义。新时代以来，文化建设在党和国家全局工作中的位置尤其突出。党的十八大报告提出"扎实推进社会主义文化强国建设"②的明确要求。党的十九大报告强调"坚定文化自信，推动社会主义文化繁荣兴盛"③的任务。2021年，《中共中央关于党的百年奋斗重大成就和历史经验的决议》强调"文化自信是更基础、更广泛、更深厚的自信，是一个国家、一个民族发展中最基本、最深沉、最持久的力量"④。新的表述把对文化发展规律的认识推进到一个国家、一个民族发展更高的层次，把文化自信提升到一个国家、一个民族发展更新的境界。党的十九届五中全会基于对历史和现实的深刻认识和长远的科学判断，明确提出到2035年建成文化强国的远景目标，并对文化强国建设的科学内涵作出新的表述，明确指出要坚持马克思主义在意识形态领域的指导地位，坚定文化自信，坚持以社会主义核心价值观引领文化建设，加强社会主义精神文明建设，围绕举旗帜、聚民心、育新人、兴文化、展形象的使命任务，促进满足人民文化需求和增强人民精神力量相统一，推进社会主义文化强

---

① 《习近平著作选读》第1卷，人民出版社，2023，第35页。
② 《十八大以来重要文献选编》（上），中央文献出版社，2014，第24页。
③ 《习近平著作选读》第2卷，人民出版社，2023，第33页。
④ 《中共中央关于党的百年奋斗重大成就和历史经验的决议》，《人民日报》2021年11月17日，第1版。

国建设①。这个科学要求既与党的十八大以来文化强国建设的部署要求一脉相承，又提出"促进满足人民文化需求和增强人民精神力量相统一"的新论断，体现了以习近平同志为核心的党中央对文化强国建设的新定位、新要求。党的二十大报告在此基础上进一步强调，"激发全民族文化创新创造活力，增强实现中华民族伟大复兴的精神力量"，"不断提升国家文化软实力和中华文化影响力"②，并部署了五项重点任务，即建设具有强大凝聚力和引领力的社会主义意识形态、广泛践行社会主义核心价值观、提高全社会文明程度、繁荣发展文化事业和文化产业、增强中华文明传播力影响力等③。

新时代新征程，文化强国战略宏图已经绘就，战略目标和前进路径正随着全面建设社会主义现代化强国的伟大进程逐步展开。在中华民族伟大复兴战略全局和世界百年未有之大变局中，这是一项伟大而艰苦的建设工程。在这个过程中，还有许多问题需要破解、许多领域需要探索、许多路径需要创新。这就要求我们对文化强国战略进一步深化规律性认识，提高站位，把握关键，加强统筹，突出优势。

第二节　文化强国战略的规律性认识

关于文化强国的研究，理论界高度关注，众多学者从不同角度提出诸多见解，但还没有取得一致的规律性认识成果。在实践层面，更多的是从落实国家战略任务的角度，将其体现在经济社会和文化发展规划之中，总体上并未呈现规律性的理论阐述。但综合理论界的研究成果和实践层面的战略规划和路径实施，关于文化强国战略的规律性认识，我们可以概括为以下几个方面的内容。

第一，文化强国战略的本质规定性。马克思指出，文化可以作为一种

---

① 《中国共产党第十九届中央委员会第五次全体会议公报》，中国政府网，2020 年 10 月 29 日，https://www.gov.cn/xinwen/2020-10/29/content_5555877.htm。

② 《习近平著作选读》第 1 卷，人民出版社，2023，第 35~36 页。

③ 习近平：《高举中国特色社会主义伟大旗帜 为全面建设社会主义现代化国家而团结奋斗——在中国共产党第二十次全国代表大会上的报告》，人民出版社，2022。

物质力量，在凝聚无产阶级智慧、指导无产阶级生产实践、巩固无产阶级地位等各个方面所发挥的作用是无可替代的，是实现和维护无产阶级根本利益的重要法宝和基本保障①。文化是社会经济基础的反映，是在一定历史条件下产生和发展的；文化不是抽象的，它具体地存在于社会运动之中，因而文化具有阶级性，这是辩证唯物主义和历史唯物主义对文化的基本立场与基本观点。我们要建设的文化强国，是社会主义的文化强国，坚持先进文化引领是社会主义文化强国的首位特征，其实质是坚持马克思主义指导地位的文化发展道路，创造出充分反映马克思主义根本价值的文化发展成果。这就是我们要建设的文化强国的本质规定性。从这一本质规定性出发，就能进一步明确文化发展战略的价值取向、理论方向、道路选择、制度安排，准确抓住文化建设和发展实践的思想基础、战略布局、发展动力、政策导向和改革开放策略。

第二，文化强国战略的国家民族性。2001年，联合国教科文组织发布《世界文化多样性宣言》，指出"文化在不同的时代和不同的地方具有各种不同的表现形式。这种多样性是构成人类各群体和各社会独特性和多样化的具体表现。文化多样性是交流、革新和创作的源泉，对人类来讲就像生物多样性对维持生物平衡那样必不可少。从这个意义上讲，文化多样性是人类的共同遗产，应当从当代人和子孙后代的利益考虑予以承认和肯定"②。这是对文化多样性规律的深刻洞悉和肯定。文化的多样性从不同的方面和层次反映出来。而文化的国家性民族性是文化多样性最集中、最重要的反映。国家因共同价值而得以建立和巩固，民族因共同精神而得以凝聚和发展。习近平主席在世界经济论坛"达沃斯议程"对话会上的特别致辞中指出，"世界上没有两片完全相同的树叶，也没有完全相同的历史文化和社会制度"，"各国历史文化和社会制度差异自古就存在，是人类文明的内在属性。没有多样性，就没有人类文明。多样性是客观现实，将长期存在"③。

---

① 郝智浩、许春玲：《马克思的文化观及其现代价值意蕴》，《人民论坛》2016年第14期。
② 《世界文化多样性宣言》，载《民族文化与全球化研讨会资料专辑》，2003，第13～15页。
③ 《习近平谈治国理政》第4卷，外文出版社，2022，第460页。

我们要建设的社会主义文化强国，就是要把建设中国特色、中国风格、中国气派的社会主义先进文化，与推动人类文明交流互鉴、构建人类命运共同体辩证统一起来。一方面，要"坚持创造性转化、创新性发展，以社会主义核心价值观为引领，发展社会主义先进文化，弘扬革命文化，传承中华优秀传统文化"，"增强实现中华民族伟大复兴的精神力量"，"满足人民日益增长的精神文化需求"，"巩固全党全国各族人民团结奋斗的共同思想基础"[①]；另一方面，要增强中华文明传播力影响力，坚守中华文化立场，加强与世界上不同国家、不同民族、不同文化的交流互鉴，推动中华文化更好走向世界，夯实共建人类命运共同体的人文基础。

第三，文化强国战略的系统存在性。文化自身是一个复杂庞大的系统，文化又是整个社会历史运动大系统中的一部分，是其子系统。文化强国的系统存在性表现为紧密联系、辩证统一的两个方面，即文化是"五位一体"体系中的文化，存在于"五位一体"大系统并且服从其运动规律；文化自身由多个要素（子系统）构成，有复杂的系统性结构和自身运行规律。这一认识是在文化建设和发展中坚持系统观念的体现，因而相应地有两个方面的要求。一方面，明确文化强国战略安排、推动文化强国战略落实，必须牢固树立"五位一体"一盘棋统筹协调的观念。2020年，习近平总书记在教育文化卫生体育领域专家代表座谈会上指出，"统筹推进'五位一体'总体布局、协调推进'四个全面'战略布局，文化是重要内容；推动高质量发展，文化是重要支点；满足人民日益增长的美好生活需要，文化是重要因素；战胜前进道路上各种风险挑战，文化是重要力量源泉"[②]。这是对文化在国家战略全局系统中的根本定位，体现了文化与战略全局的辩证关系。另一方面，要深刻洞悉、自觉遵循和科学运用文化建设和发展的客观规律，突出观照文化发展目标总与分、远与近的关系，掌握文化发展动力机制，科学部署文化资源配置方式，充分运用创新创意生产和供给技术，

---

① 习近平：《高举中国特色社会主义伟大旗帜 为全面建设社会主义现代化国家而团结奋斗——在中国共产党第二十次全国代表大会上的报告》，人民出版社，2022，第43页。
② 习近平：《在教育文化卫生体育领域专家代表座谈会上的讲话》，人民出版社，2020，第5页。

准确把握文化产品和文化活动的精神本质，辩证处理发展文化事业和文化产业的关系，发挥文化政策的引导和保障功能，等等。

第四，文化强国战略的实践结构性。文化强国的实践结构性，是文化强国的系统存在性在战略实施中的映射。系统的结构性特征决定了组成系统各部分（子系统）之间存在重要性位次差异，也决定了各部分（子系统）之间内在的联系机制和系统总体运行模式。因此，要把实践结构观念贯穿于文化强国战略实施的整个过程，把宏大的目标和战略布局逐层分解为具体的、有机联系的部分并推动实施。只有这样，才能保证纲举目张、进程务实、成果扎实，才能避免文化建设空泛化、虚幻化、标签化。需要特别指出的是，必须把握好战略措施目标与进程、上位与下位、关键与一般、先行与跟进等重要关系；辩证处理好五个关键方面的结构，即在空间规划上全盘布局与抓住节点、在机制改革上创新试点与全面铺开、在进程统筹上"龙头"辐射与区域联动、在资源配置上基本保障与市场调节、在人才布局上尊重选择与政策引导等。文化强国实践结构性的这些要求，最终反映为要建立文化强国建设引导性指标体系，把战略实施的系统结构性要求转变为具体的建设和发展目标引领力、文化生产主体自觉创造力。

第五，文化强国战略的评价参照性。在"文化强国"的理论研究中，"强"成为热点和争论焦点。从逻辑上讲，很显然其可在两个维度上展开。一个是把"文化强国"视为"以文化强国"，文化主要作为"强国的工具"；另一个是把"文化强国"视为"文化强大的国家"，文化作为国家强大起来的本体，即文化自身是发展目标。事实上，不同学者各持不同逻辑的意见。在本书看来，这两个观点，其实是"一体两面"的关系。所谓"一体"，即文化发展壮大这一主体和本体，"两面"是"一体"的两个表征：文化自身的强大和文化作为工具推动国家强大。尽管采用不同的立足点会对战略选择产生重大影响，但事实上即便持"工具论"意见，也需实现"工具"自身强大才能进而推动国家强大。从这个意义上看，归根结底，文化强国应当指文化作为主体和本体的强大，即"拥有强大的文化的国家"。厘清这一认识，是进一步研究文化强国的所谓"强"的基础。

显而易见，"强"具有相对性意义，无论定量还是定性，都难以确定"强"的绝对性含义。因此，表达"强"，需要有一个"参照物"或坐标系。一般来说，可以从三个维度来表达这种相对性：一是纵向维度，相对于自身既往历史呈现"强"的特征；二是横向维度，同一时期相对于具有可比性的同类呈现"强"的特征；三是发展维度，相对于具有可比性的同类在"量"的增长、"质"的提升和"新"的发生等方面呈现"强"的特征。由此看来，我们要建设的文化强国的"强"，至少呈现为文化发展水平处于历史高峰、世界高峰和活力高峰。因此，在文化强国战略谋划中，应当具有历史眼光和世界胸怀，敢于比肩当代世界一流；在文化强国战略实施中，应当注意参照系的阶段合理性，把握好定量和定性评价的结合与统一，分步分层次设定并实现目标。

第三节 文化强国战略下广东文化产业
迈向高质量发展新征程

党和国家绘就了文化强国战略宏伟蓝图。作为文化大省的广东，必然而且必须承担先行者、探索者和实践者责任，把文化强国战略转化为文化强省建设战略和目标的施工图，走在全国前列、成为排头兵。同时，把担当国家使命和实现自身从文化大省向文化强省转变结合起来，创造更加辉煌的文化成就。这是新时代广东文化发展光荣的国家使命、时代使命和难得的时代机遇。

（一）文化强国战略赋予广东文化发展新使命

党的二十大报告确立"从二〇二〇年到二〇三五年基本实现社会主义现代化；从二〇三五年到本世纪中叶把我国建成富强民主文明和谐美丽的社会主义现代化强国"分两步走的总的战略安排和到2035年建成文化强国的战略目标①。这是以习近平同志为核心的党中央统筹中华民族伟大复兴

---

① 习近平：《高举中国特色社会主义伟大旗帜 为全面建设社会主义现代化国家而团结奋斗——在中国共产党第二十次全国代表大会上的报告》，人民出版社，2022，第24页。

战略全局和世界百年未有之大变局、坚定"四个自信"的战略决策，是推动经济社会全面高质量发展的根本站位，更是部署文化建设、发展与改革的根本依据。新时代新征程，对标国家战略，广东承担着尤其光荣而重大的使命。文化强国战略赋予广东文化发展的新使命主要体现在以下三个方面。

一是从文化区域影响力转变为文化世界影响力的国家战略担当。中国全面建成社会主义现代化强国的进程，也是在更高水平上扩大开放的过程，当然也是中华文化与世界各国各民族文化交流互鉴不断深化的过程。文化合作与竞争并存，是这一过程的基本特征。增强文化软实力将成为这一过程的核心议题。广东作为全国范围内文化发展走在前列的省份，是国家向世界展示文化软实力的重要窗口。因此，广东的文化发展坐标系将更明确地锚定世界一流文化。这在国家构想和战略中已充分体现出来，如实施《粤港澳大湾区发展规划纲要》、支持深圳建设中国特色社会主义先行示范区等，都凸显了国家赋予广东面向世界、争创一流的文化新时代使命。

二是从文化匹配经济社会发展转变为文化引领经济社会进步的探索和创新责任。马克思主义理论认为，经济基础对文化起决定作用、文化反过来对经济发挥能动作用。在经济前发达阶段，经济对文化起决定作用、文化呈现适应经济的样态十分显著。改革开放以来，广东经济高速发展推动和保障了文化快速发展，文化发展的样态主要是适应经济发展并在精神力量、社会环境、产业支点等方面发挥重要作用。但在经济发展到一定阶段后，文化的能动作用将更加凸显。丰厚的物质基础，决定了文化发展层次迈上新的台阶、展现新的样态。可以预见，在广东经济高质量发展、中国式现代化走在全国前列的进程中，文化引领的能动作用将逐步显现。如何实现正确引领、有效引领，是一个没有现成经验可参照的探索和创新过程。广东有条件，也应当有能力成为勇于担当展现马克思主义中国化时代化和"两个结合"实践成果的探索者与创新者。

三是从文化产业大规模快速增长转变为文化产业品质快速提升的高质

量发展先行样板区和引领区。高质量发展是全面建设社会主义现代化国家的首要任务①，将贯穿中国式现代化的全过程、全领域。追求高质量发展就是追求发展方式向更高层次演变，其在本质上是因生产力发展而使供给"量的规模"有了较好的保障之后，对供给的生产提出递进式"质的要求"，以满足需求升级和发展可持续的需要。这一递进式规律和发展要求同样反映在文化发展进程中。改革开放以来，中国文化发展取得重大的进步，从供给的维度看，公共文化服务供给能力不断增强，为人民文化权利的实现提供了良好的保障；文化和艺术百花齐放、欣欣向荣，以人民为中心的创作理念在文化艺术界普遍树立；文化产业随着文化体制改革不断深化和市场经济体制不断完善而呈现快速增长的态势，文化创意产业成为新时代最具活力的产业之一。例如，2013～2018年，文化及相关产业增长年均达到12%，大大超过GDP的增长速度。同时，也应该看到，新时代以来，我国社会主要矛盾即人民日益增长的美好生活需要和不平衡不充分的发展之间的矛盾②，在文化领域表现突出。这对文化产业实现高质量发展提出新的底层逻辑要求。从总体上看，广东文化发展领先全国，但依然存在发展不平衡不充分的问题，迫切要求推动文化产业高质量发展。对此，广东的领先地位和示范作用，既是率先迈向更高层次更高质量发展的条件，又是作为全国文化产业高质量发展先行者需要承担的探索新路、打造样板的责任。

（二）广东的文化发展进程进入建设更高水平的文化强省新阶段

担当新使命的根本站位和自身发展升级的内在要求，把广东的文化发展推进到新阶段。新时代以来，广东的文化产业发展取得令人瞩目的成绩，在全国范围内看，稳居文化大省第一方阵，文化强省特征也逐步显现。

首先，从纵向来看，新时代以来，广东的文化产业处于稳定快速增长状态。以2014～2021年为例，广东文化产业年增加值占全省地区生产总值的比重均超过5%，成为全省国民经济支柱产业。2021年，广东文化及相关

---

① 习近平：《高举中国特色社会主义伟大旗帜 为全面建设社会主义现代化国家而团结奋斗——在中国共产党第二十次全国代表大会上的报告》，人民出版社，2022。

② 习近平：《决胜全面建成小康社会 夺取新时代中国特色社会主义伟大胜利——在中国共产党第十九次全国代表大会上的报告》，人民出版社，2017，第11页。

产业增加值为 6910 亿元，占全省地区生产总值的 5.54%，相比 2013 年的 3011 亿元，增长了约 1.3 倍。截至 2022 年末，广东省文化企业数量超过 66 万家，相比 2013 年的 10.4 万家，增长了约 5 倍。其中，规模以上文化企业超过 1 万家，比"十三五"初期增加 50%；媒体融合发展取得重要突破，以南方财经全媒体集团为代表的新式传媒平台迅速崛起，以网络游戏、动漫、网络音乐、4K/8K 超高清视频产业为代表的"文化+新技术"新领域蓬勃发展；文化公共政策针对性强，文化体制改革不断走向深入，现代文化市场体系建设成果显著。从总体来看，新时代以来广东的文化产业发展呈现"做大并自强"的特征。

其次，从横向来看，新时代以来，广东文化产业发展水平一直处于全国领先地位，稳居全国文化强省（区、市）第一方阵。2021 年，广东文化及相关产业增加值为 6910 亿元，约占全国总量的 13.2%，连续 19 年居全国首位；广东文化产业覆盖 9 大类 146 个行业，其中 7 大类增加值占全国比重超过 10%，如文化装备生产占 24%，新闻信息服务占 14%，版权产业占 13%，对外文化贸易占 40%。截至 2022 年底，广东文化企业数量超过 66 万家，其中规上文化企业 1 万余家，从业人员 304 万人，均居全国第一；以网络游戏出版为主的数字出版业年营收超过 2300 亿元，动漫产值超 600 亿元，均居全国首位；电影票房超 59.68 亿元，领跑全国；4K/8K 超高清视频、电竞、直播和网络视听等新技术新业态的发展领先全国。中国人民大学文化产业研究院于 2023 年 3 月 30 日发布的"2022 中国省市文化产业发展指数"显示，广东文化产业发展综合指数位列全国第二，仅次于北京，且连续五年位列前三；广东文化产业生产力指数排名第一，影响力指数排名第三，驱动力指数排名第二；文化科技融合能力指标排名第二，文化金融融合能力指标排名第四，新业态融合指标排名第二[①]。在全国范围内，广东文化产业发展水平处于较高的地位，横向比较可称"文化强省"。

从以上不难看出，广东建设文化强省已经迈出坚实的步伐，走在"向

---

① 《"2022 中国省市文化产业发展指数"结果发布》，人大文化产业研究院微信公众号，2023 年 3 月 30 日，https://mp.weixin.qq.com/s/p54JWHk4dms2EevqlCDeUA。

更高水平进发"的道路上。这一趋势正与广东的文化新使命相适应，与广东经济社会推进全面高质量发展的要求相适应，同时提示广东的文化产业发展进入提质增效新的阶段。在这个阶段，广东的文化发展坐标是全世界、"文化强省"的参照系是国际一流地区。在这个阶段，以"结构性改善"为突出特征的一系列提质增效进程构成文化产业发展的主线。

一是文化发展格局呈现"双循环"结构。广东的文化发展格局将与国家构建以国内大循环为主体、国内国际双循环互相促进的新发展格局相呼应。具体来说，在新阶段广东的文化发展，一方面要满足人民美好生活需要、适应中国式现代化的"物质富足、精神富有"要求，切实推进文化发展高速度且高质量；另一方面人文湾区建设、共建"一带一路"倡议的提出、国家文化软实力的增强和中华文明与世界文明交流互鉴等，要求广东率先构建面向世界的文化交流、合作、贸易和传播体系，在共建人文湾区中增强文化自觉、充分激发文化创造力和文化生产力。广东"双循环"文化新发展格局，将为文化建设"保、稳、快、进"和拓展空间提供确定的总前提。

二是文化供给结构呈现市场化、均衡化。在供给主体方面，在文化基本保障供给（公共服务性）稳步增长的同时，文化市场供给（营利性）和文化社会供给（公益性）以更快的速度增长，文化市场供给在整个文化供给侧的比重持续增大。在供给产品（服务）方面，传统文化产品（服务）产出规模稳中有升，新兴文化产品（服务）产出规模呈现突破性增长特征。在供给渠道方面，线上的互联网渠道和线下的社区场景文化空间等实现了文化资源和服务均等化，成为文化供给与需求对接的主要渠道。此外，在粤港澳大湾区建设和乡村振兴战略推动下，城乡公共文化保障性供给趋于平衡和同质，城市（区域）间的合作和融合发展、文化产业基础技术进步、交通和新基建充分发展等使文化供给能力趋同，城乡与区域文化发展不平衡不充分的矛盾显著缓解。从总体上看，文化供给结构转向均衡化。

三是文化需求结构呈现分众化、品质化。文化消费的个性化、定制化，文化活动社团化、社群化特征，在文化生产网络互联和数字化、智能化等文化产品"柔性生产"技术逐步成熟的条件下，进一步得到强化。从需求的角度看，则呈现为消费端分众化增强、大众化减弱。同时，在文化需求基本保障得到充分实现之后，随之而来的就是对文化消费品质的个性化追求。相应地，文化消费结构逐步转向以追求品质生活为主流的格局。这种品质化需求，集中表现为更强调对产品（服务）的精神价值追求和更精细的使用价值要求。例如，对产品（服务）的内容关注度提高、对产品（服务）消费的体验更精细、对产品（服务）的审美要求进一步跃升、对产品（服务）的社会联系功能更为重视等。

四是文化生产供应格局呈现节点化集聚。文化生产高技术化、产品种类规模不断扩大的趋势，以及部分文化资源不可迁移性等，使文化生产必须有一定的聚合生态条件，才能实现高效率。因而，生产要素必然趋于聚合，特别是人才、资金、信息、素材等文化生产资源的聚合，构成了具有生产要素集聚特征的生产节点，有的甚至将发展成为枢纽。这里所称的节点，既可能是空间上的集聚区域，也可能是互联网上的社区或平台。同时，线下文化供应场景的设施条件要求、公共安全要求、老幼人群的便利要求等，以及互联网线上文化产品分发渠道的细分趋势，也促进了文化供应的节点化或平台化。实际上，生产要素节点化集聚是文化生产、供给、消费实现规模效益和提升总体品质的必要条件。

五是文化发展动能呈现创意性、内在性。文化发展动能可以来自多个方面，如产业政策引导、产业效益推动、法律监督促进、政府公共投入、社会需求拉动等。这些从总体上看都属于文化发展的外在动能，也是长期以来发挥主要作用的发展推动力。这与主要实现文化的经济社会功能的价值取向相呼应。在未来，这些外在推动力依然发挥重要作用，但在践行"实现人的全面发展和改善人民生活品质"理念的条件下，文化的价值将更突出地体现为养成人的精神品格、回归"人的主体性"，因而文化的内在精神性要求将激发文化产品的创意、创新、创造，满足人们不同层次的精神品格需要。正因为如此，在文化生产过程中以创意、创新、创造为特征的内生动力，将逐步成为文化发展的主要动能。

（三）新征程广东建设文化强省的战略要求

在追求更高更强的新征程上，广东的文化建设将面临更复杂、更艰难的课题。实现高水平文化强省建设目标，要求在战略上明确路径、做好科学布局、支稳"四梁八柱"、充分激活社会力量、适应技术创新条件等。其关键是要坚持以下四个方面的要求。

一是把文化产业高质量发展作为建设文化强省的首要任务。文化强省建设是一项复杂而庞大的系统工程，牵涉面广、影响深远。从上文所述可以看出，在文化强省建设纷繁的影响因素中，文化产业高质量发展对更高水平的文化强省建设进程和成败具有决定性作用。相对于文化事业而言，文化产业的运行活力更强、创新条件更好、发展空间更大，尤其在对外交流合作和竞争方面，优势更明显；同时，其对文化事业的发展也具有牵引作用，从而推动文化强省更高水平建设。从生产机制的维度看，文化产业是基于市场机制组织起来的，市场的自调节功能更利于文化资源组织、利用效率和文化产品（服务）生产、供给效率的提高，市场迅速的反馈机制使文化产品（服务）不断改进和创新，从而极大地丰富和有效地调节了文化生产。尤其重要的是，文化产业是国民经济的重要组成部分，已成为广东重要支柱产业和战略性新兴产业，文化产业多重属性反映了其与经济社会发展的无间联系和深度融合，确保了方向、路径和进程的一致性，这是更高水平文化强省建设的基本内涵之一。在一定程度上讲，推进更高水平文化强省建设，就是推进文化产业高质量发展。当然，这并不是意味着文化事业、文化制度等其他方面不重要，相反，其他方面的高质量发展同样是文化强省建设的一部分，并为文化产业高质量发展提供条件。但只有抓住文化产业高质量发展这个"纲"，其他方面的高质量发展才有更强大的牵引力和更广阔的发展空间。

二是把深化文化体制机制改革作为破除文化发展障碍的抓手。改革开放以来，广东的文化发展是在不断深入推进文化体制机制改革中取得的。因改革形成充满活力的文化市场，因改革激活文化生产主体，因改革丰富文化产品和服务，人民群众获得文化实惠，经济发展获得崭新动力，社会进步获得精神力量。相对于经济体制而言，文化体制机制改革起步要晚一些，特别是发展文化产业真正成为国家战略时间并不长，文化体制机制改革还需加快推进。在新阶段新征程加快推进文化高质量发展，特别是实现文化产业高质量发展，文化体制机制改革还有很多课题亟待研究解决。例如，文化市场法治环境的改善、文化投资和产权制度的创新、文化安全治理机制的完善、文化公共资源利用机制的改进、文化经济的管理与调控、文化公共服务体制的改革、艺术创作与发展社会机制的构建等，都是复杂而重要的课题。历史经验强烈提示我们，只有以创新的理念，紧紧扭住文化体制机制改革这一"牛鼻子"，才能突破文化产业高质量发展的关键障碍，实现文化产业高质量发展。

三是把扩大对外高水平开放作为开辟文化发展新境界的条件。在更高水平上扩大对外开放，是实施文化强国战略的题中应有之义，更是广东文化强起来的必由之路。广东正是因为处于开放前沿才获得发展更广泛的机遇、具备更开阔的视野、确立更高的发展站位。如上文所述，新时代新征程，广东建设文化强省的坐标是全世界、参照系是国际一流地区，这就要求广东的文化发展要扩大对外开放、提高对外开放水平。文化对外开放既是机遇又是挑战，机遇带来新的发展境界、挑战倒逼加快发展进程。实现文化更高水平的对外开放，要处理好几个重要关系。第一，合作与竞争的关系，要立足于共建人类命运共同体的使命要求；第二，开放与安全的关系，要立足于筑牢意识形态安全"底线"和连通创意创新"热线"；第三，引进投资和对外投资的关系，要立足于以法治实现对投资的规范、教育、引导和监管；第四，中国特色和世界话语的关系，要立足于"让世界听懂中国故事""让世界汲取中国智慧""让世界知道学术里的中国""创新话语体系，善用新媒体技术，推进中华文明、中国故事的全球化、区域化、分众化表达，不断提升中华文化对外传播的实效性和亲和力"①。

四是把坚持以人民为中心作为加快文化充分发展的根本立足点。坚持

---

① 郭跃文、张造群、张冰：《以中华优秀传统文化涵养中国式现代化》，《光明日报》2023年8月2日，第6版。

以人民为中心加快文化发展，是中国特色社会主义文化的本质要求。归根结底，满足人民群众美好生活需要和促进人的全面发展是文化发展的首要责任，这是"发展为了谁"时代命题的文化回答。同时，只有坚持以人民为中心，作为人的本质规定性的文化，其发展才能取得源源不断的动力和智慧，这是"发展依靠谁"时代命题的文化回答。立足于以人民为中心，广东落实文化强国战略、建设更高水平的文化强省，需要在以下几个方面做到辩证统一。其一，满足人民文化需求和增强人民精神力量相统一；其二，坚持把社会效益放在首位与实现社会效益和经济效益协调共促相统一；其三，推进优秀传统文化创造性转化和创新性发展，与吸收人类文明优秀成果相统一；其四，发挥文化发展"龙头"效应与强化发展平衡性、充分性相统一；其五，充分运用文化生产供给先进技术与关注文化消费群体差异相统一。

第一章

理论审视：文化产业高质量发展的
时代内涵、特征与方向

文化强省建设是一个复杂的系统工程，牵涉多个方面、众多因素。显而易见，文化产业是这一复杂系统工程的一个重要组成部分。从构成来看，文化强省系统工程包括文化事业和文化产业两个基本方面的繁荣发展与协调发展；从发展动能来看，文化产业是最具创造创新活力、最具资源聚合力、最具发展空间扩张力的方面；从发展阶段来看，文化产业是破除文化发展机制障碍的主要途径，是实现文化事业突破性发展的前提条件，是在更高层次上实现文化强省目标的主要驱动力量。事实上，考察世界文化发达、文化软实力居前列的国家和地区文化发展过程，可以发现，尽管其取得的文化软实力地位所依据的支撑条件存在极大的不同，但无一例外，其文化高水平快速发展并取得世界性文化影响力都是通过发展文化产业的方式实现的。同样，广东改革开放以来文化建设的巨大成就，是伴随着率先开放推动文化经济形态的形成、率先改革建立文化市场体系、率先探索构建现代文化产业体系和市场体系而取得的。广东进而成为文化大省、文化强省，并走上更高水平文化强省建设道路。这一过程，是文化产业形成、发展、壮大的过程，也是文化产业在文化强省建设进程中逐步发挥决定性作用的过程。

概括地说，新时代新征程广东建设文化强省最终要打造世界级的文化软实力。世界级文化软实力最终需要通过世界级文化硬实力来展现，文化硬实力最主要的就是体现为文化产业的发展水平和质量。因此，必须把文化产业高质量发展放在文化强省建设的主轴心地位，全面、深入和系统化一体化地推进。为此，要增强对文化产业高质量发展的规律性认识，把握其关键内容、发展要素、主要进程和动力源泉等重要方面，为实践演进和工作部署打下规划引领和思想理论基础。

第一节　文化产业高质量发展的基本内涵

一　高质量发展理论的再认识

　　探究文化产业高质量发展，必须厘清其逻辑渊源和时代背景，从根本上认识其理论内涵和实践内涵。高质量发展概念，首先是在经济领域应中国社会主要矛盾转变、增长方式转变而提出来的，因其丰富而深刻的科学内涵具有普遍指导意义而逐渐在中国经济社会发展各个方面展开。中国经济已由高速增长阶段转向高质量发展阶段，正处在转变发展方式、优化经济结构、转换增长动力的攻关期[①]。推动高质量发展，是基于以往主要依靠要素投入的粗放经济增长模式不可持续的困境[②]，为实现经济增长方式变革，走经济发展的质量变革之路、走效率变革之路、走动力变革之路，从而持续提高全要素生产率。高质量发展，更是党和国家深刻把握中华民族伟大复兴的战略全局和世界百年未有之大变局、全面建成社会主义现代化强国的首要任务，也是中国式现代化建设新征程的主要特征。2017 年，习近平总书记在中央经济工作会议上指出，"高质量发展，就是能够很好满足人民日益增长的美好生活需要的发展，是体现新发展理念的发展，是创新成为第一动力、协调成为内生特点、绿色成为普遍形态、开放成为必由之路、共享成为根本目的的发展"。"更明确地说，高质量发展，就是从

---

　　①　习近平：《决胜全面建成小康社会 夺取新时代中国特色社会主义伟大胜利——在中国共产党第十九次全国代表大会上的报告》，人民出版社，2017。
　　②　李培峰：《新时代文化产业高质量发展：内涵、动力、效用和路径研究》，《重庆社会科学》2019 年第 12 期。

'有没有'转向'好不好'。"① 这为高质量发展确立了其内涵的根本范畴，是关于高质量发展理论和实践的根本遵循。

在 2018 年 8 月全国宣传思想工作会议上，习近平总书记强调，要推动文化产业高质量发展，健全现代文化产业体系和市场体系，推动各类文化市场主体发展壮大，培育新型文化业态和文化消费模式，以高质量文化供给增强人们的文化获得感、幸福感，首次提出"文化产业高质量发展"的命题②。由此，理论界和实践界对其内涵和逻辑进行了深入的探索，涌现了不少认识成果。尽管这些探索对文化产业高质量发展的规律性认识有差异，但对其本质认识并没有重大分歧。深入地分析可以发现，总体上这些规律性认识存在片面性问题，认识深度还不够，解析性的理论认识比较多、建构性的规律认识比较少。究其原因，是在文化产业研究和实践领域对"高质量发展"的规律性认识不够透彻。相对而言，经济领域在这个方面走在了前面，从宏观的国民经济、中观的产业经济到微观的市场主体，都有较好的高质量发展理论建构基础。当然，这也可以成为研究文化产业高质量发展的参考尺度。

笔者认为，首先要准确把握"高质量发展"的根本特征，才能对既有经济属性又有社会属性和意识形态要求的文化产业高质量发展有准确的认识。概括地说，"高质量发展"有三个方面的根本特征。

一是高质量发展主要指向供给侧的变革。一方面，从上文关于高质量发展的历史演进和时代背景，以及习近平总书记关于高质量发展的重要论述中，不难得出高质量发展指向供给侧变革的判断。另一方面，高质量发展条件下，尽管需求侧对供给侧产生重大影响，但需求侧反映的是高质量发展的目的、结果并成为检验标准，并非高质量发展的指向对象。这是因为，需求侧的增长具有内在性，是人类对幸福感、获得感持续不断追求所映射的样态。就中国社会主要矛盾而言，满足"人民日益增长的美好生活需要"是目的，通过高质量发展解决"不平衡不充分的发展"的问题是途

---

① 《习近平著作选读》第 2 卷，人民出版社，2023，第 67~68 页。
② 《习近平谈治国理政》第 3 卷，外文出版社，2020，第 314 页。

径。途径应服务和服从于目的，这个矛盾运动过程就表现为"途径"不断变革创新去适应"目的"的不断变化。因而，提出高质量发展并非主要指向作为"目的"的需求侧。

二是高质量发展是过程和结果的统一。目前，理论界大多把高质量发展作为"结果"进行研究，认为高质量发展总体上是一种现代化高质量发展状态。这一认识揭示了高质量发展的根本要求，但并没有认识到高质量发展在经济社会矛盾运动中的"过程"属性。首先，高质量发展即使从结果维度来看，也不是一个凝固不变的标准，而是随着世界现代化水平提升而不断跃迁的、变化着的样态。其次，高质量发展的"结果"是符合高质量发展要求的"过程"积累而成的，没有符合要求的过程，其结果就具有偶然性，不具备可持续性，违背了高质量发展的价值追求。所以，只有把高质量发展的过程和结果辩证统一起来，才能透彻理解高质量发展的要义。

三是高质量发展是"量"和"质"的统一。从上述分析中很容易得出一个重要判断，即高质量发展是在"量"发展到一定程度之后对"质"的要求。这就揭示了高质量发展需要实现"量"和"质"的统一，主要包括两个方面。一方面是发展规模和品质的统一，没有较大的发展规模，发展品质就无以承载，谈不上发展品质的转型升级。另一方面是增长速度与效率的统一，增长速度既反映发展水平又保障发展规模，发展失速就说明发展能力和水平在下降；效率优先并不排斥速度。相反，在发展失速条件下讨论效率增长问题，就失去了现实意义和逻辑基础。当然，必须指出的是，在高质量发展的条件下，当出现"量"和"质"的重大冲突与矛盾时，应当保证"质"优先，但并不放弃"量"的适度要求，应实现发展"量"和"质"的辩证统一。

二 文化产业高质量发展的基本内涵

文化产业既具有经济属性，又具有社会属性和意识形态安全要求[1]，其

---

[1] 李培峰：《新时代文化产业高质量发展：内涵、动力、效用和路径研究》，《重庆社会科学》2019 年第 12 期。

高质量发展既遵循高质量发展的一般规律，又具有自身的特点。从文化产业高质量发展概念的提出到国家对文化发展的战略部署，充分反映文化产业高质量发展内涵的丰富性、独特性和层次性。因此，从不同维度看待文化产业高质量发展的内涵，可能有不同的理解。但从总体看，最基本的内涵包括以下两个层面。

（一）观念内涵

这是指文化产业高质量发展包含一系列相互联系的观念要求。"高质量发展"综合了治国理政诸多重要观念、反映了国家战略实践的指导思想。一是发展的价值观。2018 年 8 月，习近平总书记在全国宣传思想工作会议上的讲话中，集中阐述了文化产业高质量发展问题，提出现代文化产业体系、市场体系、市场主体、市场业态、消费模式等方面的要求，进而回归到"以高质量文化供给增强人们的文化获得感、幸福感"这个立足点，凸显了发展的根本价值观，明确回答了文化发展"为了谁"的问题。二是发展的大局观。梳理国家推动高质量发展和文化发展战略部署、战略举措，不难发现其以对时代、对世界的深刻判断为重要依据。习近平总书记指出，"领导干部要胸怀两个大局，一个是中华民族伟大复兴的战略全局，一个是世界百年未有之大变局，这是我们谋划工作的基本出发点"[①]。把文化自信、文化自觉、文化自强的要求体现在文化产业高质量发展上，就是对这一观念的实践。三是新发展理念。2017 年，习近平总书记在中央经济工作会议上关于高质量发展的重要论述，清晰地表明了高质量发展就是贯彻新发展理念的发展。对于文化产业来说，特别要在协调发展上实现三个统一，即坚持把社会效益放在首位，实现经济效益和社会效益相统一；加快供给侧结构性改革，实现高品质的发展与加快提高生产率相统一；增强先行区域、龙头行业的引领带动作用与推进后进区域、落后行业的加快发展相统一。四是发展的系统观。文化是"五位一体"总体布局中的重要内容。这就规定了文化产业高质量发展必须服务和服从于"五位一体"的总体布局，在"五位一体"这个大系统中认识、分析、谋划、推进和检验文化产业高质量

---

① 《习近平谈治国理政》第 3 卷，外文出版社，2020，第 77 页。

发展。因而，发展的系统观成为文化产业高质量发展的基本观念内涵。

（二）实践内涵

这是指文化产业高质量发展包含一系列相互联系的战略性指标要求。"高质量发展"是一种总的发展观念、一套科学的发展理论，更是一个具有全局性的实践演进战略部署要求。党的二十大报告明确指出，"高质量发展是全面建设社会主义现代化国家的首要任务"①。这表明了"高质量发展"的战略实践性。文化产业高质量发展，是中国高质量发展战略部署的重要组成部分，其实践内涵主要体现在实现五个方面指标的高质量上。一是文化产业增长高质量。这是文化产业高质量发展的基础性指标，主要包括文化产业规模、增速、结构，以及文化产业增长的稳定性、抵抗不确定因素的韧性和增长动力的结构性。二是文化产业创新体系高质量。文化产业是以创意、创新、创造为根的产业，其创新体系的能级决定了产业发展的水平，反映了文化产业不断超越自我的生命活力，以及不断获取优势资源、不断拓展市场空间从而形成新优势的对外扩张力。三是文化产业治理体系高质量。文化产业治理体系是文化产业高质量发展的基本保障，集中体现在营商环境和文化生态上。文化产业与文化产业治理体系因紧密互动而互相成就。因此，文化产业治理体系的成熟程度反映了文化产业高质量发展的稳定性、成长性和可持续性。主要包括文化产业法治环境、公共政策环境和社会友好环境等文化生态。四是文化产业与文化事业契合高质量。文化产业和文化事业是彼此紧密联结的，两者统一于文化高质量发展之中。文化产业与文化事业发展互动机制完善，文化产业就能推动文化事业加快变革，文化事业也能为文化产业提供优良的社会环境、资源条件和发展空间。文化产业应实现社会效益优先、社会效益与经济效益相统一。五是文化产业满足需求侧的供给高质量。文化产业高质量发展，归根结底要呈现为文化产品（服务）总供给对总需求的高度满足，这是文化产业高质量发展价值观内涵的根本体现。高质量供给主要包括以下几个维度：产品（服

---

① 习近平：《高举中国特色社会主义伟大旗帜 为全面建设社会主义现代化国家而团结奋斗——在中国共产党第二十次全国代表大会上的报告》，人民出版社，2022，第28页。

务）对需求的响应、生产能力、产品（服务）品质、绿色生产、供应链效度、终端反馈效度、ESG 标准化实践等。

三　文化产业高质量发展的时代特征

新时代新征程，文化产业高质量发展应遵循创新、协调、绿色、开放、共享的新发展理念和高质量发展普遍性特征与根本要求。但文化产业作为具有多重属性的领域，其高质量发展所遵循的普遍性特征有具体的含义，同时又有自身的特殊性。只有认清这些特征，才能更好地在理论上把握文化产业高质量发展的内涵，更好地在实践中贯彻新发展理念和文化产业高质量发展的根本要求。

（一）广泛创新性特征

创新驱动发展，是新时代高质量发展最突出的普遍特点。对于文化产业高质量发展而言，创新性特征不仅表现在发展动力上，而且表现在以创意为表征的文化核心领域在整个文化产业发展的主导地位、支柱地位上，从而改变以往文化相关领域占据支柱地位的发展格局。此外，把创新作为动力来看，新时代文化产业高质量发展的创新比其他行业更加深刻、广泛、强烈。这是因为新时代的文化产业因科技发展革命性突破而具备跨越式创新发展的条件；也因为文化体制机制改革深化、现代文化产业体系和市场体系的建立健全而使创新广泛地渗透到文化产业运转的各个方面和各个环节；还因为文化产业融合性强的特点而使创新具有强烈的外溢效应。

（二）整体协调性特征

文化产业的多重属性决定了文化产业高质量发展的显著协调性特征。这主要表现为高质量发展阶段三个方面的协调性。首先，文化生产具有与文化发展阶段相适应的特征。文化产业高质量发展归根结底是文化总供给充分满足总需求的矛盾运动过程。总供给与总需求的矛盾运动关系通常呈现阶段性和递进性特点。文化产业高质量发展也因此呈现为递进式向高层次发展的进程，这规定了文化生产增长始终受到总供给、总需求矛盾运动关系的制约而显现其阶段性协调的特点。其次，文化产业具有与经济社会发展水平相协调的特征。把文化产业作为国民经济的组成部分来看，其发展当然受到国民经济整体发展水平的规制；把文化产业作为文化的组成部分来看，其发展当然也受到社会文明发展水平的规制。在高质量发展阶段，文化产业有可能成为先导型的经济形态和引领社会发展的关键因素，但总体上不会产生重大偏离并呈现与经济、社会整体发展水平相协调。最后，文化产业发展进程具有与发展目标共振的特征。文化产业高质量发展的价值目标和旨向是满足人民文化需求和增强人民精神力量相统一，这个旨向将体现为一系列的分阶段目标。在高质量发展条件下，文化产业的需求目标导向规制了产业组织过程和生产供给模式，生产供给创新又创造新需求，从而使文化产业呈现增长曲线围绕需求曲线共振的形态。

（三）跨界融合性特征

文化产业高质量发展，在一定程度上可以理解为释放文化生产力、激发文化创新力、增强文化竞争力。在这个意义上，文化产业的融合性特征十分显著，主要表现为以"文化+"的跨产业融合方式释放文化生产力、创新力和竞争力。其中，"文化+科技"的融合发展将成为社会经济发展的新趋势、新动力和新增长点[①]；"文化+金融"的融合发展将促进金融资本、社会资本与文化资源有效对接，创造新业态、形成新经济格局；"文化+旅游"的融合发展将实现以文塑旅、以旅彰文，进而展现文化软实力。此外，以"+文化"的方式融合赋能其他传统产业，将为推动传统产业转型升级开辟新的道路。总之，在高质量发展阶段，无论"文化+"还是"+文化"都将成为经济社会的普遍现象，文化产业以丰富多彩的方式广泛地渗透到经济社会各个方面，凸显文化强融合性的特点。这实质上是在社会较发达阶段作为精神成果的文化对社会文明进步发挥引领作用的体现。

（四）结构重建性特征

高质量发展阶段是相对于传统发展阶段而言的，文化产业发展方式并非改良式的调整变化，而是文化产业内在结构的根本性变革，显现为多个方面的重构进程和结果。其主要包括四个方面。一是文化生产主导要素的

---

① 范周：《我国文化发展的"三驾马车"》，《经济日报》2012年11月22日。

重构。在高质量发展阶段，文化与先进科技、金融资本、旅游要素的深度融合，变革了文化生产方式、生产效率和产品结构，先进科技、金融资本和旅游要素成为这一阶段文化创意生产主导性的资源要素。这显著区别于传统阶段的"文化利用"的生产方式，即创意主要基于文化要素的生产方式。二是文化市场主体关系的重构。在高质量发展阶段，信息和人工智能等技术的巨大进步使文化生产资料的易获得性和文化生产"柔性"能力显著增强，文化生产分工更加精细化，文化市场主体的竞争以中间产品竞争为主，最终产品的竞争相对减弱，总体上呈现为离散的竞争状态。同时，市场主体的合作更加广泛、深入，市场效率显著增强。三是文化供给流通的重构。在高质量发展阶段，文化需求结构的变革促使文化产业供应链不断转型升级，通过供给水平提高，流通平台和渠道的完善，以满足需求为导向的先进供给流通系统将破除大部分文化消费的场景障碍，对文化消费端的供应配送将形成新模式。四是文化产业管理机制的重构。文化产业管理机制与文化产业发展阶段相互适应、相互匹配。在高质量发展阶段，文化产业管理机制已走向成熟，法治水平较高、政策引导能力较强，文化产业管理体制机制成为保障文化产业稳定发展、可持续发展的基本力量。

（五）范围经济性特征

范围经济是相对于传统的规模经济而言的，粗略地说，范围经济主要包括单个生产主体扩大产品种类范围和多个生产主体共用一种核心资源两种降低生产成本的经济形态。其中，传统生产属于典型的前者，数字经济就是典型的后者。在传统生产领域，降低生产单个产品的成本主要依赖于降低生产要素资源成本或扩大同一品类产量使其实现规模化生产。对于文化生产而言，传统生产领域的局限性是不言而喻的。在高质量发展阶段，文化产业因数字技术等先进技术的应用而呈现范围经济性的突出特征。这是文化产业作为经济形态在数字经济时代的反映，也是文化产业的创意本质和文化需求多样性在数字经济时代得到充分发挥的表现。注意到这一重要特征，在推动文化产业发展的过程中我们才能把握客观规律、寻求正确的发展方式，实现高质量发展。

第二节　文化产业高质量发展的
动力结构与关键因素

一　文化产业高质量发展的动力结构

文化产业发展受到各种因素构成的各种力量的共同作用，但并不是所有的力量都起正向作用。我们把起到正向驱动作用的力量，称为驱动力；把起到负向作用的力量，称为制约力。驱动力和制约力并非绝对对立关系，二者在一定条件下可能互相转化，是辩证统一的。这牵涉文化产业发展阶段以及政府"有形之手"与市场"无形之手"的协调状况。旧阶段的驱动力在新阶段有可能成为制约力，政府"有形之手"若运用不恰当不一定起到驱动作用，市场"无形之手"若失去调节有可能使文化产业高质量发展走弯路。认识文化产业高质量发展的动力系统，一方面要从总体上把握其基本的架构，另一方面要具体地、动态地分析和理解。

文化产业高质量发展的动力结构，就是驱动文化产业高质量发展的正向力量的总体构成。准确把握这个动力结构，才能精准实现政府"有形之手"的功能，也才能使市场"无形之手"的基础性作用发挥出来。分析文化产业高质量发展的动力结构，可以从不同的维度来研究。对于复合性极强、时代特征显著的文化产业而言，必须坚持大局观念、系统观念和新发展理念，才能抓住本质和要领。把文化产业作为一个独立的研究对象，从动力性质和地位看，可以分为三个层次。第一层次，基本性动力是宏观基础的、决定性的驱动力；第二层次，内源性动力是内在的、核心的主动力；第三层次，外源性动力是外在的、重大的驱动力，包括常在的类型和偶发的类型。这样划分，有利于在实践中把握要领，但具体动力因素的地位并非一成不变，在不同阶段和条件下，有可能互相转化。

（一）基本性动力

人类社会总是从较低发展阶段向较高发展阶段渐次递进，这是生产力与生产关系、经济基础与上层建筑构成的社会基本矛盾的运动推动社会发展的规律。在不同的发展阶段，社会基本矛盾具体地、集中地反映为对社会各种矛盾起决定性作用的社会主要矛盾，社会主要矛盾运动决定了这个阶段的基本发展方式、规定了这个阶段的根本发展动力。社会各方面的发展均受到这一基本发展方式的制约、受到这一根本动力的推动。文化产业作为一种特殊的经济形态，是社会生产力的一部分，服从于国民经济发展方式，并从国民经济的发展运动中获得发展动力。或者说，国民经济发展方式从根本上决定着文化产业发展方式，国民经济发展动力成为文化产业发展的基本动力。文化产业作为一种特殊的文化形态，属于上层建筑，要适应本阶段生产力发展和经济基础的要求，受其推动和制约。在新时代新征程，中国的社会主要矛盾是人民日益增长的美好生活需要和不平衡不充分的发展之间的矛盾，这一矛盾运动要求实现高质量发展，并作为决定性、根本性的发展方式和动力规定了经济社会各个方面向更高水平迈进，以高质量发展的进程和结果解决社会主要矛盾。概括地说，在新的发展阶段，经济社会全面高质量发展是包括文化产业在内的各个方面、各个部门向更高层次发展最基础的、最根本的动力。

（二）内源性动力

事物的发展有其自身内在规律，事物的发展由内因和外因共同构成发展各因素，但内因是决定因素。文化产业具有经济属性、社会属性和意识形态要求等多重属性，其发展的内在结构和外在影响因素尤其复杂。作为一种特殊经济形态，文化产业必须遵循产业发展规律，具有产业发展的特征。作为一种特殊的文化形态，文化产业必须遵循文化的发展规律，具有精神生产的特征。作为意识形态的载体，文化产业又具有政治合目的性的要求。从总体上看，文化产业是合规律性和合目的性的统一，只有遵循合规律性的同时实现合目的性，才能实现健康、可持续发展。显然，其最优状态是合规律性与合目的性完全协调，这是文化产业实现高质量发展最优的内因构成。但是，现实中这种理想化状态不可能存在。因此，如何实现合规律性与合目的性的协调，将是决定文化产业发展内生性动力的关键因素。当然，把文化产业作为一个独立研究对象观察，有其现实需要，其随着社会发展而不断自我超越，呈现为新旧产业形态不断向更高层次递进式转换。其中，产业发展普遍规律所反映的所有内源性动力与文化发展普遍规律所反映的所有内源性动力相互作用，共同构成文化产业发展内源性动力的具体结构。

（三）外源性动力

这是指直接作用于文化产业高质量发展的重要外在驱动力。外源性动力对文化产业高质量发展进程有着十分重大的影响。从外源性动力的作用维度，可以把外源性动力分为三个类型。一是牵引性动力，指文化产业外部对文化产业有直接牵动作用的因素，具有方向性的内涵。例如文化产业扶持政策、文化终端消费需求、文化外贸市场、文化投资结构等，这些方面对文化产业的产品生产、战略选择等具有方向性的牵引力。二是推动性动力，指文化产业外部对文化产业有直接推动作用的因素，不具有方向性内涵。例如先进生产技术的应用、先进生产方式的形成、产业资本的扩大、人力资源素质提升、要素配置效率提高等，这些方面对提高文化产业生产效率、扩大生产规模、提升生产品质等具有很大的推动力。三是促进性动力，指其他辅助性、间接关联性动力，这些动力要么对文化产业的作用力强度不大，要么对文化产业的作用是间接的，有的还具有偶发性。如某一产业部门要素资源跨界进入文化产业领域，促进文化产业生态圈改善，其他产业部门的生产技术进步促进文化产业生产联动进步、社会生活水平提高等，这些都是有利于文化产业发展的力量因素。

需要特别指出的是，基于文化产业的特殊性、理论不成熟和现实限制条件的考虑，我们不应当把文化产业作为纯粹经济形态，完全运用产业理论进行建构。以上是按动力的不同效果（或功能）对文化产业高质量发展纷繁复杂的各种动力进行梳理和整体构建的，旨在揭示文化产业高质量发展的各种动力具有不同的强度和功能。进而将其作为构建文化产业高质量发展动力体系的参考框架，作为评价文化产业高质量发展进程的重要依据，作为分析文化产业高质量发展存在问题的一个重要根据。

二 文化产业高质量发展的关键因素

影响文化产业高质量发展的各因素是非均衡、非同质、非同时的。各因素产生的对文化产业发展的作用力既存在量能的差别，也存在方向的不同，或者说这些力量是"矢量"。区别这些力量，对于政府发挥"有形之手"的作用实现文化产业高质量发展是十分重要的，对于市场发挥"无形之手"的调节作用有效提高生产率和增强竞争力也是十分重要的。在各力量因素中，有一部分是文化产业高质量发展的关键变量，事关高质量发展的进程甚至成败。就现阶段及今后一个时期而言，以下几个方面因素，是重中之重。

（一）创意产业

文化产业是创意产业的论断，是从总体上把握文化产业性质而言的。在文化产业内部，实际上存在一部分非创意产业，比如文化装备生产、中介服务等。这就意味着，在文化产业内部结构中，应当看到以创意为标准区分出来的两类文化产业类型：文化创意产业和非创意产业。这并非按国家《文化及相关产业分类（2018）》的标准来划分的，而是根据文化产业高质量发展的内在动力逻辑来区分的。虽然学界对创意产业的定义还没有一致认同的论断，也因不同研究和场景而具有不同的内涵，但在理论和实践中其使用频率却很高，总体上存在一种"不言而喻"的共同认识。从《文化及相关产业分类（2018）》来看，其中03类"创意设计服务"应该是创意产业最狭窄的指涉范围，而更符合理论和实践常用表达的范围，应当包括"文化核心领域"中的大部分类别，这部分类别的共同特征是"生产内容"。从产业的角度看其包括三个层面：一是直接生产精神文化内容（如文学创作、影视编创），二是作为载体或者媒介把精神文化内容转化为可供消费的文化产品（如文学作品出版物、影视节目），三是储存和传播（如收藏、发行、表演）。概括地说，从文化产业高质量发展内在逻辑出发，基于《文化及相关产业分类（2018）》，我们可以把文化创意产业确定为：在文化核心领域中，直接生产精神文化内容并把这些内容转化为可供直接消费的文化产品（服务），以及储存和传播这些文化产品（服务）的生产（服务）领域。它实际上是一条精神文化内容商品化的生产（服务）链。

指出文化创意产业的范围，是为了基于实践的需要说明文化创意产业之于整个文化产业高质量发展的决定性地位。这一方面可以从世界文化产业先行地区的经验中得到印证。尽管世界各国（地区）对文化创意产业的定义存在较大的差异，但其实质指向是一致的：基于知识、信息和技术的创造性精神文化生产和服务集群。经济发达国家和地区莫不把文化创意产业作为文化产业发展的核心产业部门来规划和推动，甚至把文化创意产业作为国民经济结构调整优化的突破口，这足以说明文化创意产业对于现代化产业体系的重要性。另一方面，实现文化产业高质量发展，其中最重要的一条是文化产业全要素生产率的提高，即以新技术应用为基础的文化产业结构优化，这种优化的表征就是文化创意产业的产出规模在整个文化产业中的占比不断提高以至于占有主要份额。与此同时，我们还应该看到，文化创意产业之所以是文化产业高质量发展的关键因素，是因为它处于整个文化产业链或产业生态的顶端，是文化产业之所以成为一个独立研究和发展对象的根本原因，也决定着文化产业发展的基本方向。

因此，在构建文化产业高质量发展动力体系的过程中，应当把文化创意产业作为一个贯穿始终的因素凸显出来。同时也应将其作为动力逻辑主线，根据不同阶段的情况，有选择性地确立某些创意产业的先导地位，优先为其赋予先进技术条件和配置优质资源，并逐步培育成为主导产业，进而推动文化创意产业全方位发展。

（二）技术条件

文化产业高质量发展必须以建立现代文化产业体系和市场体系为支撑。不言而喻，技术发展水平决定着这两个体系的水平。对于文化产业而言，技术进步主要在三个层次产生作用。第一个层次是技术进步使文化产业生产和服务因应了先进技术而推动文化产业高端化。第二个层次是技术进步推动国民经济整体进步从而牵引文化产业发展。第三个层次是技术进步使文化产业的关联产业高端化从而使文化产业具备更低的生产成本和更高的生产效率，或者催生更大的市场空间。这里，第一个层次是技术进步内在性地对文化产业高质量发展产生推动力，第二个层次和第三个层次构成了文化产业高质量发展的动力环境。显然，技术进步对于文化产业高质量发展最根本的作用力，是先进技术进入文化产业生产和服务流程，使其成为文化产业直接的生产要素。认识到这一点，才能避免空泛地讨论先进技术之于文化产业的推动作用，进而更精准地把握如何促进先进技术进入文化生产和服务领域，前瞻性地布局文化产业高质量发展的动力体系，防止后知后觉的被动应对，减少技术迭代产生的振动。

新一代信息技术、互联网技术、人工智能技术等先进技术是文化产业发展的关键性动力，这已成人们的共识。这实质上是"科学技术是第一生产力"论断在文化产业的具体反映；是文化产业高质量发展的时代特征；更是文化产业实现自身超越发展的需要。在文化产业高质量发展动力布局中，技术进步应当作为第一变量，而其最核心的课题有两个：一是如何引入先进技术推动文化产业生产技术、生产方式的变革升级，二是如何实现文化产业自身生产技术进步和生产方式改进。概括地说，就是如何实现文化生产和服务的技术进步，从而极大地提高文化生产力。

（三）融合生态

文化的强融合性，既为文化产业发展提供广泛的生产资源，又为文化产业提供广阔的发展空间。与此同时，也对文化产业高质量发展提出产业生态要求。可以说，没有产业生态条件，文化产业就失去了发展的土壤；割裂文化产业与其他产业部门的联系，就是消解文化产业高质量发展的可能性。这里的"融合"主要是指跨产业部门之间生产要素互相渗透并产生某种新业态、新产品、新生产技术或新生产方式等，从而推动产业进步的现象，如扩大产品范围、提升生产能力、提高附加值等。融合主要有两个向度，一个是其他产业部门向文化产业渗透，使文化产业释放出更大生产力，简称为"释能"；另一个是文化产业向其他产业部门渗透，赋能其他产业促其进步，简称为"赋能"。释能构成了文化产业高质量发展内在动力的组成部分；赋能夯实了文化产业高质量发展基础，拓展了文化产业高质量发展的机遇。站在更高层次考察，构建符合文化产业高质量发展要求的产业融合生态，是文化自信、文化自觉、文化自强的具体体现。

构建文化产业高质量发展动力体系，不仅要充分认识到融合的产业生态的重要性，更应着力把产业生态的融合状况作为一个关键变量，坚持系统观和系统技术方法将其转化为正向动能。这里有三个重要方面。一是释放文化产业资源。文化产业资源对于其他产业来说，大部分是"软要素"。其他产业对文化资源的运用程度，取决于生产主体的文化自觉，也取决于使用文化资源的便利性或者说使用成本。站在文化的角度，实现产业融合发展，首先要发挥生产主体的能动性把文化资源向其他领域拓展，以获得文化资源更广泛投入经济活动可能性。这是融合最直接、最具活力的途径。例如大量的优秀文化遗产的创造性转化、创新性发展，亟须更加广阔的产业空间，这个空间既来自文化产业内部向深度拓展，又来自外部其他产业向广度延展。二是布局文化产业开放融合接口。任何产业作为经济活动形态都具有集聚资源的需求，市场机制使这一需求成为可能并形成自然通道，但其资源配置效率却有极大的不同。正因如此，产业规划、产业政策等政府干预市场的力量才发挥着引领作用。布局文化产业开放融合接口，就是根据文化产业高质量发展不同阶段的要求，形成层次丰富、类型多样、对接便利的开放融合接口，打破文化产业新技术、新资源、新产业形态、新产品等的引入障碍，引导生产要素加速向文化产业流动。例如，因文化产业合目的性的要求而使一些生产要素的流入存在壁垒，亟须通过更加精细的分类和更加明确的引导，畅通并扩展创新性要素的流动通道，推动文化产业向更高层次跃迁。又如，金融进入文化产业的广度和深度远远不适应高质量发展的需要，除了因文化产业资产定价难的自身特征之外，更为重要的原因是文化产业对接金融资本的接口集群并未形成。三是构建文化产业与其他产业常态协同机制。文化是"五位一体"中的文化，文化产业是国民经济的一部分。就文化产业论文化产业显然不能反映现代化产业体系和市场体系的真实情况，产业之间的协同必要性是不言而喻的。但是，从现实来看，我们在实践中未必见到充分的协同现象，各据一方、争夺资源的情况十分常见。因此，要构建产业融合生态，必须从顶层设计到调控实践建立一套常态性的产业间协同机制，在发挥市场配置资源的决定性作用的前提下，最大限度发挥政府产业调控的关键作用。

需要指出的是，上述特别强调融合的跨界要求，并不是说文化产业内部的融合不重要。恰恰相反，文化产业内部融合生态是重要的发展内在动力源之一。不过多强调，是因为从实践维度看，文化产业内部融合的自在性较强，融合障碍相对较小，在构建动力体系中不易被忽视。

（四）产业政策

各种产业理论都把产业政策作为重要方面进行深入研究。在世界范围内考察，产业政策是普遍存在的，是产业发展的关键变量。文化产业作为典型的合规律性与合目的性相统一的经济形态，产业政策的重要性尤其突出。文化产业政策之于文化产业发展的作用，因现代文化产业体系、市场体系的成熟程度和文化产业的发展阶段而不同。在当前及今后一个时期，文化产业政策仍然起到关键性作用，从某种意义上说，其是文化产业高质量发展最重要的外源性动力。从上述文化产业高质量发展的内涵、特征和动力结构分析中，不难看出，文化产业政策包括三个基本层次：一是国民经济层面上的宏观产业政策所包含的文化产业相关内容；二是针对文化产业发展的专门产业政策；三是文化总体发展政策直接或间接涉及文化产业的内容。实现文化产业高质量发展，构建现代文化产业体系和市场体系，必须深刻洞察文化产业政策的规律，建立与现代文化产业体系和市场体系相适应的文化产业政策动态系统。由此必须进一步深化文化体制改革，完善文化产业调控的体制机制，最大限度解放文化生产力。

（五）法治环境

文化法治体系是文化产业高质量发展的根本保障，是发挥市场配置资源决定性作用的基本要求，也是现代文化产业体系和市场体系成熟的根本标志之一。良好的文化产业法治环境，能为市场主体提供预期确定性、公平竞争基础、资产安全保障，能为企业家创造稳定的创新创业社会条件，更好地发挥企业家精神，激发文化产业创新创造活力。中国文化产业发展起步较晚，文化产业法治体系并未真正建立，现阶段文化产业法治基本上依托的是普适性的法治环境，针对性明显不足。文化产业法治环境，主要包括三个方面的内容。一是专门化的法律体系。文化产业相关专门法律体系是文化产业法治环境的基础。现阶段及今后一个时期，这个专门法律体系应当是多层次的、全方位的、具有区域文化产业发展变革和文化产业创新创造适应性的法律法规体系。二是政府行政执法管理机制。政府依法实施行政监督，是推动文化产业健康、可持续发展的必要保障和有效手段。但市场主体对行政执法监督的敏感性甚至超越司法监督，因此行政执法监督对文化生产的波动影响更大。在文化产业高质量发展进程中，应当特别注重行政执法监督功能的发挥，构建更加科学的行政执法监督机制，着力培育市场诚信和行业自律。三是文化产业专门法律服务。文化产业既是特殊的经济形态，又是特殊的文化形态。随着文化产业发展及其在经济领域占据越来越重要的地位，也随着文化产品日益成为满足人们精神文化需要的主要来源，相关的法律服务的地位将越来越突出。法律服务与法律体系、司法、行政执法等共同构成文化市场的基础性规范机制。没有发达的文化产业法律服务体系，法治环境就不完善，法治效度也难以提升到相应的高度。换一个角度看，加快建立健全文化法治体系，是坚定文化自信条件下的文化自觉，是一个将文化产业高质量发展的体制机制建设成就凝结成继续前进新基础的过程。

第三节　广东文化产业高质量发展的尺度建构

建构文化产业高质量发展评价尺度，既是检验文化产业高质量发展实现程度的需要，又是引领文化产业高质量发展的"航灯"。当前，专题研究文化产业高质量发展评价尺度的热潮刚刚出现，相关理论成果还比较少，而实践部署难以深入全面观察到文化产业高质量发展评价的逻辑和标准。诚然，建构能得到普遍认可的文化产业高质量发展的尺度体系是一项复杂和难度很大的工作。这是因为，对文化产业发展情况的评价，不仅在数据统计工作机制和指标体系上还不完善，而且存在较多难以定量评价的带有主观意涵的定性因素。本书限于这些难题的相关基础研究较薄弱的现实条件，仅站在指引性的角度，结合广东文化产业发展阶段，建构文化产业高质量发展的尺度系统（见图1-1）。

一 结果性尺度与过程性尺度

结果与过程是事物发展中紧密联系的两个侧面。一方面，没有符合目标要求的过程的保障，就不可能有符合目标的结果。反过来，没有符合目标的结果，其过程必然存在重大的有违目标的问题。另一方面，对于影响因素非常复杂的文化产业高质量发展来说，结果与过程是相对的，过程的反馈实质上是一个较长时间的结果，结果是一个较长时间过程的反馈。从评价和管理技术上看，我们很难对文化产业高质量发展过程实行实时反馈。再者，对于高度复杂、领域宽广、发展水平处于高位的广东文化产业来说，仅从结果评价实现程度以及发现技术性问题，将出现两个不利局面：倚重结果评价将掩盖对过程规律性的认识、对结果评价因发现问题不及时将影响对发展进程和方向的校正。因此，在建构广东文化产业高质量发展尺度系统中，应当把对结果的评价与对过程的评价相结合，以过程性尺度指标反映文化产业高质量发展动态，以结果性尺度指标反映文化产业高质量发展阶段性整体成果。以两者为基本维度综合分析，才能比较准确反映广东文化产业高质量发展的真实情况，防止见树木不见森林或见森林不见树木。

图1-1中，结果性尺度指标主要从四个方面以"绝对值"方式呈现，即存量规模、社会效用、产业生态和增长潜力四个方面。过程性尺度指标主要从四个方面以"相对值"方式呈现，即增长速度、增长加速度、创新活力和平衡程度。

二 时间性尺度的选择

上述已明确了结果与过程的相对性，那么，如何确定结果与过程合理的时间性尺度就成了另一个关键问题。过程的时间性尺度过小则存在评价成本高、过于敏感而失真、技术上难度大等问题，结果的时间性尺度过小则体现不了结果的整体性作用。相反，过程与结果的时间性尺度都过长则不利于对文化产业高质量发展进程的及时调控，评价工作变成"事后诸葛亮"。从数据收集便利角度，以及政府对市场的管理习惯看，一般以年为时间单位进行收集、分析和监控较合理。结合"以规划引领发展"的宏观管理模式，笔者认为，文化产业高质量发展的结果性尺度以5年为一个时间单位为宜，过程性尺度以1年为一个时间单位为宜，即以1年为单位对文化产业高质量发展的进程进行监控和调节，并以5年为单位对文化产业高质量发展情况进行整体分析和评价。

三　指标尺度选择

必须看到，对文化产业高质量发展指标体系的研究目前尚处于起步阶段，加上文化产业高质量发展还是一个存在很多未知领域、需要不断探索的事物，未经深入研究论证并经实践检验，贸然设置一个所谓评价指标体系是不科学的。当前及今后一个时期对于广东文化产业高质量发展，一方面应加快推进以目标为导向的实践探索，另一方面应在探索过程开展规律性研究，跟踪关键因素、收集全面数据，运用产业经济理论和文化经济理论进行分析论证，积累建构文化产业高质量发展指标体系的理论和实践成果。当下，重点在于对目标导向从根脉上进行梳理，把显著的和关键的因素进行系统建构以作为指引文化产业发展的参考。图1-1中的尺度系统正是基于这一思路提出的，并重点考虑以下几个方面。

一是把贯彻新发展理念、构建新发展格局的要求作为广东文化产业高质量发展的根本遵循。着重从供给侧结构性改革和落实创新发展理念上构建尺度系统。二是在广东文化产业高质量发展价值逻辑上，以文化产业发展的社会效用为价值追求、以文化产业供需效率为关键逻辑，体现文化产业区别于其他产业的特征。三是突出体现文化产业高质量发展动能。包括动能强度、动能资源的广度和动能的可持续度等。四是强调文化产业结构之于文化产业高质量发展的重要作用，从总体上把握文化产业布局和产业

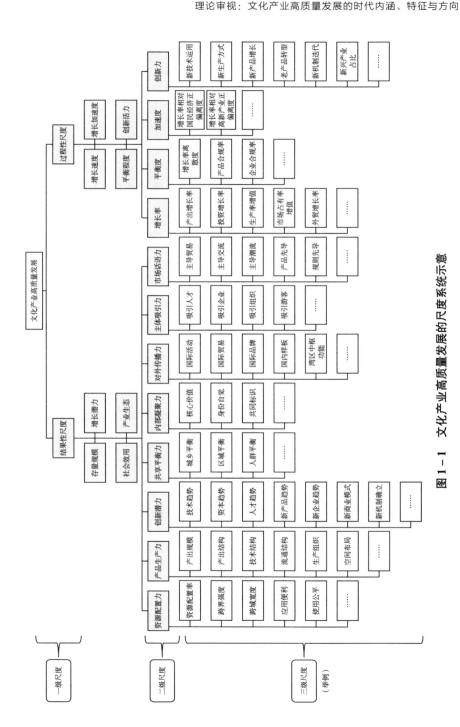

图 1-1　文化产业高质量发展的尺度系统示意

生态、集群、链等结构性因素对文化产业高质量发展的影响。五是把握文化产业高质量生产过程的样态，关注企业、市场、供需关系、竞争与合作等状况。六是把握文化产业政策等文化产业高质量发展公共环境，关注政府激励和监督与行业自律等。

此外，作为指引性尺度指标系统，文化产业高质量发展的尺度系统重点在于提供逻辑思路。一级尺度指标和二级尺度指标，主要是构建起尺度框架。其中二级尺度指标通常以较易于理解的方式命名，把文化高质量发展的状况描述为某种力量或能力。三级指标通过"举例"的方式提出，形成开放式的指引尺度阵列，以供实践参考。

第二章

历史方位：对改革开放以来广东文化
产业发展的回顾与审视

改革开放以来，广东文化产业从无到有，从小到大，走过了怎样的探索发展历程？广东靠什么从文化资源相对贫乏的边缘省份一跃而成中国文化产业第一大省？改革开放40多年来，中国文化产业发展的主要方向是破解文化供给不足，主要路径是把文化生产与服务从传统国有文化事业体系转轨到现代文化市场体系并构建现代文化产业体系。在绝大部分时间里，广东都扮演着探索者与引领者的角色，在这个过程中，广东省的主要经验启示有三。一是始终坚持改革开放，敢为人先，勇于充当中国文化产业发展的时代弄潮儿。二是紧紧抓住文化科技"牛鼻子"，促进文化与科技深度融合，推动产业创新发展，探索出一条文化要素禀赋并不丰厚的地区实现文化产业跨越式发展的"文化+科技"模式。三是以建设文化产业载体、平台为抓手，完善产业链配套体系，促进产业资源要素的集聚，打造文化产业创业创新高地，推动产业集聚发展。

第一节　广东文化产业发展的历史路径

回首改革开放以来广东文化产业40多年发展历程，基于文化市场和产业形成、发展的生态视角，发展的驱动力，以及产业发展进程中的标志性事件，可将其分为前后两个时期四个阶段。前期（1978～2002 年），系广东文化产业的孕育萌芽与形成期。这一时期文化产业还没有从传统的文化事业体制中独立出来，产业发展主要体现为文化市场的形成、发展与壮大，发展动力主要靠市场化改革驱动，因此也可称为市场自发发展期或前文化产业发展期。这一时期可分为从萌芽到初成（1978～1992 年）、从初成到形成体系（1992～2002 年）两个阶段。从 2003 年党的十六大至今是后期，广东文化产业开始由市场主导发展转入政府有序引导发展（或"市场＋政府"推动发展）的快车道。这一时期又可分为两个阶段，快速发展阶段（2003～2015 年）、从快速发展到高质量发展新阶段（2015 年以后）。

一　从萌芽到初成（1978～1992年）

从 1978 年党的十一届三中全会实行改革开放，到 1992 年春天邓小平南方谈话，为广东文化产业的初始发展阶段，即从孕育萌芽到初步形成文化市场阶段。这一阶段广东得益于毗邻港澳的地缘优势和改革开放先行地的政策优势，在国内风气未开，文化生产经营体制严重僵化，文化供给严重不足的背景下，率先突破"左"的束缚，念好"放"字经，激活文化市场，赢得发展先机。

当时，中国文化领域虽然已经走出"政治挂帅"时期，但是文化生产管理体制依然延续 20 世纪 50 年代初建立的"意识形态＋计划经济"体制，文化生产经营活动由国家体制内各级文化事业单位包揽的大格局并没有改变，尤其是极左思想对文化的束缚依然无处不在。与此同时，党的十一届三中全会开启的改革开放成效初显，广东的深圳、珠海、汕头三大经济特区以及广州、东莞、佛山、中山等珠三角地区得地利与人和之优势，承接国际产业转移走上率先发展的快车道。仓廪实起来的岭南人喷发出对文化娱乐的强大需求，这是与"意识形态＋计划经济"的文化体制提供的公共文化供给品不同的文化市场需求，显然仅靠体制内文化单位已难以满足大众的文化消费新需求。当时的广东省领导同志充分利用中央赋予的先行先试的政策红利，在大体制、大格局不变的前提下，在"放"字上做文章。作为改革开放的"试验田"，广东用足、用活中央的政策，以全国第一个音乐茶座、中国最早出现的营业性歌舞厅、中国广播的"珠江模式"、中国电视的"万花筒现象"、国内第一家主题公园"锦绣中华"等众多"国内第一"为标志，在流行音乐、歌舞演艺、电影电视以及电台广播栏目等演艺娱乐文化领域，在报刊、图书、音像制品等出版领域，以及在广告、动漫、文化旅游、工艺美术以及文化产品制造等很多领域率先走向市场。通过抢占市场先机，广东快速形成了一批传统优势产业。其中，尤以流行音乐与报业成就最为辉煌。20世纪八九十年代，广东是中国流行音乐的"发源地"和"梦工厂"，粤语歌曲、粤版歌曲风靡全国。

二 从初成到形成体系（1992~2002年）

从1992年邓小平南方谈话到2002年党的十六大，是广东文化产业体系初步形成阶段。邓小平南方谈话结束了"姓资姓社"的争论，明确了发展社会主义市场经济的政策导向，广东进一步率先突破传统文化事业体制下的文化生产经营模式，探索形成了让文化产业相对独立发展的一系列新思路、新路径、新模式。通过推动文化生产经营由计划经济转向市场经济，由国营控制转向社会准入，推动经营性国有文化事业单位转企改制，推动民营企业、社会资本进入经营性文化领域，初步形成了文化事业和文化产业双轨发展的文化建设新格局。在这一格局下，广东文化市场进一步壮大和繁荣，一批优势文化产业、文化领军企业崛起，初步形成了行业全覆盖、优势领域突出的传统文化产业体系，在全国领先的地位进一步巩固。

这一时期，文化娱乐业、新闻出版业、广播电影电视业、文化制造业、广告与设计业、主题公园等进一步发展壮大，成为引领全国的传统优势产业，其中尤以报纸出版业最具代表性。20世纪90年代及21世纪前几年，"报业粤军"引领中国报业的改革发展，全国十大报业集团中广东有其四，《广州日报》广告收入连续多年位居全国第一，南方报业集团被业内称为报业中的"黄埔军校"。

到20世纪末21世纪初，广东省文化产业已经具备较大的规模优势与区域辐射力。广东省作为改革开放的前沿地带，深受港澳发达的文化产业影响，从 1978 年到 2001 年，文化产业规模以年均 15.6% 的速度高速增长，文化产业增加值增长 27 倍①。2000 年，广东文化产业增加值达到 39.68 亿元，居于全国首位，是第二位上海的 2.75 倍；文化贸易表现尤为突出，对域外服务增加值部分占增加值总量的 15.78%。

三 快速发展阶段（2003～2015年）

从 2003 年中央启动文化事业与文化产业分离、政府与市场双轮驱动的文化体制改革，文化产业成为国民经济重要产业门类起，到 2015 年第十二个五年规划结束。这一阶段，广东省委、省政府先后作出 "建设文化大省"（2004 年）、"建设文化强省"（2010 年）重大决策，文化产业作为国民经济新增长点以及经济转型升级的重要引擎被寄予厚望，并出台了一系列促进文化产业发展的政策举措，广东文化产业由市场自发发展转入政府推动发展的快车道。门类比较齐全、产业链比较完整的现代文化产业体系基本形成；文化产业成为国民经济的支柱产业；文化创意、新闻服务、出版发行和版权服务、广播影视、文化艺术、演艺娱乐、文化会展、网络文化服务、文化产品和设备制造等成为优势行业②。互联网文化产业崛起并成为引领广东乃至全国文化产业快速发展、创新发展的主力军。

这一阶段，广东文化产业先发政策优势渐失，国内京沪江浙湘等文化底蕴深厚省市在一些领域快速赶超。同时，中国加入世界贸易组织、2008年的国际金融危机以及互联网技术革命为文化产业快速发展带来新的机遇与挑战。在 "政府顶层设计+各地政策组合拳" 的大力推动下，各类文化产业园区、基地等载体如雨后春笋般涌现，深圳、广州、佛山等市涌现出一批具有代表性的文化产业园区、基地或集群，广东工业设计城、深圳田面设计之都创意产业园、广州羊城创意产业园等成为国内文化产业园区的知

---

① 陈忠暖等：《新世纪以来广东文化产业的发展与演变——与国内文化大省的比较》，《经济地理》2012 年第 1 期。

② 《广东省文化产业振兴规划（2011—2015 年）》，广东省发展和改革委员会网站，2013 年 9 月 26 日，https://drc.gd.gov.cn/fzgh5637/content/post_844816.html。

名品牌，极大地推动了产业的快速、集聚发展。深圳、广州等珠三角城市抓住信息技术革命和互联网技术革命机遇，大力发展以"文化+高科技+产业资本"为主要特征的文化科技产业，大力发展新媒体、动漫游戏、数字出版、网络音乐、网络直播、网络信息服务等文化新业态，培育了一大批文化科技骨干、领军企业，锻造出一支引领全国产业创新发展的文化科技粤军，涌现出广州网易、深圳腾讯、深圳华强文化科技、深圳华视文化传媒等一批文化科技型企业。

四　从快速发展到高质量发展新阶段（2015年以后）

"十三五"规划开始，尤其是党的十九大以后，广东文化产业由规模速度型增长进入质量内涵型增长的高质量发展新阶段。围绕提升产业链现代化水平、产业转型升级与区域协调发展、提升国际竞争力这一发展主线，广东全面开启"创新驱动、融合发展"模式，数字文化新业态以及文化融合发展正在全面重塑文化产业格局；供给侧结构性改革取得积极成果，推动文化产业链、创新链、价值链、人才链、资金链、政策链相互贯通，基本构建起与数字时代相适应的文化产业创新创业生态；现代化文化产业体系进一步健全，产业结构进一步优化，产业领域进一步拓展，产业集聚集群化进一步增强，产业链价值链往中高端攀升，产业竞争力进一步提升，资源优化整合、注重内涵发展、注重质量效益的高质量发展格局初步显现。广东的网络游戏、数字音乐、互联网娱乐、新文化制造等领域正在进入发展的快车道，快步走向世界舞台。

"十三五"规划期间，通过实施文化产业数字化战略、文化科技创新工程，广东已成为中国文化产业数字化的重要高地，成为文化新业态的主要策源地。以数字技术为引领，以"互联网+"为支撑的跨界融合型、科技引领型的网络视听（网络直播、短视频）、网络游戏、数字音乐、电子竞技、沉浸式文化新业态、4D电影、互动影视、文化IP、数字文化装备、智慧文化消费终端、"数字文化+"融合产业及"互联网+"平台经济，以及云服务新业态（云旅游、云展馆、云演艺等）等数字文化产业集群发展强劲，成为广东文化产业新支柱与新的增长点，并引领全国文化产业发展。通过实施文化赋能、文化融合工程，文化产业与科技、资本以及制造业、旅游业、农业、体育、教育等快速融合发展，不仅大大拓展了文化产业边界，而且赋予新时代广东城乡经济社会发展文化品质与内涵。通过打造粤港澳大湾区文化产业圈，推动区域文化"1+2+3"梯队式协同发展①。广州、深圳成为全国文化创意创新中心城市，辐射带动广东全域数字文化产业跨越式发展。珠三角各市形成了中高端特色文化产业集群，珠海、东莞重点发展游戏动漫、演艺娱乐、数字会展、创意设计产业，佛山重点发展影视制作、工业设计、数字创意融合服务产业，中山重点加快游戏游艺装备、照明灯具等产业数字化转型，粤东、粤西、粤北地区发展特色文化产业（文化小镇），以国家重大区域发展战略引领带动区域文化资源优化配置与协调发展，以点带面、均衡协调的文化发展空间格局初步显现。

第二节　广东文化产业发展的主要成就

经过 40 多年的探索实践，广东文化产业积聚并形成了巨大的能量与优势，已成为国民经济重要支柱产业和战略性新兴产业。目前，广东文化产业门类齐全、体量规模巨大，在整体实力、产业集聚、创新能力、产业效益和劳动生产率等方面都居国内前列。

一　产业规模巨大，总体实力居全国首位

自 2004 年以来，广东文化产业规模总量一直居全国首位，总体发展水平稳居全国文化产业龙头地位。2021 年，广东文化产业增加值超过6910 亿元，同比增长 11.3%，比 2013 年增长了约 1.3 倍；总量占同期全省地区生产总值的 5.54%（见图 2-1）。横向比较看，2021 年广东文化产业增加值占全国文化产业增加值的 13.19%，分别高于江苏的 11.28%，

①　向晓梅、郭跃文、吴伟萍等：《粤港澳大湾区文化产业圈论纲》，广东人民出版社，2024，第 99～102 页。

浙江的 9.8% 和山东的 6.12%，连续 19 年居全国首位。

图 2-1　2013~2021 年广东文化及相关产业增加值及占地区生产总值的比重

资料来源：《广东文化及相关产业统计概览》相关年份数据。

二　文化产业法人数量、从业人员数量均居全国首位

2019 年，广东文化产业法人单位数达 32.00 万家（见图 2-2），占全国文化产业法人单位数的 15.29%，占全省全部法人单位数的 9.70%；规模以上文化企业 9709 家，占全国规模以上文化企业总数的 15.86%；文化产业从业人员达 314.25 万人，占全国文化产业从业人员总数的 16.34%。

图 2-2　2004~2019 年广东、全国文化产业法人单位数

资料来源：《广东文化及相关产业统计概览》《中国文化及相关产业统计年鉴》相关年份数据。

三　对外文化贸易占据全国半壁江山

广东文化产品和服务进出口总额已连续多年居全国首位，贸易规模呈逐年扩大的趋势，从 2016 年的 437.9 亿美元增长到 2019 年的 587.69 亿美元（见图 2-3）。2019 年，广东对外文化贸易总额占中国对外文化贸易总额的 52.73%，同比增长 10.83%，进口总额为 20.86 亿美元，出口总额为 566.83 亿美元，其中仅游戏出口营收就达 318 亿元人民币，同比增长 17.8%。

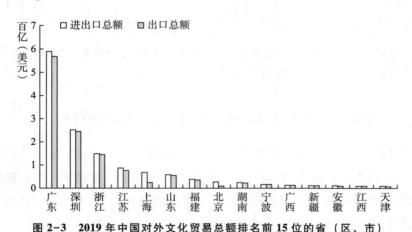

图 2-3　2019 年中国对外文化贸易总额排名前 15 位的省（区、市）

资料来源：商务部服贸司。

四　产业体系完整，优势行业突出

广东已初步构建起门类齐全、产业链比较完整的现代文化产业体系。形成了涵盖 9 大类 146 个行业的文化产业门类，在文化创意（创意设计、工业设计、动漫游戏、音乐制作、广告等）、平面传媒、出版发行和版权服务、广播影视、工艺美术、演艺娱乐、文化会展、互联网信息服务（网络文化信息服务、网络出版、网络广播电视、网络文学、新一代网络游戏、网络音乐、网络动漫等）、文化旅游、文化咨询与培训、文化产品和设备制造等诸多领域初步具备现代文化产业属性。其中 7 大门类增加值全国占比超过 10%，互联网信息服务、广告、软件开发、专业化设计服务、工程勘察设计以及音响设备、玩具等 11 个行业增加值超百亿元，动漫游戏、数字出版、网络音乐、互联网娱乐等新兴互联网信息服务业以及工业设计、文化制造等产业竞争优势明显，具有较大的区域品牌影响力。

五 数字文化行业引领全国

在文化科技的支撑下，网络动漫游戏、数字出版、网络音乐、互联网娱乐以及网络视听内容开发等新兴互联网信息服务业（数字文化行业）发展迅猛，不仅成为广东最具竞争力的优势产业之一，而且还是带动产业创新发展的主要力量。2019 年，广东数字出版产值超 1800 亿元，居全国首位；动漫产值达 610 亿元，约占全国的 1/3；网络游戏产业收入达 1755.5 亿元，占全国七成[①]（见图 2-4）；电竞产业市场规模达 483 亿元，约占全国的 92%。2018~2020 年，广东游戏产业营业收入连续三年在全国占比超过 70%。2021 年上半年，广东游戏产业营收规模突破 1100 亿元，同比增长超过 10%。

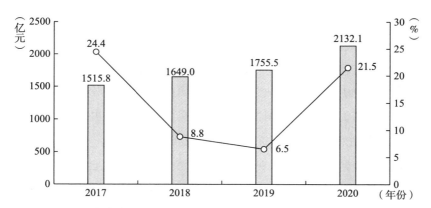

图 2-4　广东省网络游戏营收规模及同比增长率（2017~2020 年）

资料来源：广东省游戏行业协会《2020 广东游戏产业报告》。

---

① 毕嘉琪、黄堃媛：《"文化+"激发产业动能》，《南方日报》2022 年 2 月 11 日。

六 文化制造业遥遥领先

广东有着较为完善的文化制造业体系，在文化制造业的诸多领域都遥遥领先。其中，印刷、光盘复制、影视录放设备、文具、动漫衍生品、产品包装工艺品、玩具、游艺游戏设备、演艺装备等文化产品与设备制造业一直是广东文化产业中的主要优势产业门类。在广东 11 个百亿级产业中，有 5 个属于文化制造业。中国游艺游戏机生产企业主要集中在广东，2019年相关企业营收达到 142.5 亿元，占据全国 98.9% 的市场份额。广东还是中国最大的专业灯光、音响、舞台等演艺设备生产基地，占全国总产值的90%，其中约 1/3 用来出口。全国演艺科技企业前五强都在广东。近年来，广东大力推动文化与制造的融合发展，通过生产工艺智能化改造、加大技术研发与创意设计投入力度以及产业链的整合延伸等方式，文化制造业得以不断升级拓展。

七 产业集聚和产业创新能力在全国处于领先地位

产业园区、基地已成为广东文化产业集聚与创新发展的重要载体。广东共有各种类型的文化产业园区、基地超过 400 家，其中获得地市级以上政府相关机构认定的产业园区约 150 家［包括国家级 42 家、省级 72 家（见图2-5a）］已成为广东文化产业骨干园区，园区数量和入驻企业数量均居全国各省（区、市）首位。从国家级、省级文化产业园区主导产业类型分布情况看，文化创意类占比 14%，文化科技类占比 24%、文化旅游类占比20%、文化制造类占比 15%（见图 2-5b），文化产业园区已成为广东文化产业集聚与创新发展的载体和重要主体。广东在创意设计、动漫游戏、数字出版、网络音乐、互联网娱乐、工艺美术、游戏游艺、文化主题公园等主要领域形成了一批优势产业集群，一批文化产业园区脱颖而出，成为国内文化产业园区知名品牌。深圳是全国首个被联合国教科文组织授予"设计之都"称号的城市，广州也是国内知名的创意之都。

——**创意设计业** 依托发达的制造业以及制造业转型升级释放的市场

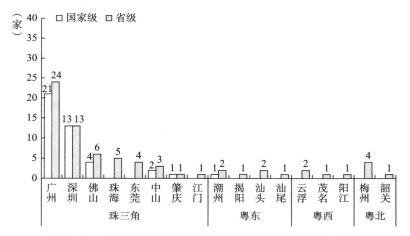

图2-5a　广东省国家级、省级文化产业园区数量分布情况

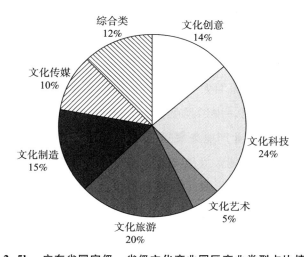

图2-5b　广东省国家级、省级文化产业园区产业类型占比情况

资料来源：广东省文化和旅游厅、广东省社会科学院文化产业研究所整理。

需求，珠三角地区创意设计、工业设计等生产性文化服务业较为发达。经过十余年的集聚发展，广州、深圳、佛山、东莞等市已涌现出一大批业内知名的创意设计类园区，如深圳的田面设计之都创意产业园、F518时尚创意园，广州的TIT创意园、羊城创意产业园，佛山的广东工业设计城、佛山创意产业园，形成了以创意设计、工业设计、建筑设计、时尚设计等生产性文化服务业为核心的优势产业集群。

——**动漫游戏业** 广东是中国动漫游戏产业最大的聚集地，深圳怡景动漫产业基地、广州星力游戏动漫产业园等国家文化产业示范基地、省级文化产业示范园区是动漫游戏企业的主要集聚区，形成了中国最具规模与影响力的动漫游戏产业集群。漫友文化、奥飞娱乐、华强方特文化科技均为国内行业的领军企业，腾讯动漫是国内最大的网络动漫平台。

——**数字出版业** 广东国家数字出版基地、广东国家音乐产业基地（广州南方广播影视传媒园区、广州飞晟园区、深圳 A8 数字音乐园区、深圳梅沙园区）、羊城创意产业园、天河软件园等一批国家级园区成为产业集聚的重要载体与平台。其中，羊城创意产业园汇聚了华语音乐巨头滚石国际、全国第一大音乐演艺互动平台欢聚时代 YY、全国第一大手机音乐客户端酷狗音乐以及国内最大的互联网音频平台荔枝，形成了亚洲领先的文化娱乐产业集群。全省网络音乐产值约占全国的 1/2，酷狗音乐和 QQ 音乐是国内数字音乐的领军企业。

——**工艺美术业** 深圳大芬油画村、雅昌文化集团、深圳古玩城、深圳世纪工艺品文化广场、中国丝绸文化创意产业园、深圳永丰源等名企、名园区汇聚，工艺美术业产业集聚效应显著。作为"中国油画第一村"、全球最大的商品油画集散地，大芬油画村汇聚了 60 多家企业，1200 多家画廊、工作室及经营门店，形成了创作、生产、展示、交易以及材料制作供应等完备的产业链。截至 2023 年，大芬油画总产值达 38 亿元，是中国最重要的工艺美术品出口基地。

——**游戏游艺业** 广东是中国最主要的游戏游艺产业中心，中山、番禺是游戏游艺企业的主要集聚区，形成了全球最具规模与影响力的游戏游艺产业集群。如中山市港口镇是国家级游戏游艺产业基地，有游戏游艺企业 100 多家，形成了研发、设计、展示、交易、生产、检测、版权、体验旅游等全产业链，产值占全国五成以上。广州番禺星力动漫游戏产业园区面积 10 万平方米，入驻华立、希力、世宇等国内外知名动漫游戏企业 182 家，其中外贸出口企业 42 家，2017 年总产值 46 亿元，是国内最重要的游戏游艺设备出口基地。

——**文化主题公园** 广州长隆旅游度假区与深圳华侨城是中国文化旅游业的领军企业，是国内文化主题公园的两张王牌。其中，深圳华强文化科技集团是全球排名第四的文化主题公园（乐园）运营商，产品与服务涵盖"创、研、产、销"文化科技主题公园全产业链，形成了从创意源头到末端市场的良性循环，连续多年获评"中国文化企业 30 强"。

第三节　广东文化产业发展的经验启示

改革开放前，广东在文化人才、文化基础设施等文化资源禀赋上并不具备优势，甚至还被视为"文化沙漠"。广东靠什么夺得文化产业第一大省的桂冠？回望广东文化产业从无到有、从小到大，从文化资源相对贫乏的边缘省份到中国文化产业第一大省的探索发展历程，我们清晰地看到，广东文化产业的成长之路、成功之路就是市场经济之路、改革开放之路。即紧紧围绕破解文化供给不足的主要矛盾，将文化生产与服务从传统国有文化事业体系转到现代文化市场体系与现代文化产业体系轨道上来。改革开放以来，广东文化产业扮演着探索者与引领者的角色，正是"敢为天下先，勇于杀开一条血路"的广东精神，成就了今天的广东，成就了文化产业第一大省的地位[①]。

（一）始终坚持改革开放，敢为人先，勇于充当中国文化产业发展的弄潮儿

回顾广东文化产业的发展历程，处处都能够感受到敢为人先，勇于探索，勇于改革，勇于创新的力量。以改革开放促进文化产业发展的历史逻辑，体现在敢于放（第一阶段）、敢于改（第二阶段）、勇于深改（第三阶段）几个阶段，每一个阶段广东都能够勇立潮头，探索并引领中国文化产业的发展。

第一阶段——敢于放。在当时文化供给严重不足、文化体制严重僵化、

[①] 徐子茗等：《文化科技粤军引领全国产业发展》，《南方日报》2019 年 9 月 27 日。

国内风气未开的背景下，作为改革开放的"试验田"，广东用足、用活中央的政策，率先突破"左"的思想束缚，通过逐步深化文化领域的市场化经营机制改革，激活文化市场。广东文化率先走向市场，创下了中国文化市场发育、发展的众多"第一"（见表 2-1）。以报纸出版业为例，广东报业产生了中国第一份 8 版报、第一份彩报、第一份全彩报、第一份广告收入过亿元报、第一份广告收入超 5 亿元报、第一支"扫楼"发行队伍、第一个自动售报站、第一家连锁店、第一个报业博士后工作站等，正是这许多"第一"造就了广东报业的辉煌，奠定了广东报业在全国的领先地位①。

表 2-1　改革开放初期广东文化领域走向市场重大事件一览

年份	事件
1977 年	全国第一支流行乐队——广州紫罗兰轻音乐队成立
1979 年	广东省广告公司和广州市广告公司成立
	全国第一家拥有整套国际先进设备和生产线的音像企业——太平洋影音公司成立
1980 年	广州东方宾馆开办了全国第一个音乐茶座
	中国大陆第一座调频立体声广播电台——广东文艺电台建立
1981 年	中国最早出现的营业性歌舞厅——深圳西丽湖歌舞厅诞生
	广东电视台推出国内首个电视综艺节目《万紫千红》
1982 年	国内第一家以恋爱、婚姻、家庭为报道和研究对象的综合月刊《家庭》创刊
1985 年	中国第一家大型游乐园广州东方乐园开业
	广州举办全国第一个原创流行歌曲大赛"红棉杯"新人新歌新风大赛
	内地第一家港资动漫公司翡翠动画设计公司落户深圳
1986 年	中国第一家经济电台——珠江经济广播电台开播
	广东电视珠江台推出国内首个电视系列短剧《万花筒》
1988 年	中国内地第一次电视选美——"美在花城"电视广告模特大奖赛成功举办
1989 年	深圳华侨城集团在深圳建成国内第一家主题公园"锦绣中华"

　　第二阶段——敢于改。随着中国市场经济体制的确立和文化需求、文化市场的蓬勃发展，作为国家文化体制改革试点省，广东在前一阶段率先

---

①　陈伟军：《1980 年代广东文化产业的先行路径》，《探求》2014 年第 2 期。

放开部分文化市场经营权的基础上，进一步开展文化领域面向市场的改革，通过文化事业体制机制改革、进一步放开市场准入、破除产业壁垒、引导社会力量发展文化产业等方面的探索创新，从根本上打破了传统文化供给体制，初步建立起文化市场体系与文化产业体系。

一方面，推动经营性国有文化事业单位转企改制。国有文化事业单位从"以文补文"的承包经营、放开经营思路出发，转向明确的企业化改革，文化资源和文化服务由面向政府转变为面向社会，一批经营性国有文化事业单位和机构转制成为自主经营、自负盈亏的文化市场主体。广东在报刊出版等市场化发育较快的领域还率先探索集团化改革，先后成立了广州日报、南方日报、羊城晚报和深圳特区报等报业集团①，以及新华书店集团等一批在全国具有很强影响力的国有文化产业集团，并成为广东传统文化产业体系中的领军企业，文化产业进一步做大做强。

另一方面，推动民营企业、社会资本进入经营性文化领域，民间力量和资本力量成为文化产业发展的主力军。率先探索文化经营和生产由国家控制转向社会准入，有序推动民营企业和社会资本进入文化产业新领域。通过积极探索新的文化企业经营模式、文化投融资模式和文化经济发展方式，进一步健全广东文化产业体系。非国有文化企业蓬勃发展，多种经济成分和市场主体共同经营的文化产业格局开始形成。

第三阶段——勇于深改。自党的十五届五中全会将"文化产业"纳入国民经济体系以来，作为全国文化体制改革的"试验田"的广东率先出台了一揽子深化文化体制改革与促进文化产业发展的政策举措，以组合拳不断推进改革，以更大力度推进文化改革创新，构建现代文化产业体系，使文化产业成为国民经济的支柱产业与新的经济增长点。这套组合拳在全国具有重要的示范引领意义。

如深圳早在 21 世纪初就确定了文化立市的战略，将文化产业定位为引领经济转型升级的战略性支柱产业，出台了一系列促进产业发展的政策举措。在国内率先制定了第一部扶持文化产业发展的地方性法规《深圳市文

① 邓华宁、陈琪：《中国文化产业：市场中的一块"奶酪"》，《发展》2002 年第 7 期。

化产业促进条例》，举办中国（深圳）国际文化产业博览交易会、开办深圳文化产权交易所，并于 2008 年设立了中国首个文化产业投资基金①。早在国家出台《关于推进文化创意和设计服务与相关产业融合发展的若干意见》之前，深圳就已推出《关于促进创意设计业发展的若干意见》，每年安排 1 亿元的工业设计发展专项资金（2014 年达 2 亿元）。而广州也早于国家在2006 年就出台了《关于加快软件和动漫产业发展的意见》，2007~2011 年每年设立 1.5 亿元软件和动漫产业专项资金（2012 年后纳入每年 40 亿元的广州市战略性主导产业发展资金）。21 世纪第一个十年，《广东省建设文化大省规划纲要（2003—2010 年）》《广东省文化产业振兴规划（2011—2015年）》《广东省建设文化强省规划纲要（2011—2020 年）》等重大规划文件以及体制创新、产业扶持、产业融合等系列政策举措相继出台，为广东文化产业的发展创造了良好的体制环境和政策氛围。深圳、广州、东莞、佛山、珠海等珠三角城市不仅出台了完整详细、目标合理清晰的中长期产业发展规划，还就重点发展领域出台专项意见措施、配套扶持资金，形成了发展规划、专项政策以及扶持资金"三位一体"的文化产业发展政策体系②。深圳还在文化产业多头管理体制框架内建立强有力的统筹管理工作机制，有效解决了文化产业管理职权配置不合理的问题，并初步建立起政府文化产业绩效评估机制，确保行政管理服务于产业发展。

（二）聚焦数字科技，实现与"文化+"深度融合，探索出"文化+科技"跨越式发展新模式

以"文化+高科技+产业资本"为主要特征的高技术文化产业是现代文化产业的核心，是带动文化产业创新发展的强大引擎。尤其是通过"文化+"和"+文化"相互融合、相互促进，催生新技术、新产品、新业态等新质生产力，进一步加速重构了广东文化生态、应用场景和发展模式③。从早期的传统文化制造（印刷、光盘复制、影视录放设备、文具、动漫衍生品、产

① 詹双晖：《文化产业园区发展模式研究——以广东省为例》，《新经济》2018 年第 7 期。
② 詹双晖：《文化产业园区发展模式研究——以广东省为例》，《新经济》2018 年第 7 期。
③ 郭跃文：《以文化领域新质生产力赋能文化强省和经济大省建设》，《羊城晚报》2024 年 10 月 17 日，第 A6 版。

品包装工艺品、玩具、游艺游戏设备、演艺装备等），到互联网时代的网络科技文化新业态，"文化+科技"一直是广东文化产业发展的重要模式。进入数字科技时代，文化产业的数字化成为文化和科技深度融合的集中体现。广东又抓住了计算机与互联网等新媒体快速发展的时代机遇，利用其在电子信息产业领域领先全国的先发优势，打造全国重要的互联网信息产业基地和数字化先导区。这不仅为文化科技产业的发展提供了高效载体，更为文化产业相关新业态的创新发展拓展了空间。2008年国际金融危机爆发后，广东更加重视对"文化+高科技+产业资本"的模式探索。除了设立了数字出版、数字音乐、新媒体、动漫网游、影视制作、移动互联网等各类国家级文化科技园区、基地，搭建各类文化科技服务平台，广东还整合国家高新技术开发区、国家软件产业园、国家火炬创业园、国家信息产业基地等载体资源，建立了一批国家级的文化和科技融合示范基地，形成了较为完善的文化科技公共服务支撑体系，极大地推动了文化科技产业的发展。特别是党的十九大以后，广东大力推动文化与科技、资本的融合。通过进一步出台《广东省促进文化和科技深度融合实施方案（2021—2025年）》《广东省超高清视频产业发展行动计划（2019—2022年）》《广东省发展超高清视频战略性支柱产业集群加快建设超高清视频产业发展试验区行动计划（2023—2025年）》《2021年广东省支持4K内容制作补助实施方案》等政策文件，广东以数字科技带动文化产业创新发展、推动产业结构优化与产业效益的提升，培育了一大批文化科技骨干企业、领军企业，锻造出一支引领全国产业发展的文化科技粤军。

专栏 2-1　深圳文化科技融合发展的先行实践

深圳是文化科技粤军的主力，也是"文化+科技"模式的主要探索者。深圳文化科技实力最强、业绩最突出的南山区，聚集有四个国家级文化和科技融合示范基地，以及腾讯、华强方特、雅昌、环球数码等一大批文化科技龙头企业。据国家统计局的统计，2020年，深圳文化产业的增加值达到2240亿元，总规模居全国城市的第三位，仅次于上海、北京。

深圳华强文化科技集团（以下简称"华强集团"）是"文化+科技"发展模式的典型。华强集团原来是一家以电子元器件制造为主业的科技企业①，21世纪初率先提出"文化科技产业"概念，逐步形成了以文化为核心、以科技为依托的新型产业发展模式。短短几年时间就开发出特种影院、数字动漫、大型文化科技主题公园等高端文化产品，成为中国文化科技领域的领军企业。该企业拥有华强数码电影、华强数字动漫、华强智能等30多家专业公司，员工有上万人，产品与服务涵盖创意设计、文化科技主题公园、特种电影、动漫、主题演艺等全文化科技产业链，连续多年获评"中国文化企业30强"。作为中国文化"走出去"的潮头企业，华强文化科技主题公园、环幕4D电影、动画电影以及大型演艺项目等核心产品已出口40多个国家。华强集团由科技制造企业向文化科技企业的成功转型为中国文化产业发展探索出"文化+科技"的华强模式。得益于"文化+科技"发展模式，深圳文化产业实现了从"文化沙漠"到文化产业强市的跨越式发展。正是文化与科技的深度融合，广东成为数字文化新业态的重要策源地，推动了文化产业的创新发展，构建了现代文化产业体系，探索出一条科技赋能文化产业跨越式发展的成功道路。

（三）突出载体建设，完善产业链与服务体系，打造文化产业创新要素集聚高地

建设各种类型的文化产业园区，引导关联文化企业集聚形成规模效应，进而提升产业竞争力是文化产业发达国家与地区发展文化产业的基本路径。早在21世纪初，深圳、广州等市就开始探索以建设文化产业园区或基地的方式发展文化产业②。继2008年国际金融危机爆发以及随后的文化强省建设目标的提出，文化产业成为推动广东经济转型升级的重要引擎，文化产业园区建设成为各级政府发展文化产业的主要抓手，各类文化产业园区如

---

① 詹双晖：《文化产业园区发展模式研究——以广东省为例》，《新经济》2018年第7期。
② 詹双晖：《文化产业园区发展模式研究——以广东省为例》，《新经济》2018年第7期。

雨后春笋般在南粤大地涌现，园区数量从 2008 年的个位数猛增至 2015 年的 400 多家，其后步入资源优化整合、提质增效的规范发展阶段。经过十多年的集聚发展，文化产业园区（基地）成为广东文化产业创新发展的载体和重要主体。这些园区、基地涵盖创意设计、动漫网游、文化艺术、工艺美术、数字出版、文化主题公园、互联网文化艺术信息服务等众多产业门类。以国家级、省级园区为代表的骨干园区大多拥有专业运营管理团队，具有较为完善的公共文化服务平台体系与较为完整的创意产业链。这些园区现代产业特征突出，集聚效应较好，孵化功能较强，经济效益与社会效益显著，对产业发展具有较强的引领与带动效应。正是这些园区、基地奠定了广东文化产业在这些领域的领先地位。广东强大的产业服务平台，不仅可以为文化产业发展提供高起点、高规格的展示交易和文化交流场所，而且可以汇聚大量资金、文化产业项目、信息、技术和人才，有力地促进区域文化产业发展①。目前，以广州、深圳为核心的广东文化创意产业生态圈汇聚了一大批文化产业园区、基地，聚集了一大批文化企业，数量规模和产值效益均居全国前列，成为全国最具活力的三大产业集聚区之一②。总体来看，广东文化创意产业生态圈有如下特点。一是成功打造出中国（深圳）国际文化产业博览交易会（深圳文博会）、中国国际影视动漫版权保护和贸易博览会（东莞漫博会）、中国国际音像博览会等知名文化展会品牌，它们正日益成为具有国际影响力和辐射力的文化产业交易平台。其中深圳文博会是目前中国规模最大、最权威的国家级、国际化、综合性文化产业展会，也是深圳文化产业最大、最核心的服务平台③。二是拥有体系完备的文化科技服务平台、文化产权服务平台、文化融资平台，以及强大的"互联网＋"专业平台，形成了一批包括 YY、酷狗音乐、A8 音乐、爱拍原创等在内的国际领先线上文化互动平台、数字文化交互服务平台、文化产品服务交易平

---

① 蒋斌、丁晋清：《走文化、科技、创意、服务融合之路——关于广东文化产业发展的调查》，《人民日报》2013 年 4 月 28 日。

② 张宇航：《略谈广东改革开放中的文化自觉》，《岭南文史》2018 年第 2 期。

③ 蒋斌、丁晋清：《走文化、科技、创意、服务融合之路——关于广东文化产业发展的调查》，《人民日报》2013 年 4 月 28 日。

台。三是打造出多条覆盖创意—设计—生态的闭环创新产业链。形成"4线"（产品线、技术线、人才线、融资线）与"5流"（人才流、信息流、项目流、资金流、数据流）集成的文化生态园区。在"不出一公里"的园区内可以实现所有配件的采购与生产，使创客的点子最快落地变成现实产品。在美国8个月才能完成的元器件物料采集生产，在华强北两个月就可以做到。

得益于强大的产业服务平台，集聚了一批国际一流的创新创业资源，广东快速成为激励创业创新的文化产业高地。一批国内外资本大牛、知名VC、创业大咖、技术天才，以及创业服务机构帮助文化产业园区与企业汇聚大量资金、文化产业项目、信息、技术和人才，并提供高起点、高规格的研发平台以及产品展示、交易、交流场所[1]。作为文化新业态的策源地，广东已成为数字创意、数字媒体、数字音乐、软件与信息服务、超高清视频显示等重要数字产业集群的孵化地、集聚地，涌现出广州网易、深圳腾讯、深圳华强文化科技、酷狗等一批以高新技术为支撑、以数字内容为主体、以自主知识产权为核心的头部文化科技企业。正是基于这种创意文化产业发展生态，广东在媒体服务、动漫影视、网络游戏、网络视听内容开发、网络信息服务、数字印刷等文化科技主要业态，以及物联网、可穿戴智能设备、虚拟现实和增强现实、人工智能等文化科技前沿领域长期处于国内领先地位，并成为带动中国相关文化产业创新发展的主力军。

---

① 詹双晖：《文化产业园区发展模式研究——以广东省为例》，《新经济》2018年第7期。

第三章

对标评估：新时代广东文化产业高质量
发展的优势与潜力、问题与挑战

第一节　中国文化产业发展态势

国家"十四五"文化发展规划提出，"贯彻新发展理念，构建新发展格局，推动高质量发展，文化是重要支点，必须进一步发展壮大文化产业，强化文化赋能，充分发挥文化在激活发展动能、提升发展品质、促进经济结构优化升级中的作用"①。推进文化产业更加繁荣已经成为推进文化强国建设和中国式现代化建设的重要组成部分。从中国文化产业发展总体趋势看，文化产业持续健康发展已经同中国新发展格局下实现高质量发展的方方面面紧密结合起来。

一　文化产业对地区经济发展的引领性、渗透性加深

文化产业与地区经济增长的耦合效应一般经历三个阶段。

第一阶段是文化资源分散化开发与地区经济相对独立的离散关系阶段：地区工业化、城镇化和现代化发展尚处于起步阶段。文化产业自身发展仍

---

① 《中共中央办公厅 国务院办公厅印发〈"十四五"文化发展规划〉》，《国务院公报》2022年第24号，https://www.gov.cn/gongbao/content/2022/content_5707278.htm。

处于文化资源的粗放式、非规模化开发阶段，文化产业发展模式还处于低科技含量、低资本投入的原生态发展阶段。文化产业发展与地区经济增长之间不存在明显的相关性。

第二阶段是文化产业线性增长与地区经济弱相关阶段：地区工业化、城镇化和现代化发展处于快速起飞阶段。受到地区产业体系快速构建、非农劳动力人口快速集聚和地区经济规模总量快速增长的推动，文化产业内部开始形成规模化的文化资源产业化开发，部分细分领域文化产业出现了单一产业环节向上下游延伸形成较长文化产业链、价值链的现象。基于地区经济快速增长对文化产业发展的牵引作用，文化产业与地区经济之间形成了间接的弱相关关系。

第三阶段是文化产业对地方经济增长强耦合阶段：地区工业化、城镇化和现代化发展逐步向更高水平迈进。文化产业基于前一阶段的线性增长已形成了一定的产业规模和较为完备的文化产业体系，文化产业发展方式已从文化资源的简单开发利用进入技术创新和文化创意融合驱动的知识引领阶段。产业文化化和文化产业化从文化产业系统内部延伸、连接到文化系统外的经济生活领域。随着文化系统内外要素流动、生产消费互动的越发频繁，文化产业自身增长与地方经济发展处于深度耦合正相关阶段。

从产业发展历程和发展质量看，中国文化产业已进入与经济增长高度耦合阶段。中国文化及相关产业增加值占 GDP 比重已经从 2004 年的 2.13%上升为 2021 年的 4.56%（见图 3-1）。2021 年，全国文化及相关产业增加值达到 52385 亿元，是 2004 年的 15.23 倍[1]。2021 年，全国共有各类文化和旅游从业人员 483.43 万人，较 2012 年增长 14.2%[2]。2022 年，全国规模以上文化及相关产业企业实现营业收入 121805 亿元[3]，文化产业已成为经

---

[1] 《2021 年全国文化及相关产业增加值占 GDP 比重为 4.56%》，国家统计局网站，2022 年 12 月 30 日，http://www.stats.gov.cn/sj/zxfb/202302/t20230203_1901697.html。

[2] 《2021 年全国文化及相关产业增加值占 GDP 比重为 4.56%》，国家统计局网站，2022 年 12 月 30 日，http://www.stats.gov.cn/sj/zxfb/202302/t20230203_1901697.html。

[3] 《2021 年全国文化及相关产业增加值占 GDP 比重为 4.56%》，国家统计局网站，2022 年 12 月 30 日，http://www.stats.gov.cn/sj/zxfb/202302/t20230203_1901697.html。

济增长的新动能、新引擎。

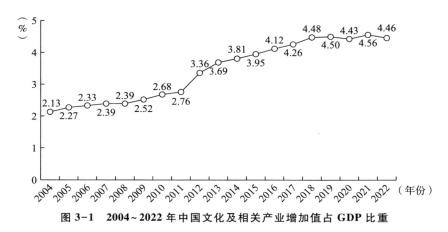

图 3-1　2004~2022 年中国文化及相关产业增加值占 GDP 比重

二　文化产业数字化融合的广度深度拓展

相较于其他产业类别，文化产业与数字化融合发展具有更强的适应性。传统文化产业基于文化资源的价值化开发存在"在地"集聚和"在场"集聚的鲜明特征，而互联网等数字技术的飞速发展推动文化产业率先实现依托平台媒体的"在线"创新发展。江小涓认为，数字技术通过赋能消费者、创意者、生产者、社交行为和文化传播来提升文化产业的生产效率①。徐紫东、刘怡君认为，将数字经济与文化产业的发展进行深度融合，有助于拓展文化产业链的范围，催生新业态、新模式、新产业，也是对文化内涵进行继承和创新的一条重要途径②。王然从效率提升、协同发展、激励约束三个维度提出了数字化赋能文化产业的内在机制（见图 3-2）。简言之，数字技术通过生产效率提升、协同发展联动以及赛博空间延伸为文化产业高质量发展提供了新的动能。

当前，中国文化产业数字化融合的广度、深度不断拓展，"文化+数字"

---

① 江小涓：《数字时代的技术与文化》，《中国社会科学》2021 年第 8 期。
② 徐紫东、刘怡君：《数字经济背景下文化产业链的构建与创新研究》，《价格理论与实践》2021 年第 11 期。

已经成为文化产业高质量发展的动力源。一方面，文化与数字技术融合催生的数字文化产业已成为文化产业的主体部分。统计数据显示，2021 年，在全国规模以上文化及相关产业中，数字文化新业态特征较为明显的 16 个行业小类实现营业收入 39623 亿元，比上年增长 18.9%。2022 年，在 16 个行业小类中，数字出版、娱乐用智能无人飞行器制造、互联网文化娱乐平台、增值电信文化服务和可穿戴智能文化设备制造等行业实现两位数增长，分别为 30.3%、21.6%、18.6%、16.9% 和 10.2%[①]。

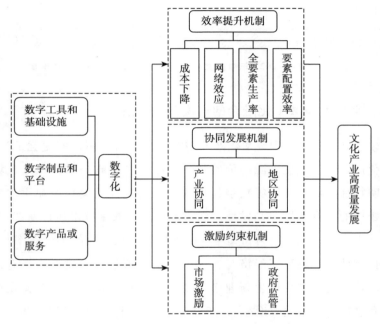

图 3-2　数字化赋能文化产业内在机制

资料来源：王然《数字化赋能文化产业高质量发展的作用机制与实现路径》，《价格理论与实践》2022 年第 7 期。

另一方面，中国文化数字化基础设施和公共服务体系的加快建立健全为文化产业发展提供了更多场景和支撑。中共中央办公厅、国务院办公厅

---

① 《2021 年全国文化及相关产业增加值占 GDP 比重为 4.56%》，国家统计局网站，2022 年 12 月 30 日，http://www.stats.gov.cn/sj/zxfb/202302/t20230203_1901697.html。

印发的《关于推进实施国家文化数字化战略的意见》明确提出，到"十四五"时期末，基本建成文化数字化基础设施和服务平台，形成线上线下融合互动、立体覆盖的文化服务供给体系。随着更多国家级数字化文化工程、国家公共文化数据服务平台以及国家文化大数据体系、全国智慧图书馆体系和公共文化云的建设运营，其将为新型数字文化产业发展提供更多跨区域、多场景、交互式的新应用空间。

三　文化产业与文化事业的协调性协同性增强

党的二十大报告就"繁荣发展文化事业和文化产业"作出部署安排，而文化产业与文化事业协调协同发展已经成为推动高质量发展的重要因素。从文化生产的价值取向看，公共文化服务与文化产业是文化的两个方面，前者侧重于满足公民基本文化需求的传统文化保护与文化供给，后者强调有经济效益产出的文化生产服务。文化产业与文化事业虽然在使命、供给主体等方面各不相同，但也存在资源要素互通、相互推动发展的情况。近年来，随着人们对多元文化需求的增多，企业等社会力量多主体多方式多领域参与到公共文化服务中，深刻影响着文化事业与文化产业之间的作用关系。在一些准公益性领域，两者日益紧密的融合互动关系，使文化事业与文化产业两个"轮子"协调运转成为文化经济发展的新态势。

从政府转变公共文化供给方式的不同类型看，文化产业与文化事业协调发展，企业等社会力量参与公共文化发展主要有以下几种途径。一是企业等社会力量参与投资建设公共文化设施和文化机构。如企业以冠名、公私合作、捐赠等形式建设民办博物馆、陈列馆、图书馆（农家书屋）、剧场、艺术馆、文化活动中心、文化站、文化室（文化大院）等文化服务机构，并在相关文化场馆设施内，向社会举办免费或适当营利性文化服务活动。二是企业承接政府公共文化服务购买活动。企业参与到政府主办的公益性文艺创作、宣传推广、培训辅导、书籍音像和网络出版、文物保护、咨询研究以及其他公共文化服务项目中[1]。三是社会化运营公共文化设施。

---

[1]　郝卓君、郭丹：《学习型社会建设的实践路向》，《科教导刊》（下旬）2018 年第 24 期。

如鼓励基层文化中心、文化站、文化室等小型公共文化设施的运行，采取购买管理服务的方式，由专业化企业统一管理运行，节约运行维护成本，提高服务水平。四是企业提供文化志愿服务。如将文化志愿服务与市场服务相衔接，鼓励企业开展文化培训辅导、文艺演出、文化宣传交流、文化遗产保护传承、公共文化机构辅助管理等文化志愿服务，或自行有序举办公益性文化服务活动等。

四 优秀传统文化资源在内容生产中的重要性增强

推动中华优秀传统文化创造性转化和创新性发展已经成为建设中华文明新形态的具体内容。而随着国家经济社会发展，中华优秀传统文化已经在文化产业内容生产环节发挥更为重要的作用。譬如国潮文化在衣、食、住、行、游等居民终端消费领域的深入融合，已经发展壮大成为重要的文化符号和文化产业。从文化产业的一般性规律看，国潮经济是企业等文化生产者将中华优秀传统文化元素融入文化产品、文化活动中而形成的满足新兴消费群体市场需要的产业经济活动。从当前优秀传统文化资源助推文化内容生产的主要模式看，可将其分为在现有文化产品和文化商业活动中融入中华优秀传统元素，以及企业利用现有知名传统文化 IP、文化遗产与相关知名文化机构打造联名产品。

优秀文化进入内容生产领域打通了优秀传统文化与时尚消费文化交流的通道，在满足大众增强国家文化认同、彰显文化自信的内在需求的同时，嵌入了现代社会的生活与消费方式。百度热搜调查数据显示，2011~2021年，国潮搜索热度上涨 528%，其中"90 后"贡献了 48.6% 的热度[①]。从文化消费细分领域看，国产电影搜索热度上涨 6.2 倍、国产游戏搜索热度上涨 2.8 倍、国产动漫搜索热度上涨 20 倍、国产音乐搜索热度上涨 3 倍。同时在大众消费品、电子产品、美容、汽车、鞋服领域，国产自主品牌的市场

---

① 《百度联合人民网研究院发布国潮骄傲搜索大数据，定义国潮 3.0 时代》，百度 App 百度百家号，2021 年 5 月 10 日，https://baijiahao.baidu.com/s?id=1699338090120622985&wfr=spider&for=pc。

份额也在持续上升①。

五 现代文化产业体系的综合性现代性要求更高

随着文化产业从粗放式发展进入效益型和高附加值产业升级发展阶段，中国现代文化产业体系日益复杂。一方面，文化产业与其他产业之间的联系日益深化，并由此衍生裂变出新的文化经济相关需求供应链。例如，市场化的文化生产、文化服务活动已经与金融业、知识产权服务业、经纪服务业、中介代理等高等级生产性现代服务业紧密结合，并最终形成规模庞大、具有较高专业技术准入门槛的文化经济横向周边产业。另一方面，现代文化产业体系自身的高等级化也使文化产业内部不断进行新的"聚合裂变"，产生新的纵向关联产业。随着传统文化用品制造不断向精密复杂化和高端化发展，内容生产、视觉设计、体感交互等中间产品及服务不断从原产业链条中分离出来，或脱离原产业链裂变为新的产业，或打乱原产业分工链上下游链条关系，形成新的产业分工链条。

第二节 广东文化产业高质量发展的国际比较

一 广东文化产业整体生产力水平较高

文化产业占 GDP 比重能够综合反映一个地区文化产业发展水平。2021年广东文化及相关产业占全省地区生产总值比重为 5.54%②，较 2012 年增长 0.8 个百分点③。版权作为文化产业最核心资源之一，赋予了文化产业持久的生命力。而一国版权产业增加值占 GDP 比重也从侧面反映了一国文化

---

① 麦肯锡相关统计数据表明，2015~2020 年本土消费品牌在瓶装水、便携式电子产品、家庭电子产品等领域的市场份额均上升 10% 及以上。

② 《2021 年广东文化及相关产业运行简况》，广东省统计局网站，http://stats. gd. gov. cn/ tjkx185/content/post_ 4092865. html。

③ 《广东文化产业增加值占 GDP 4.74% 总量持续扩大》，《光明日报》2013 年 9 月 5 日。

产业发展水平。世界各国在规划发展"文化产业"过程中的侧重点、落脚点、发展路径不同，对其使用了"版权产业""创意产业"等不同称谓。如美国、加拿大、澳大利亚、俄罗斯、乌克兰、荷兰、匈牙利、新加坡等国家，从文化产品具有知识产权的角度将文化产业界定为版权产业[①]。因此，基于版权角度的产业划分与文化产业高度重叠[②]，从世界主要国家版权产业增加值占 GDP 比重的横向比较看，广东文化产业发展水平与加拿大（2016年为 5.4%）、荷兰（2011 年为 6%）等国基本持平。

世界知识产权组织（WIPO）统计数据显示，各国文化产业与其本地区经济总量的关系可划分为 4 个梯度区间。一是文化产业已成为地区经济社会发展主导力量，并对世界文化经济发展、文化潮流具有引领作用。例如，美国 2019 年版权产业增加值占 GDP 比重达到 11.9%，韩国 2016 年版权产业增加值占 GDP 比重达到 9.9%，匈牙利 2013 年版权产业增加值占 GDP 比重达到 8.25%。二是文化产业已成为重要支柱产业，其文化经济对所在地区具有一定影响力。例如，新加坡 2014 年版权产业增加值占 GDP 比重达到 6.2%，俄罗斯 2014 年版权产业增加值占 GDP 比重达到 6.1%，澳大利亚 2018 年版权产业增加值占 GDP 比重达到 6.8%。三是文化产业是地区国民经济重要组成部分，但文化经济影响力仅限于本国或本语言文化区市场内部。例如，阿根廷 2013 年版权产业增加值占 GDP 比重达到 4.7%，墨西哥 2016 年版权产业增加值占 GDP 比重达到 4.8%，菲律宾 2006 年版权产业增加值占 GDP 比重达到 4.82%。四是文化产业仍处于培育发展期，文化经济发展仅满足本国本地区民众最基本文化消费需要。例如，秘鲁 2009 年版权产业增加值占 GDP 比重达到 2.67%，约旦 2012 年版权产业增加值占 GDP 比重达到 2.43%，土耳其 2011 年版权产业增加值占 GDP 比重达到 2.73%（见表 3-1）。

[①] 范军：《版权产业与文化产业、创意产业》，《光明日报》2013 年 7 月 2 日，第 13 版。
[②] 王静、肖尤丹：《基于国际比较的版权产业划分标准研究》，《中国出版》2018 年第 24 期。

表 3-1　部分代表性国家文化（版权）产业发展区间划定

区间	版权产业增加值占 GDP 比重	主要特征	代表性国家
发达	10%左右	已引领全球文化产业潮流	美国 11.9%（2019 年）、韩国 9.9%（2016 年）、匈牙利 8.25%（2013 年）
中等发达	6%左右	可形成区域文化经济影响力	新加坡 6.2%（2014 年）、俄罗斯 6.1%（2014 年）、澳大利亚 6.8%（2018 年）
发展	4%~5%	仅影响本国或本语言文化区市场内部	阿根廷 4.7%（2013 年）、墨西哥 4.8%（2016 年）、菲律宾 4.82%（2006 年）
起步	小于 3%	仅满足本地区基本文化消费	秘鲁 2.67%（2009 年）、约旦 2.43%（2012 年）、土耳其 2.73%（2011 年）

资料来源：国家统计局社会科技和文化产业统计司等编《中国文化及相关产业统计年鉴（2022）》，中国统计出版社，2022。

二　广东现代文化产业体系核心板块仍有较大发展空间

与文化产业世界先进国家、地区相比，广东现代文化产业体系仍处于建设完善期，文化价值化核心环节、高附加值板块仍有较大发展空间。按照文化产业九大细分领域增加值占比情况看，2021 年，广东内容创作生产、新闻信息服务、文化辅助生产和中介服务以及文化消费终端生产 4 个细分门类贡献明显。其中，内容创作生产实现增加值 1533.5 亿元，占 22.20%，新闻信息服务实现增加值 1153.6 亿元，占 16.70%。但与此同时，文化投资运营、文化娱乐休闲服务增加值占比偏低，文化投资运营仅占 0.40%，文化娱乐休闲服务占 2.10%（见图 3-3a）。

受到各国文化产业分类和统计口径差异的限制，我们只能根据各国文化产业结构进行简单比较分析。对比粤韩文化产业结构拼图可以看出，文化制造业在广东文化产业结构中仍然占有较大比重，而韩国的文化产业仅统计文化创意生产与服务环节。其中，出版（16.88%）、电影（14.72%）、知识信息（15.10%）、广播（17.12%）是韩国文化产业的支柱产业。此外，韩国还有一项人物形象（9.52%）的产业门类，体现出韩国文化产业在人物 IP 设计及价值化开发领域十分专业。观察英国文化

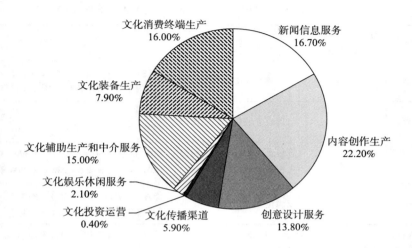

图 3-3a 广东文化产业各细分领域增加值占比情况

产业结构拼图，信息技术、软件和计算机服务是英国文化产业的绝对主导产业，占全部文化产业增加值的 41.59%，从一定程度上反映出英国文化产业具有较强的科技融合能力。此外，英国将博物馆、艺术馆和图书馆，加拿大将遗址和图书馆等具有公益属性的文化部门也纳入统计门类，体现了这些国家文化公共资源的产业化已具备较高水平（见图 3-3b）。

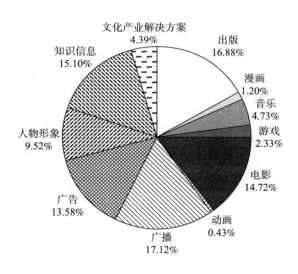

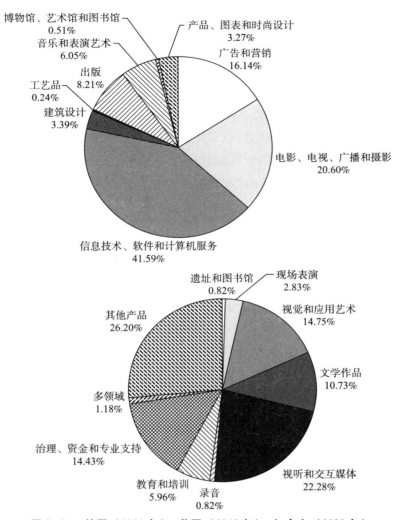

图3-3b 韩国（2020年）、英国（2019年）、加拿大（2020年）
文化产业细分结构占比

三 广东文化贸易水平与国际先进地区之间仍有差距

广东文化产品和服务进出口在全国具有较大份额，但从国际创意产品出口最新增长趋势看，重点行业以及高附加值领域与国际先进地区之间仍有差距。目前，全球创意产品出口中设计产品占据主导份额，2015年设计产品出口额占全部创意产品出口额的 62.43%。而工艺品、音像产品、出版物的出口占比与 2006 年相比有小幅下降。根据世界创意产品近年来出口增长情况看，设计产品与视觉艺术是全球创意产品出口增长速度较快的两大门类。其中，设计产品全球出口额从 2006 年的 1863.8 亿美元增长为 2015 年的 3182.2 亿美元。视觉艺术出口额从 2006 年的 252 亿美元快速增长为 2015 年的 537 亿美元（见图 3-4）。比较而言，视觉艺术等文化细分门类尚未纳入广东文化产业进出口贸易统计分类。与世界文创产业发展潮流趋势相比，广东文化贸易出口结构仍需进一步向高创意型优化升级。

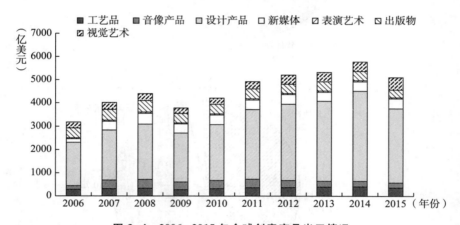

图 3-4　2006~2015 年全球创意产品出口情况

资料来源：国家统计局社会科技和文化产业统计司等编《中国文化及相关产业统计年鉴（2021）》，中国统计出版社，2021。

第三节　广东文化产业高质量发展的国内比较

一　产业规模具有绝对优势但与地方经济的协同发展能力有待提高

广东文化产业增加值连续多年居于全国前列，且与北京、上海、浙江、江苏相比有较大的规模优势。横向比较显示，2020 年，广东文化产业实现增加值 6211 亿元，远远高于北京（3770 亿元）、上海（2390 亿元）、浙江

（4495 亿元）以及江苏（4986 亿元）。但从文化产业增加值占 GDP 比重看，广东文化产业发展与地方经济社会的协调性仍有待提高。2020 年，广东文化产业增加值占 GDP 比重为 5.59%，低于北京的 10.49%、上海的 6.13%、浙江的 6.95%（见图 3-5）。文化产业增加值占 GDP 比重不仅反映了一个地区文化产业对地方发展的直接经济贡献，也是反映文化产业与地区经济社会发展协调程度的重要指标。通过广东与北京、上海、浙江等的横向比较可以看出，按照广东地区经济发展水平，文化产业仍有较大发展空间。

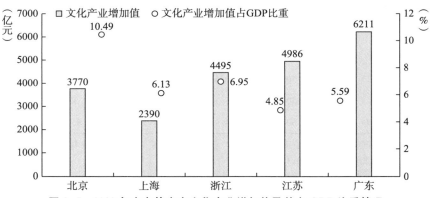

图 3-5 2020 年广东等省市文化产业增加值及其占 GDP 比重情况

资料来源：国家统计局社会科技和文化产业统计司等编《中国文化及相关产业统计年鉴（2021）》，中国统计出版社，2021。

二 广东文化产业市场活跃但发展效益落后于兄弟地区

广东文化产业市场主体、从业人员的数量在全国具有优势，但从企业户均、从业人员人均指标看，广东文化产业发展效益尚不具有等量优势。横向比较数据显示，2018 年，广东文化产业法人单位数有 29.74 万个，居于全国前列，远远多于北京（15.07 万个）、上海（4.47 万个）、江苏（21.15 万个）、浙江（15.44 万个）。第四次全国经济普查数据显示，广东文化产业从业人员数达到 336.60 万人，全国第一，远远多于北京（121.50 万人）、上海（68.90 万人）、江苏（233.50 万人）以及浙江（140.30 万人）。较多的法人单位数和从业人员数反映了广东文化产业蓬勃发展态势，但从平均指标看，广东投入—产出效率处于同类地区的低位，文化产业发展效益仍有待提高。广东文化产业法人单位户均资产（文化产业总资产/法人单位数）为924.85元，远远低于北京、上海、江苏、浙江，反映出广东相关企业的资本积累率有待提高。从从业人员人均营收情况看，广东仅为66.62元，也远远低于同梯队地区（见表3-2）。

表3-2 2018年广东文化产业相关指标国内比较

地区	法人单位（万个）	从业人员（万人）	资产总计（亿元）	营业收入（亿元）	户均资产（元）	人均营收（元）
北京	15.07	121.50	27169.00	13454.80	1802.85	110.74
上海	4.47	68.90	14154.90	11080.20	3166.64	160.82
江苏	21.15	233.50	30900.40	15927.20	1461.01	68.21
浙江	15.44	140.30	18736.70	12237.30	1213.52	87.22
广东	29.74	336.60	27504.90	22424.30	924.85	66.62

资料来源：国家统计局社会科技和文化产业统计司等编《中国文化及相关产业统计年鉴（2021）》，中国统计出版社，2021。

三 广东文旅产业开放水平在全国具有比较优势

广东开放型经济特征明显，在国际旅游方面也具有较高的全球知名度。从横向比较看，广东国际旅游收入从2012年的15610.7百万美元增长到2019年的20521.3百万美元，增幅达到31.46%。广东国际旅游收入远远高于北京（2019年5192.5百万美元）、上海（2019年8243.5百万美元）、江苏（2019年4743.6百万美元）和浙江（2019年2668.2百万美元）。且从国际旅游收入的增速看，广东也是增幅最大的地区。这一数据从侧面反映了广东文化产业特别是细分文旅产业的开放化程度与国际知名度。

四 广东版权交易量在全国占比不高且相关业务水平有待提高

版权产业是现代文化产业体系的核心，对于推进文化产业整体高质量发展具有引领性作用。2022年广东登记计算机软件著作权238781件，占全

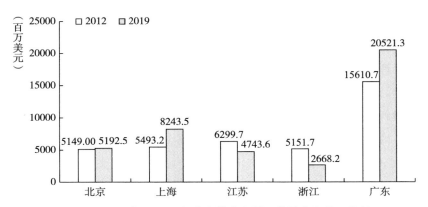

图 3-6　2012 年、2019 年广东等省市国际旅游收入情况比较

资料来源：国家统计局社会科技和文化产业统计司等编《中国文化及相关产业统计年鉴（2021）》，中国统计出版社，2021。

国登记总量的 13.01%，但作品著作权登记情况无论是总量还是增速在全国均不具优势地位。2022 年，北京市作品著作权登记 1047270 件，占全国登记总量的 23.18%，居于全国第一。相较于 2021 年，黑龙江、宁夏、湖南、云南、广西、河北、辽宁等省（区）的作品著作权登记量增长率超过100%[①]。从全国版权合同交易登记情况看，2022 年广东版权合同登记 917件，低于北京、上海、江苏。与全国同梯队地区相比，广东版权产业发展仍处于成长阶段，市场培育和监管体系建设仍有待加强。

第四节　广东文化产业高质量发展的问题与审视

改革开放 40 多年来，广东大力破解文化供给不足问题，基本实现了文化生产与服务从计划型文化生产供给体系向现代文化市场体系与现代文化产业体系转轨[②]。现阶段，广东已转入中国特色社会主义文化市场轨道，还走上了数字化新赛道。从供给质量看，广东文化产业正处于由传统的资源速度型粗放发展模式转为质量效益型内涵发展模式的换挡调整期。这一时

---

① 《国家版权局关于 2022 年全国著作权登记情况的通报》（国版发函〔2023〕2 号）。
② 徐子茗等：《文化科技粤军引领全国产业发展》，《南方日报》2019 年 9 月 27 日。

期的主要任务是，破解高品质文化产品供给不足，创新力、竞争力不强等问题。虽然我们的文化供给丰富了，但低俗媚俗、粗制滥造、抄袭雷同等负能量文化产品有不少，老百姓反响好的文化精品不多，有"票房"又有口碑的文化产品缺乏，尤其缺少在国际上有影响力、竞争力的文化产品。具体来说需要破解以下主要问题：一是产业结构如何优化，如何解决产业层级偏低端、核心内容产业不强的问题；二是产业主体如何做大做强、如何做到"专、精、特"，破解"小、散、弱"突出，规上企业偏少，龙头企业、知名品牌不多，以及国有文化企业方阵偏弱，尚未完全承担起文化建设主力军的重任，在互联网等新兴领域的竞争力和话语权不足等问题；三是岭南优秀传统文化如何实现创造性转化与创新性发展问题，如何破解岭南特色文化资源产业开发经济效应有限，特别是粤东、粤西、粤北地区地方特色文化产业实现现代化发展的问题；四是资源如何有效整合、区域如何协调发展问题，如何破解区域之间、城乡之间发展不平衡的问题，文化产业与文化事业之间没有建立横向协同发展机制，各类文化产业资源未能有效整合、充分配置、形成合力等发展不协调问题。

"推动文化产业高质量发展，健全现代文化产业体系和市场体系，推动各类文化市场主体发展壮大，培育新型文化业态和文化消费模式，以高质量文化供给增强人们的文化获得感、幸福感。"① 这是习近平总书记赋予新时代中国文化产业发展的新使命、新任务。如何满足人民群众对高品质文化生活的需求，如何以创新力提升国际竞争力，如何实现从大到强的跃升，如何继续引领文化产业高质量发展，是新时代广东文化产业发展的新目标、新使命。厚植岭南优秀传统文化沃土，推动文化创新发展，打造数字文化产业高地，推动内容产业做大做强，推进文化产业双向赋能，提升文化工业创新水平，打造文创"航母舰队"，构建与数字时代相适应的文化产业生态，是新时代广东文化产业高质量发展的基本路径与任务。作为中国文化产业第一大省，广东应秉承改革开放 40 多年的勇于探索创新精神，继续勇当文化产业高质量发展的排头兵，努力提升发展质量和效益，实现由"大"到"强"的跃升。

---

① 《习近平谈治国理政》第 3 卷，外文出版社，2020，第 314 页。

第四章

战略构想：新时代广东文化产业高质量发展的目标、路径与任务

文化强省建设为广东在推进中国式现代化建设中走在全国前列提供了坚强思想保证和强大精神力量。其中，文化产业高质量发展对于厚植高质量发展的文化底蕴、文化内涵、文化价值将发挥着巨大作用。本章结合广东发展的新时代使命，重点围绕"十四五"时期以及到 2035 年广东文化产业高质量发展的总体要求、战略思路与基本路径、主要任务与重点工程以及政策创新举措等进行深入的战略研究。

第一节　广东文化产业高质量发展的目标要求

一　总体目标

围绕文化强国、文化强省建设总体目标任务，把握文化产业发展趋势与战略机遇期，以新发展理念构建广东文化产业发展新格局、新空间、新动能、新活力，着力增强自主创新能力，加快推动产业高端化发展，推动文化产业成为广东的重要支柱产业和战略性新兴产业，推动广东成为全国乃至全球具有较强竞争力的文化创意产业中心。

广东文化产业体系和市场体系更加健全，文化产业结构布局不断优化，文化供给质量明显提升，文化消费更加活跃，文化产业规模持续壮大，文

化及相关产业增加值占地区生产总值比重进一步提高，文化产业发展的综合效益显著提升，对地区经济增长的支撑和带动作用得到充分发挥。

展望 2035 年，广东将全面建成文化强省，区域文化软实力显著增强，文化产业整体实力和竞争力将大幅跃升，文化产业发展质量效益、城乡居民文化消费水平将迈上新的台阶，文化产业对地区国民经济发展的支撑和带动作用将达到新的高度。

二 分层目标

（一）文化产业链在全球价值链中的地位持续提升

推动广东文化产业由资源支撑的速度规模型粗放发展模式转向创新驱动的质量效益内涵型发展模式，实现以创新为动力、文化服务与文化产品产业形态并驾齐驱以及以数字化、品牌化、高端化、国际化为主要标志的产业转型升级，大幅增强核心内容产业生产力与国际竞争力，实现从大到强的跃升。

（二）文化产业在广东现代化产业体系的地位进一步突出

一方面，文化产业自身在国民经济中的占比进一步提高，全面实现文化产业规模、结构、效益的高质量发展。另一方面，文化产业与相关领域融合更加深入，使传统文化与社会主义先进文化广泛深度融入经济建设与社会生活之中，最大限度地激发文化活力与文化消费，实现文化产业与广东现代化产业体系的双向赋能。特别是在文化科技融合方面，文化产业数字化战略取得突破性发展，通过新型文化业态的创新发展与传统文化业态的改造提升，全面推动岭南优秀文化创造性转化与创新性发展，最终形成开放、共享、协同发展的文化产业发展平台。

（三）建构满足人民美好生活与高层次文化消费需求的高水平文化供给体系

文化供给体系质量水平明显提升，文化产品和服务内涵品质、创意水平持续提升。推出更多具有自主知识产权的文化产品和服务品牌，城乡居民文化消费更加活跃。形成一批适应人民群众文化消费需求的、有广东影响力的文化精品力作。

（四）广东文化的国际传播力与影响力进一步扩大

广东文化贸易高水平对外开放格局初步建立，文化贸易结构持续优化、文化出海取得实质性进展。

三　总体要求

广东文化产业高质量发展，一要坚持正确导向。坚持社会主义先进文化前进方向，坚持把社会效益放在首位、社会效益和经济效益相统一，确保文化产业持续健康发展。二要坚持以人民为中心。坚持以满足人民美好生活需要为根本目的，牢固树立以人民为中心的创作生产导向，不断扩大优质文化产品供给。三要坚持创新驱动。坚持以创新为核心驱动力，激发文化创新创造活力，全面推进文化产业内容形式、载体渠道、业态模式等创新，适应高新技术发展趋势，推进文化和科技深度融合。四要坚持融合发展。坚持以文塑旅、以旅彰文，推动文化产业和旅游产业深度融合发展，推进"文化+"战略，坚持以文化赋能发展。五要坚持系统观念。围绕落实国家重大发展战略，把握文化产业发展特点规律和资源要素条件，统筹区域城乡文化产业发展，促进形成文化产业发展新格局。

第二节　广东文化产业高质量发展的战略任务

一　进一步健全现代文化产业体系和市场体系

构建产业结构合理、产业布局科学、产业发展集聚、产业竞争高端的现代文化产业体系和市场体系。

（一）优化区域（空间）布局

构建起优势互补、协调发展的区域文化产业发展格局。推动形成以珠三角为龙头，粤东、粤西、粤北优势互补、错位发展的文化产业区域协同发展格局。珠三角核心区积极发挥文化创意产业增长极作用，成为辐射带动全省的内容生产、文化资本服务中心。其中，广州、深圳两大文化中心城市打造具有世界影响力的文化交流中心，第二梯队城市形成具有地方特色的文化产业次中心；粤东、粤西、粤北特色化差异化发展，并与珠三角核心城市形成基于内容生产的上下游产业链条共建模式。全省形成现代化产业体系协同发展模式，通过差异化分工，打造优势互补、合作互动、互利共赢的区域文化产业共建模式，展现广东文化经济的强溢出效应，使广东成为全国文化内容生产先导区、文化产业融合发展示范区和文化产业新业态引领区。

（二）优化产业结构

1. 推动文化产业结构优化升级

加快健全现代化文化产业体系。进一步优化文化产业链条，提高文化产业高技术附加值和内容创意附加值。积极运用数字技术等新生产要素改造传统文化产业部门，广泛挖掘优秀传统文化基因和发展先进大众文化推动内容生产提质增效，加快文化服务业与现代旅游业、现代商贸业、体育产业融合发展，培育发展文化新业态、新模式。

2. 加快数字化转型升级

顺应数字产业化和产业数字化发展趋势，推动新一代信息技术在文化创作、生产、传播、消费等各环节的应用，推进"上云用数赋智"，加强创新链和产业链对接。推动数字文化产业加快发展，发展数字创意、数字娱乐、网络视听、线上演播、数字艺术展示、沉浸式体验等新业态，丰富个性化、定制化、品质化的数字文化产品供给。改造提升演艺、娱乐、工艺美术等传统文化业态，推进动漫产业提质升级。提高创意设计发展水平，促进创意设计与实体经济、现代生产生活、消费需求对接。推进文化与信息、工业、农业、体育、健康等产业融合发展，培厚相关产业的文化内涵并提高附加值。推动演艺产业上线上云，巩固线上演播商业模式。推动上网服务、歌舞娱乐、游艺娱乐等行业全面转型升级，引导发展新业态、新模式，提升服务质量，拓展服务人群。实施创客行动，激发创新创业活力。实施文化品牌战略，打造一批有影响力、代表性的文化品牌。

（三）延长产业链

构建数字文化产业生态的产业链、供应链、创新链。贯通内容生产传播价值链和电子信息设备产业链，联动线上线下文化娱乐和综合信息消费，构建新时代大视听全产业链市场发展格局。打造以内容为核心，以"渠道+内容+展示"为载体，将创造、生产、传播、服务贯穿全产业流程的数字文化产业链。

（四）优化要素资源配置

推进要素市场化配置改革。实现全球化配置资源，体现共享、开放、创新的发展理念，吸引更多市场主体参与进来。发展平台经济、激发数据资源要素潜力。

（五）激发文化产业主体创新创造活力

完善龙头骨干企业、规上企业、中小微企业（特、专、优）各类市场主体有机协同的产业生态，做优做大做强国资文化企业。培育更多社会效益和经济效益突出、创新能力强、具有国际影响力的文化领军企业，各具特色、活力强劲的文化中小微企业持续涌现。

二　形成创新驱动的文化产业高质量发展模式

以市场为主体推进创新网络、创新平台、创新市场建设，加快推动构建广东区域文化创新共同体，使技术创新和科技研发更好找到文化空间载体、产业支撑和服务市场。把全球产业链优势转化为产业链供应链自主可控能力优势。加快推进加工贸易向品牌、研发等产业链高端延伸，加强自主品牌培育、外贸转型升级基地建设，加快形成以技术、品牌、质量、服务为核心的竞争新优势，推动高端海外消费回流、本土品牌崛起、新消费模式兴起；引导核心城市文化龙头企业布局全国产业链条，推动中小配套企业进行区域性产能优化布局；促进广州、深圳优势文化产能进一步向粤东、粤西、粤北地区外溢，并带动相关设备、技术和服务的协同增长。加快文化资源要素主动融入粤港澳大湾区协同创新体系建设，在更大范围构建"类文化"产学研协同机制，实现高端科技资源与广东优势文化资源的整合；依托广东"新基建"和数字经济优势，将大数据、人工智能、区块链等新一代信息技术赋能到产业的全链条，推动文化企业数字化转型，以助力企业更精准地联动消费者需求，从而降低产业链各环节成本；充分利用广东网络和数字技术与现代服务业跨界融合的新兴服务业优势，推动"互联网+直播+社群"等新零售业态发展，大力发展在线新经济模式，推动文化新消费模式崛起等。

三　加快发展新型文化业态

促进数字文化产业赋能实体经济。顺应数字产业化和产业数字化发展趋势，深度应用5G、大数据、云计算、人工智能、物联网、虚拟现实、增强现实等技术，推动数字文化产业高质量发展，培育壮大线上演播、数字创意、数字艺术、数字娱乐、沉浸式体验等新型文化业态。充分运用数字文化产业形态推动中华优秀传统文化创造性转化、创新性发展，继承革命文化，发展社会主义先进文化，打造更多具有影响力的数字文化品牌。促进数字文化与社交电商、网络直播、短视频等在线新经济结合，支持基于知识传播、经验分享的创新平台发展。

四　改造提升传统文化业态

强化科技在演艺、娱乐、工艺美术、文化会展等传统文化行业中的应用，推动传统文化行业转型升级。促进文化资源数字化转化和开发利用，推进与数字技术的新形式新要素结合，让优秀文化资源借助数字技术"活起来"。继续实施中国传统工艺振兴计划，加强对传统工艺的传承保护和开发创新，全面提高传统工艺产品的整体品质和市场竞争力。促进戏曲、曲艺、民乐等传统艺术线上发展，鼓励文艺院团、文艺工作者、非物质文化遗产传承人利用互联网平台进行演播。鼓励传统文化行业与互联网平台企业合作，规范推广流量转化、体验付费、服务运营等模式。

五　文化产业创新发展重点领域

（一）线上演播

构建线上线下融合、演出演播并举的演艺产业创新发展格局，推动文艺院团、演出场所上线上云，鼓励剧场发展数字化演播，促进文艺院团与互联网平台合作，培育100个以上线上演播项目，完善线上演播商业模式与效益计算模式，打造舞台艺术线上演播知名品牌，引领全球演艺产业发展变革方向。

（二）沉浸式体验

支持文化文物单位、景区景点、主题公园、园区街区等运用文化资源开发各类沉浸式体验项目，丰富体验内容，提升创意水平，发展沉浸式演艺、沉浸式展览、沉浸式娱乐体验等业态，鼓励沉浸式体验与城市综合体、公共空间、旅游景区等相结合。

（三）数字艺术展示

推动数字技术与艺术创作、传播、展示更好结合，培育各类数字艺术体验场景，在重点领域和场景扩大数字艺术展示产品应用范围，开发全息互动投影、无人机表演、夜间光影秀等产品，生动展示中华文化。

（四）畅通文化产品传播渠道

鼓励发展文化电子商务及电子票务、演出院线等现代流通组织和流通形式。发挥各类信息网络平台的文化传播作用，提升文化产品传播数字化、网络化水平。发挥各类文化产业展会交易平台作用，鼓励搭建统一开放的区域性文化产品展示交易平台。

（五）释放文化消费潜力

推进国家文化和旅游消费示范城市建设，推动国家文化和旅游消费试点城市建设成为示范城市、区域文化和旅游消费中心城市。发挥示范城市、试点城市引领带动作用，引导和推动各地创新体制机制、完善政策措施，促进消费潜力持续释放。鼓励各地因地制宜举办文化消费季、消费月、消费周等多种形式促进消费活动，完善常态化消费促进机制。推进国家级夜间文化和旅游消费集聚区建设，丰富夜间文化和旅游产品，优化夜间餐饮、购物、演艺、娱乐等服务，构建多样化夜间消费场景。发展新型文化消费模式，创新文化消费场景，培育网络消费、定制消费、体验消费、智能消费、互动消费等新型消费。发挥线上交流互动、品牌打造、精准营销等优势，推动线上线下消费融合互促。

（六）优化文化消费软环境

改造提升现有文化消费场所设施，鼓励把文化消费嵌入各类消费场所，推进文化消费网点建设。鼓励建设汇集文创商店、特色书店、剧场、文化娱乐场所、博物馆、美术馆等在内的文化和旅游消费集聚区，推动传统商业综合体向文体商旅综合体转型，支持建设文化内涵丰富的高品位步行街。提高文化消费场所、场景支付便利度，规范发展文化消费信贷产品和服务。推广电子票、云排队等网络消费新方式，增强数字化预约能力，提高文化消费便捷程度。推动各地建立文化消费数据监测体系。

（七）丰富发展泛娱乐、演艺、影视等文化产品

实施影视演艺产业发展计划。加快打造影视精品，重点抓好电影、电视剧、纪录片、网络剧、微视频等的创作生产，打响一批大型综艺节目新品牌。推进重点影视基地建设，培育一批有核心竞争力的龙头影视企业和影视后期制作企业。拉高标杆，提升质量，努力建成全国影视产业中心地。推动演艺精品创作生产，提升演艺科技水平，打造一批文化演艺特色品牌，推动演艺娱乐业向高技术、多元化、品牌化发展。加大对国有文艺院团、剧院的扶持力度，培育有竞争力的市场主体。整合全省演艺资源，组建剧院演出院线，培育演艺中介机构，健全演出市场网络体系，提高演艺市场资源配置能力。

六　做大做强生产型文化产业集群

（一）实施工艺美术产业升级计划

深入挖掘工艺美术文化内涵，提升产业发展层次，着力推进工艺美术产业向特色化、集群化、品牌化发展。加快工艺美术平台建设，推进工艺美术领域特色小镇和产业园区建设。推进工艺美术大师及大师工作室品牌建设，鼓励传承绝技、创作精品，促进企业与大师工作室开展深度合作。促进区域品牌内涵的发掘，打造具有浓厚岭南特色的工艺美术区域品牌。推进传统工艺美术品种和技艺认定，推动特色工艺美术与当地文化、商业、

旅游等产业融合发展，拓展相关衍生品市场。加强工艺美术人才梯队培育，鼓励工艺美术大师带徒授艺，加快培养中青年工艺美术人才，鼓励开办工艺美术专业院校和传统工艺美术课程。加大工艺美术宣传推广力度，创新营销模式，积极探索电子商务、众筹、个性化定制等营销模式，拓宽网上交易市场和国内外工艺美术市场，扩大岭南工艺美术影响力。

（二）推进文化制造业转型计划

推动文化装备制造向现代教育设备、现代舞台装备、新型影院系统、数字多媒体娱乐设备、游戏游艺设备等领域转型，加快培育一批高端文化设备制造基地。鼓励支持内容生产装备、体验装备、文化消费服务装备、文物保护装备等新兴产业发展，研究制定文化技术装备关键标准，推动自主标准国际化，完善数字文化创意技术装备和相关服务的质量管理体系。综合利用工业设计、品牌策划、营销推广等文化创意手段，加快将文化元素融入制造业研发、设计等价值链高端环节，提升办公用品、玩具、印刷制品、体育用品等传统文化产品的附加值。

七　做大做强岭南特色文化产业集群

大力推动文化产业跨界融合，实现"文化+网络""文化+旅游""文化+体育""文化+科技""文化+金融""文化+商业""文化+传统产业"等融合发展，加快推进走"文化+网络"的融合发展之路，发展文化微商、文化电商，创新文化产品和服务交易载体，通过互联网创新文化产业商业模式、提升文化产业发展水平与质量。

着力发掘历史文化资源，不断擦亮岭南文化品牌。要大力实施文化遗产传承保护的"百居""百村"工程，重点保护和利用好100个左右的历史文化名人故居，100个左右的历史文化名村。对古村落进行活态保护，实现"一村一品"，推动与乡村旅游融合。加大地方特色文化品牌建设力度，实施"百品"工程，推进"一市一县一品"建设。

八　大力培育公民创意生活与创意环境

加强公共艺术空间建设。加大公共艺术空间的建设力度，大力实施

"百园"工程，打造以中国文化和岭南文化为主要内容，在全省乃至全国有影响力的主题文化公园。加强公共艺术空间建设，将公共艺术空间建设与城市建设结合起来，做好相关规划，委托专业机构，在城市适宜节点布置城市公共艺术景观，建设一批具有广东特色，能反映岭南风貌的公共艺术作品，以增强城市公共空间的可观赏性和趣味性，美化城市环境。

九　打造"文化出海"的生力军

将文化出口基地建设成为中国文化"走出去"的内容、技术集成平台与产品物流集散地和融媒体实时对外传播平台。与国外专业机构、专业人士合作制作反映中华优秀传统文化和当代先进文化的文化产品。

深化人文湾区建设，突出"以文传声""以艺通心""以旅为媒"的方式，向世界讲好人文湾区故事。提供更多的华文教材师资。加强粤港文化教育合作。全力争取香港人心回归的重点在青少年，关键在教师。粤港应采取多种形式，组织更多香港师生到广东或内地学习交流、旅游参观，使他们了解内地的社会经济发展状况，增进情感融合和文化认同。加强粤港两地教师交流培训及教研科研，组织编写推广粤语教材、粤语读本等书籍。

第五章
打造数字文化产业高地

　　数字科技与文化的融合使数字文化产业应运而生，给经济社会以及文化产业带来革命性变革。数字技术颠覆了传统的发展模式，生成式人工智能的发展与应用趋势日渐明朗，催生了新业态、新场景，打破了传统的文化市场格局。面对市场环境变革的新挑战以及技术革新、消费升级带来的新机遇，数字文化产业成为中国软实力提升的重要支撑，为中国文化产业的发展注入了新的动力。当前，文化产业发展进入新的时代，随着互联网和数字技术的普及以及网民付费习惯的养成，一方面传统媒体在市场中的份额持续下滑，另一方面数字文化产品的消费潜力和市场价值得到进一步释放，数字消费已为国人所接受，且市场规模巨大。截至 2022 年 12 月，中国网络支付用户规模达 9.11 亿人，网络购物用户规模达 8.45 亿人，网络新闻用户规模达 7.83 亿人，网络视频用户规模达 10.31 亿人[①]。广东数字文化产业发展势头强劲、发展潜力巨大。数字文化产业已成为广东文化产业高质量发展的核心板块，发展数字文化产业、建设数字文化产业高质量发展策源地，成为广东省文化产业高质量发展的题中应有之义。

---

　　① 中国互联网络信息中心：《第 51 次〈中国互联网络发展状况统计报告〉》，https://cnn-ic.cn/NMediaFile/2023/0322/MAIN16794576367190GBA2HA1KQ.pdf。

第一节　数字文化产业的逻辑内涵

一　数字文化产业的基本概念与产业范围

（一）数字文化产业的概念

"数字文化产业"概念的产生与数字技术的发展息息相关。微处理器和专用集成电路制作技术的出现与逐渐完善，使数字化技术对文化产业的影响逐渐加深，各国相继出台数字文化产业相关政策。美国、英国、日本与数字文化产业相近的概念包括"版权产业""文化创意产业""数字内容产业"。英国中央文化部门的全称是数字、文化、媒体和体育部（Department for Digital Culture Media & Sport，DCMS），其将"数字"放在文化产业发展的首要位置。美国通过建立一套完善成熟的知识产权运作体系，使版权产业成为涉及文化、创意、数字等多个领域的主导产业。日本和韩国更倾向于使用"数字内容产业"这一概念，强调数字文化产品的内容创新。2017年，《文化部关于推动数字文化产业创新发展的指导意见》发布，作为首个明确提出"数字文化产业"概念的政策文件，其将数字文化产业定义为："以文化创意内容为核心，依托数字技术进行创作、生产、传播和服务，呈现技术更迭快、生产数字化、传播网络化、消费个性化等特点，有利于培育新供给、促进新消费。"[1]

学界对数字文化产业的定义偏向从产业经济学和文化经济学两种视域予以解析。一些学者从数字文化产业的发展链条角度对数字文化产业进行了定义，认为其内涵分为两方面。一是指文化产业的数字化，即传统文化产业与数字技术深度融合从而转向数字文化产业的过程。在这一过程中，传统文化产业通过应用数字技术，实现了信息采集、处理、存储和传输的技术革新，增加了文化产品和文化服务的生产数量、提升了生产效能。二是指数字产业的文化化，即使文化成为数字产业的内在驱动力，通过文化

---

[1]　《文化部关于推动数字文化产业创新发展的指导意见》，《国务院公报》2017年第28号，http://www.gov.cn/gongbao/content/2017/content_5230291.htm。

提升其产业价值。借助文化的深度赋能，进一步提高数字技术转化为可市场化交易的产品和服务的能力。

一些学者强调数字文化产业对文化传播场域的重建，认为数字文化产业是人类进入数字文明时代精神生产与生活的新质态：一方面，作为数字文化场域建设的主力军，数字文化产业构建了大量新的数字文化市场主体，生产出丰富多样的数字文化产品，向社会成员提供了个性化、精准化的数字文化服务；另一方面，作为共建数字文化场域的推动者，数字文化产业搭建了数字文化共享平台，以及各受众群体进行思想文化沟通、产品服务互换、文化价值情感表达的桥梁[1]。特别是当前随着互联网巨头纷纷投资文化产业，数字文化产业发展格局得到了重塑[2]，加速了"数字文明"的发展。

一些学者认为，数字文化产业是文化与数字科技跨领域融合的时代产物，数字技术对于数字文化产业的产生与发展有着重要推动作用。他们认为，发展数字文化产业需要科技与文化相互融合、协同创新。一方面，要利用现代数字科技手段，拓展市场、对接受众，多维度发力；另一方面，要深入挖掘、提炼中华优秀传统文化进行创新，形成具有时代特点和全球影响力的文化产品[3]。文化创意与数字技术创新成为数字文化产业发展中非常重要的两个要素[4]。

本章认为，数字文化产业是指以文化创意为核心，以数字技术为支撑，以网络化、数字化、智能化、融合化为发展方向的新兴产业。不仅文化创作、生产、传播和服务离不开数字化和智能化，而且数字产业的文化化也是数字文化产业的重要组成部分，通过数字技术的应用，文化产业能够拓展新的发展空间，实现文化创新和升级。

---

[1] 郑琼洁、成一贤：《文化产业的数字生态与高质量发展路径》，《南京社会科学》2022年第1期。

[2] 张伟、吴晶琦：《数字文化产业新业态及发展趋势》，《深圳大学学报》（人文社会科学版）2022年第1期。

[3] 郭瑾：《发展数字文化产业与我国软实力提升研究——以TikTok为例》，《山东社会科学》2021年第5期。

[4] 江小涓：《数字时代的技术与文化》，《中国社会科学》2021年第8期。

（二）数字文化产业的产业范围与行业分类

基于《国民经济行业分类》（GB/T 4754-2017）、《数字经济及其核心产业统计分类（2021）》、《文化及相关产业分类（2018）》，本章对国民经济行业分类中符合数字文化产业特征的和以提供数字文化产品（或服务）为目的的相关行业类别进行再分类，将数字文化产业范围确定为：01 数字文化制造业、02 数字技术应用业、03 数字文化要素驱动业、04 数字化效率提升业等 4 个大类（见表 5-1）。

数字文化核心产业是指为文化产业数字化发展提供技术支持、创新产品、优质服务、基础设施及全方位解决方案的产业，同时涵盖了依赖于数字技术和数据要素的各类数字文化活动。本分类中 01~03 大类为数字文化核心产业，包括数字媒体制造、智能设备制造、其他数字文化产品制造、软件开发、信息基础设施建设、信息技术服务、互联网平台、数字内容与媒体、互联网相关服务等 9 个中类，是数字文化产业发展的基础；04 大类为文化产业数字化部分，指应用数字技术和数据资源为传统文化产业带来的产出增加和效率提升，属于数字技术与传统文化产业的融合产业部门。

表 5-1　数字文化产业分类

大类	中类	产业范围
01 数字文化制造业	数字媒体制造	数字多媒体娱乐设备、流动演出系统、电子游戏游艺设备制造等
	智能设备制造	智能家庭娱乐设备、用户可穿戴智能设备、智能机器人、智能化大型游艺设施等
	其他数字文化产品制造	记录媒介复制、信息化学品制造（电影、照相、幻灯、投影和其他生产用感光材料、冲洗材料、磁、光记录材料）
02 数字技术应用业	软件开发	国家文化大数据服务和应用体系、超高清视频产业、虚拟现实产业、智慧文旅设备及其应用的开发
	信息基础设施建设	5G、物联网等网络基础设施建设，人工智能、云计算、区块链等新技术基础设施建设，数据中心、智能计算中心等算力基础设施建设，其他信息基础设施建设
	信息技术服务	物联网技术服务，信息处理和存储支持服务，运行维护服务，动漫、游戏及其他数字内容的数字化技术服务等

大类	中类	产业范围
03 数字文化要素驱动业	互联网平台	互联网销售平台、在线旅游经营服务平台、互联网体育平台、互联网教育平台、互联网社交平台等
	数字内容与媒体	交互式网络电视（IPTV）、手机电视、互联网电视（OTT）、网络视听节目、数字内容出版、数字广告等
	互联网相关服务	互联网搜索服务、网络游戏服务、互联网资讯服务（网络新闻、网络新媒体等）、互联网数据服务、其他互联网相关服务（网络音乐、网络视频、直播、动漫、网络艺术品）等
04 数字化效率提升业	互联网文体娱乐业	充分渗透数字化技术的文化体育和娱乐活动，包括数字博物馆、数字图书馆、体育中介代理活动、彩票活动等。不包括新闻业、音像制品出版、电子出版物出版、数字出版

二　数字文化产业发展的内在机理

（一）数字文化产业的发展机制

数字文化产业生态体系包括两个层面。一是宏观生态环境，从政治、经济、社会、技术等方面对数字文化产业发展形成外部支撑力量。二是产业族群生态，包括资源要素（文化资源的输出为数字文化产业发展提供的生产资源）、驱动因素（产业跟随用户的需求反馈不断调整产品形态、更新业态），以及各类产业和企业组织。如图 5-1 所示，宏观生态环境对产业族群及产业链条各环节产生约束，产业族群生态系统对宏观生态环境产生反馈，二者相互影响。文化资源构成价值源在产业各环节传递，最终形成文化消费。笔者将从支撑要素、资源要素、驱动因素三个方面分析数字文化产业发展的关键要素。

1. 数字文化产业发展的支撑要素：宏观生态环境的影响

本书利用 PEST 模型对数字文化产业发展所面临的外部环境进行分析。其中"PEST"分别指政治环境、经济环境、社会环境和技术环境，"政治环境"是指对产业产生影响的政治、法律制度；"经济环境"是指国家、地区的经济发展状况，上下游产业、同类行业的发展水平；"社会环境"是指国家、地区间的文化价值观、人口特征等；"技术环境"是指产业发展所处

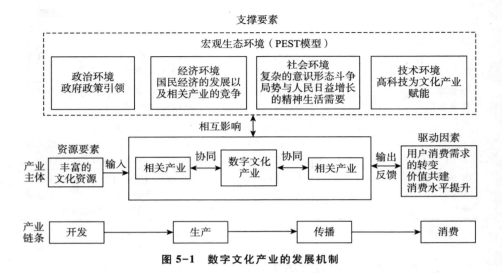

图 5-1　数字文化产业的发展机制

的科技发展状况。这四个外部环境指标充分概括了产业发展战略布局和实施过程中所面临的宏观发展生态。借助 PEST 模型，我们可以更加清楚地看到影响产业发展的外部支撑因素。数字文化产业的发展与外部环境有着非常密切的关系，只有科学看待外部环境，才能不断引导其高质量发展。

（1）政治环境：政府政策引领。政府对文化市场拥有合法性和权力性影响，能够通过政策和行政权力对文化市场中各种利益相关者产生影响，进而鼓励各利益相关者采取符合政府和社会经济发展要求的行动。随着数字时代的到来，中央政府各部门都非常重视发展数字文化经济。近年来国家出台了多项重要政策文件，强调对文化产业数字化发展的支持与引导，旨在更好发挥数字文化产业在促进我国文化发展、提升文化产业竞争力、维护国家文化安全等方面的积极作用。

2017 年，文化部发布的《关于推动数字文化产业创新发展的指导意见》是首个针对数字文化产业的宏观指导性文件，该文件首次提出"数字文化产业"的概念。2018 年，国务院出台了《完善促进消费体制机制实施方案（2018—2020 年）》，强调要拓展数字影音、动漫游戏、网络文学等数字文化内容。2019 年，国务院办公厅发布了《关于进一步激发文化和旅游消费潜力的意见》，其中提出要促进文化、旅游与现代技术的相互融合，并发展基于 5G、AR、VR、AI 等技术的新一代沉浸式体验型文化和旅游消费内容。同年，科技部等 6 部门联合发布《关于促进文化和科技深度融合的指导意见》，强调了推进文化产业数字化的重要性，并指出必须深度融合文化和科技。该文件还提出到 2025 年基本形成覆盖重点领域和关键环节的文化与科技融合创新体系的目标。文化和旅游部发布的《文化产业促进法（草案征求意见稿）》指出，国家鼓励培育基于大数据、物联网等数字技术的新型文化业态以及发展注重创意的新兴文化产业，并将其作为支持的主要发展方向。2020 年，文化和旅游部发布的《关于推动数字文化产业高质量发展的意见》指出，要顺应数字产业化和产业数字化发展趋势，实施文化产业数字化战略，加快发展新型文化企业、文化业态、文化消费模式，改造提升传统业态，提高质量效益和核心竞争力。该意见将文化产业数字化提升到战略高度。《中共中央关于制定国民经济和社会发展第十四个五年规划和二〇三五年远景目标的建议》将文化产业数字化作为文化产业发展的战略目标，并提出实现战略目标的五个工作重点。2021 年，中共中央办公厅、国务院办公厅印发的《关于加强网络文明建设的意见》强调，要注重引导网站、公众号、客户端等平台和广大网民创作生产积极健康、向上向善的网络文化产品。

此外，国家在金融支持方面也对数字文化产业提供了有力的政策支撑。2021 年 4 月，文化和旅游部与国家开发银行联合印发《关于进一步加大开发性金融支持文化产业和旅游产业高质量发展的意见》。该意见强调，要积极运用开发性金融支持 5G 等数字新技术在文化产业领域的应用，引导文化企业（单位）创作生产优质、多样的数字文化产品。这些政策从内容创新、产业结构调整和要素支撑等方面为中国数字文化产业的发展指明了方向，在文化安全层面进一步筑牢了意识形态安全、产业经济安全防线。

（2）经济环境：国民经济的发展以及相关产业的竞争

据国家互联网信息办公室发布的《数字中国发展报告（2022 年）》，2022 年，中国的数字经济规模达到 50.2 万亿元，同比增长 10.3%，占国内生产总值的比重为 41.5%，总量稳居世界第二。同时，数字产业规模稳步增长，其中电子信息制造业实现营收 15.4 万亿元，软件业务收入达 10.81 万亿元，同比增长分别为 5.5% 和 11.2%。这些数据表明，中国在数字经济和数字产业方面取得了显著的进步与成就。数字企业创新发展动能也在不断增强，中国市值排名前 100 的上市互联网公司总研发投入达 3384 亿元，同比增长 9.1%，科创板、创业板已上市的战略性新兴产业企业中，数字领域相关企业占比分别接近 40% 和 35%。

数字文化产业领域的各企业及机构在某个特定地理区域的高度聚集，就形成了供应链完整、要素集中且充满创新活力的新型产业集群，将为数字文化产业的蓬勃发展提供更强大的动力。这种产业集群的繁荣程度及竞争力也对区域经济的发展起到决定性作用。以浦东金桥地区为例，该地区依托其国家级经济技术开发区的优势，大力发展文化产业新业态。在 2019 年，其文化产业营业收入高达 510 亿元，创造税收 27.54 亿元。金桥地区以"文创+在线新经济"为特色，汇聚了上汽联创智能网联创新中心等四大开放平台，形成创新产业集群和生态环境。随着社会经济的转型升级，文化产业集群作为一种新兴的产业经济形态逐渐崭露头角，并迅速成为推动区域经济发展的重要力量和赢得新一轮区域软实力竞争的关键要素。

（3）社会环境：复杂的意识形态斗争局势与人民日益增长的精神生活需要

文化产业以精神消费为生产目的，以符号生产为主要内容。其中所包含的文化符号体系是意识形态主体建构的重要载体，表现出强烈的精神导向性和思想倾向性。当前，中国面临的意识形态斗争形势严峻。习近平总书记指出："互联网是我们面临的最大变量，在互联网这个战场上，我们能否顶得住、打得赢，直接关系国家政治安全。"[1] 之所以说"互联网是我们面临的最大变量"，主要有以下两个原因。首先，意识形态的网络传播呈现鲜明的数字化特征。当前，全球核心数字技术大多被西方世界掌控，欧美国家在数字媒体的内容生产、平台运营、议题设置等方面具有丰富经验。其次，世界网络主要平台的话语权仍掌握在西方媒体和政客手中。据统计，

---

[1] 《习近平关于网络强国论述摘编》，中央文献出版社，2021，第 56 页。

在全球主要互联网平台中，英文信息占比超过 90%，中文信息占比不足 10%，中文媒体在数量、信息量、用户活跃度等指标上均处于落后地位。在这种情况下，要在网络世界打赢意识形态舆论战，推动文化产业数字化成为必要之举。数字文化产业发展的价值理念和文化导向与国家文化安全息息相关。

（4）技术环境：高科技为文化产业赋能

物联网、大数据、云计算、人工智能等数字技术在数字文化产业的发展中发挥了重要作用，文化与科技的融合催生了数字文化产业的新业态，延伸了文化产业链。科技创新引导数字产业内容集成、服务集成、技术研发和平台建设，通过集成创新提高文化全产业链运行效率，构建出全新的数字文化产业体系。完善的数字基础设施为数字文化产业的发展提供了传播的平台以及坚实的技术支持，在这个基础上，文化数据作为核心要素发挥着重要作用。国家对数字基础设施建设的重视程度决定着文化资源数字化程度。数字文化产业的高质量发展需要建立高质量的文化产品供需平衡体系，内容生产者与受众群体良性互动、共同成长，从而搭建起数字文化产业生态系统。

2. 数字文化产业发展的资源要素：丰富的文化资源

中华优秀传统文化是中华民族历经几千年形成的精神文明和物质文明的精粹，体现着中华民族的历史传统、价值理念、精神思想、生活习俗及审美情趣。中华优秀传统文化在当前社会主义现代化国家建设中起着重要作用，是社会主义核心价值观的重要思想来源，为现代文化事业的发展奠定了坚实基础，为现代文化产业提供了活水源泉。中华民族从远古走到现在的多元一体，生生不息，靠的就是中华文明的连续性、创新性、统一性、包容性与和平性。习近平总书记指出，中华文明的五个突出特性，核心在于强调中华文化的有机统一。中华文化生命力的顽强旺盛，就在于它是一个开放包容、不断创新的有机统一的生命体。截至 2023 年 10 月，中国拥有不可移动文物 76.7 万处、世界遗产 57 处、可移动文物 1.08 亿件，还有大量民间文物流失海外，它们共同构成中国丰富的历史文化资源，等待我们深入挖掘和利用。党的十八大以来，习近平总书记反复强调，"要系统梳理传统文化资源"，"让收藏在禁宫里的文物、陈列在广阔大地上的遗产、书写在古籍里的文字都活起来"①。数字文化产业能够从中华民族悠久的历史和灿烂的文化中，汇集不同领域、不同形态的文化数据，将其转化为生产要素，建构起文化资源挖掘、文化传播、文化消费的数字新生态。

3. 数字文化产业发展的驱动因素：用户消费需求的转变、价值共建和消费水平提升

数字文化产业改变了传统文化产业中文化生产者与消费者之间明确的角色分工，在生产者与消费者之间形成价值共建的关系。消费者既可以将自身的消费体验转化为生产内容，也可以直接参与到文化生产中来，将文化再创造的产物与生产者的创造成果相结合，实现与生产者的价值共创，构建数字生态中新的文化生产方式。

数字文化融合生产模式的出现增强了数字文化产业高质量发展的内在驱动力，有力推动了居民文化消费水平的提高。这种融合模式为文化产业的发展提供了新的动力和活力，促进了文化产业的高质量发展。数字文化企业积极开拓下沉市场，将生产和消费融为一体，通过粉丝经济成为流量变现的新途径。消费群体的圈层化、多元化对数字文化产业的传播渠道与传播方式提出了更高要求。数字平台通过大数据、人工智能等技术进行个性化、精准化传播，数字文化企业及时提升数字文化产品供给服务能力，丰富服务内容与形式，推动了数字文化消费潮流的发展。

（二）数字文化产业的产业链条

1. 文化资源的数字化开发

文化资源数字化是推动国家数字文化产业发展的根本要素，文化资源的数字化程度决定着国家数字文化产业国际竞争力的高低。文化资源的数字化开发包含两个层面。一是文化资源的数字化。即利用信息技术将文化资源转换为数据，将文化数据网络化与智能化。文化资源的数字化开发首先体现在文物保护和展示方面，包括线上展览、展示、查询等，既可以节

---

① 《习近平关于社会主义文化建设论述摘编》，中央文献出版社，2017，第201页。

约消费者的物质和时间成本，还可以给消费者带来全新的体验。同时，其在科学研究方面为保存典籍和修复文物、文物复原、考古推演等带来了前所未有的便利，对探寻文化起源、梳理历史文脉起到积极作用。二是内容产业的数字化。传统内容产业的生产方式和展现形式发生转变，生产者与消费者互融互通、角色互换。比如，今日头条、抖音等数字平台就充分调动了消费者的内容生产能力，将生产者、传播者、消费者合一。

2. 文化生产的数字化

文化生产的数字化包括文化装备制造业的数字化变革、文化产品生产技术的数字化转型。数字文化装备制造是数字文化产业发展的重要支撑，数字技术的发展推动了文化装备制造水平的全面提升。演艺文化装备和游艺设备制造的升级使"云演艺"模式兴起，互动式体验设备和运动手环等体育休闲装备的升级使线上运动和竞赛受到青睐。同时，传统的文化产品生产制作手段也在数字技术推动下不断革新，4K、8K超高清视频技术在电影电视制作领域的应用为观众带来声光电的新型视听体验，数字音乐、动漫游戏、数字出版等板块的文化生产也随着数字技术的发展变革出新的生产形态。与科技的深度融合使数字文化生产呈现协同化、个性化、服务化的发展趋势，各种人工智能装备、智能终端设备将会与数字文化产业同步迎来加速发展期。

3. 文化传播的数字化

数字技术的快速发展极大地改变了文化传播的形式和渠道，拓展了文化传播的广度和深度。传统的电视、广播、报纸、杂志等文化传播途径纷纷演进出数字化版本，网络电视、电子报刊以及各种融媒体平台逐渐替代了传统媒介传播渠道。以社交媒体为主的新媒体平台更是为文化传播提供了更加圈层化、个性化的传播渠道，网络视听、短视频、数字藏品等新的文化传播形式为受众提供了多元化的媒介选择。

4. 文化消费的数字化

随着移动通信技术的发展，在线消费和移动互联网消费成为文化消费的主体。线上图书馆、云上博物馆、掌上文旅等压缩了时空距离，为文化消费效率的提升提供了极大便利。VR、线上直播、在线教育、在线会议等改变了文化供需连接方式[①]。未来，文化消费的数字化将会呈现更多方式与新的场景。积极促进数字文化消费升级，成为推进数字经济健康和可持续发展的着力点。2021 年，国家发展改革委等 28 个部门和单位联合印发《加快培育新型消费实施方案》，有针对性地提出培育壮大数字文化消费业态具体策略。通过大数据分析，文化企业能更准确地把握受众需求，创作符合受众需求的文化产品，并将其推送到有需要的受众面前，成功满足各消费群体多元化的文化消费需求。同时，数字文化产业的发展模糊了生产者与消费者之间的界限，消费者得以更多地参与到文化生产中，从而更高效地匹配文化供给和需求，满足供需双方的权益。

第二节　数字文化产业的发展趋势与经验启示

一　中国数字文化产业的发展历程

从 1994 年首次接入国际互联网到 2020 年数字文化产业高质量发展战略的实施，数字文化产业作为一个新的产业形态，重塑了中国传统文化产业的内容形式和流通传播渠道，打破了原有的利益分配格局和文化秩序。数字文化产业在中国的发展大致可以分为 3 个阶段，即 20 世纪 90 年代开始的传统互联网时代、21 世纪 10 年代开始的移动互联网时代、21 世纪 20 年代开启的智能物联网时代。

一是传统互联网时代（20 世纪 90 年代至 21 世纪 10 年代）：数字文化产业萌芽并逐渐与世界接轨阶段。20 世纪 60 年代以来，在发达的工业国家中，电子数据库、大型主机和微型计算机开始走进人们的生活。20 世纪 90年代，互联网和万维网技术开始走进中国千家万户，大大推进了文化生产数字化的进程。中国数字文化产业自 20 世纪末开始逐渐与世界接轨，随着经济与创新技术的快速发展，中国数字文化产业逐步加速成为全球数字文

---

① 张晓欢：《数字文化产业发展的趋势、问题与对策建议》，《重庆理工大学学报》（社会科学）2021 年第 2 期。

化产业重要的发展引擎。据调查，1999 年中国互联网用户有 400 万人，北京、广东、上海用户量居全国前三位。21 世纪初我国加入 WTO 后，文化产业的战略地位进一步提高。2003 年，文化部在《关于支持和促进文化产业发展的若干意见》中将网络文化业列为文化产业九大行业之一。

二是移动互联网时代（21 世纪 10 年代至 21 世纪 20 年代）：数字文化产业快速发展并向传统领域渗透阶段。这一时期，中国文化产业进入高速发展期，移动互联网实现爆发式发展，移动应用与消息流型社交网络并存，数字技术的创新与发展引领着文化产业发展的走向。"十三五"期间，中国数字文化产业发展迅速。2017 年之后，党的十九大提出中国特色社会主义进入了新时代，这标志着中国文化产业从粗放的发展模式向高质量、高层次、精细化发展转型。新一代的数字技术已经渗透到文化产业的众多传统领域，不断拓展着传统文化产业的边界，并延伸了文化产业链。

三是智能物联网时代（21 世纪 20 年代至今）：数字文化产业全面发展并推动文化产业体系变革阶段。进入 21 世纪 20 年代，中国文化消费市场快速增长，中国的数字文化产业进入爆发期。5G、人工智能、物联网技术加速改变着文化产业生产与消费的方式，不断培养着消费者新的消费习惯。数字智能设备的开发应用带动云演艺、云课堂、云阅读等各类新的文化消费形式产生，各类文化资源的保存与消费进入全数字化、智能化时代。网络游戏、网络新闻、短视频、网络文学等典型的新业态发展迅速，成为数字文化领域中的重要组成部分。这些新业态不仅满足了人们对于多元化、个性化文化消费的需求，同时也为数字文化产业的发展带来了新的机遇和挑战。新冠疫情对线下文化产业造成巨大冲击，加速了文化产业的数字化转型，在线阅读、在线教育、在线音乐、网络游戏、视频平台等都呈现爆发式增长，云会展、云演艺、云观影等新业态不断涌现。2020 年，全国移动通信基站总数为 900 余万个，其中 4G 基站总数 570 余万个，新建 5G 基站 60 余万个，全国地级以上城市及重点县市已实现 5G 网络覆盖；中国数字出版产业整体收入规模为 11781.67 亿元，较 2019 年增长 19.23%，数字出版产品逐渐由起步阶段的电子书扩展到数字报刊、有声书、网络动漫、音视频网络课程、网络直播、数据库、网络信息服务等。根据 2020 年中国人民大学中国就业研究所颁布的《数字文化产业就业研究报告（2020）》，数字文化产业游戏领域的从业人数约为 274 万人，数字文化产业中用户量最多的网络视频行业其用户从 2017 年的 5.65 亿人发展到 2020 年的 8.5 亿人。上述移动网络通信基础设施数据、数字文化产业经济指标数据、数字文化产业相关用户数据表明，数字技术迭代更新加速推动了文化产业在内容创作、传播渠道、商业业态、消费体验等多领域的演变与创新，正在深刻改变着文化产业体系。

二　数字文化产业的发展新特征

目前，中国数字化平台建设和数字技术应用走在世界前列，有助于在新赛道竞争中实现文化强国战略。数字文化产业的发展不仅有助于提升国家文化软实力、提升文化产业国际竞争力，对于增强中华文化传播力影响力也具有重大意义。作为文化与数字科技跨领域融合的时代产物，数字文化产业可拉动上下游产业协同发展，有助于"双循环"新发展格局的加速构建。数字文化产业还是中国文化软实力的重要载体，顺应数字产业化和产业数字化趋势，使中华文化全景呈现、文化数字化成果全民共享，可为文化强国筑牢"数字基石"。

未来，中国数字文化产业发展在世界格局中必将处于更加重要的引领地位。"双循环"新发展格局和人民高质量的精神需求为中国数字文化产业发展提供了广阔的市场空间。从供给侧看，文化产业的商业模式正在沿着数字化、智能化的路径进行着深刻变革。在新冠疫情期间，中国数字文化产业取得了飞速的发展。网络游戏、直播带货等新业态、新模式快速崛起，国内用户群体得到有效挖掘，用户黏性及日均使用时长不断提高。相应的文化产品已经深入广大用户的日常生活中。在云计算、大数据、人工智能等多项数字技术的推动下，中国数字文化产业不断冲击世界领先地位，走出一条具有自主知识产权的完整发展道路，并在某些关键领域实现"弯道超车"，生成式人工智能等前沿技术在文化领域不断创新应用，取得了令人瞩目的成绩。从需求侧看，一方面，欧美发达国家文化产品市场需求日益饱和，全球数字文化产品市场增长引擎正在由发达国家向新兴市场国家转移。另一方面，我国有超大规模且具增长潜力的市场，这是我国数字文化产业发展的巨大优势。因此，中国必将成为全球数字文化产品创新发展的中心地。

（一）新平台：文娱独角兽企业成为推动数字经济增长的重要引擎

文化产业的整体发展形成"线上+线下"的双重路径，线下实体产业的布局较多地集中在文化旅游领域，线上路径则更多地为互联网文化业态所选择。在国内，华为、腾讯、美团、阿里巴巴等互联网平台纷纷涉足文创领域寻找发展机遇，迅速成长为文娱独角兽企业甚至超级独角兽企业。独角兽企业之所以能够在其所在领域内占据不败之地，是因为它们拥有强大的团队，能够迅速获得最有益的数据资源。这些条件使它们在市场竞争中具有显著的优势，从而在行业中立足并发展壮大。截至 2019 年 12 月 31 日，全球独角兽企业总数达到 436 家，中国（包括中国香港）有 107 家，位居世界第二。其中文娱独角兽企业数量仅次于汽车交通行业，占比 13%。文娱独角兽企业在推动数字经济增长的过程中发挥了重要引领作用，其采用现代企业管理运营模式，摒弃了非市场的管理运营模式，逐步发展出符合国际准则的新业态。

以字节跳动为例，其估值达 1.56 万亿元人民币，已成为全球价值最高的独角兽企业。其旗下拥有今日头条、抖音、火山小视频、西瓜视频等多个互联网文娱平台，2022 年抖音日活量已突破 6 亿次。以大用户量和丰富的信息传递为基础，抖音构建起"信息流广告+开屏广告+KOL 营销+品牌挑战赛+电商"的多元流量变现形式。腾讯则以社交软件为核心延伸到多个领域。微信、抖音、微博等新媒体平台的扩张催生了一大批自媒体。相对于其他国家，中国文化娱乐呈多元化形态发展，除了在短视频领域大放异彩的抖音、快手外，网易云音乐、猫眼、蜻蜓 FM 等音乐、视频类艺术型独角兽也发展迅速，途家网、马蜂窝、穷游等旅游型独角兽将中国文化与旅游融合发展提升到新层次。

（二）新业态：数字文化产业新业态是文化产业高质量发展的重要动力

2020 年 9 月 17 日，习近平总书记在湖南长沙考察调研时指出："文化和科技融合，既催生了新的文化业态、延伸了文化产业链，又集聚了大量创新人才，是朝阳产业，大有前途。"[1] 文化与科技的融合是当代文化产业创新发展的核心动力，推动了业态边界的拓展，催生出数字文化产业新业态。

文化产业新业态是在数字经济基础上发展起来的，是一个与传统文化业态相对的概念。中国的文化产业新业态聚焦于"互联网+文化"，具有新动能和新消费特点，其以高质量发展为主要导向，与"线上"经济紧密结合，以在线、智能、交互、跨界为四大特征。

文化产业新业态以文化科技融合为根本动力，以数字技术为基础支撑，以"互联网+"为产业形态，是新旧动能转换的重要支撑，是文化产业高质量发展的重要动力。长尾效应在数字文化产业中得到充分体现。由于文化产品具有强烈的文化属性，用户的选择受到主观意识的影响，因此每个用户的选择都具有鲜明的个人特色。数字化文化产品不需要实体库存，维护费用也极低，可以轻松上架成为卖家的各类文化商品，满足无数买家的个性化、差异化的文化消费需求，充分挖掘出"长尾"的市场份额与潜力。传统文化产品生产的时空限制被打破，生产场景极大拓宽，生产效率得到大幅提升。

数字文化产业实现了跨行业和跨领域的深度融合，教育、贸易、物流等多个领域都可以与数字文化产业深度融合。未来，这种产业融合的范围将更加宽广，数字文化产业将生成巨大的市场发展空间。这种跨业跨界融合体现了文化产业的渗透性和数字经济的穿透力，将为数字文化产业带来更加广阔的发展前景。其融合既涉及实体经济，也涉及现代生产性服务业和生活服务业。横向上，跨界融合日趋多元。"文旅+直播""博物馆+短视

---

[1] 《社科评论丨利用大数据促进文化产业转型升级》，央广网百度百家号，2020 年 12 月 29 日，https://baijiahao.baidu.com/s?id=1687391375639612990&wfr=spider&for=pc。

频""非遗+电竞""文创+扶贫""潮玩 IP+盲盒""传统文化+沉浸式展演""中医药+互联网"等一大批跨界融合的新尝试如雨后春笋般涌现。

在万物互联、数实共生的技术背景下，产业间的融合壁垒和联动障碍被打破。数字技术赋能让"文化+"的融合特性在更宽的领域和更广的范围内得以显现，有效促进了文化产业化的发展和产业融合化的实现。此外，数字文化产业集群还具有生态赋能的作用，即通过集聚数字文化产业的上下游企业和机构，形成供应链齐全、要素集中、富有创新活力的新型产业集群，有助于形成推动数字文化产业发展的动力引擎。

（三）新模式：新商业模式成为文化产业领域新的增长点

数字经济改变了文化产业商业模式，实现了从以文化产品制造与销售为主的传统商业模式向以文化服务供给为主的现代化商业模式的转变。另外，从单一的产品供给到"产品+服务"的复合型供给，制造业与服务业也更加紧密地结合起来了。在移动互联网成为主流的今天，文化消费表现出强烈的社交属性、圈层化特征和较高的沉浸式体验要求。

技术的进步带来了文化产业服务标准化的可能。在生产过程中，以数据为核心生产要素的发展模式可以实现生产者与消费者的有效对接，大数据利用信息技术对消费者行为偏好进行有效分析，从而精准匹配供需主体，实现风险控制。数字技术与传统实体产业的内在合作加深，强化了不同领域、不同行业间的合作意识，数字技术在企业发展中越来越处于核心地位，传统企业由此实现真正的数字化转型。

文化产品的设计与制作实现以消费者需求为导向。文化产品前期的 IP设计、创作、研发等相关成本较高，数字化的产品打造与销售极大地扩大了文化产业的生产规模，大幅降低设计与生产成本，进一步实现了供给端的规模经济。此外，随着用户数量的提升，文化产品的正反馈机制更加完善，在数字化文化产品的大规模生产与传播过程中，其整体价值快速提升，从而推动了供需两端规模经济的实现。对于文化企业来说，数字技术帮助其以较低成本扩展产品服务范围，在核心创意内容的基础上，建立数字化的生产手段、销售形式、传播渠道与反馈机制，针对消费者的多样化需求，提供多元化、个性化的产品，提升销售能力、降低平均成本。

算法技术帮助数字化平台实现精准化、圈层化传播。数字化时代，数据资源和算法技术成为文化产业的核心竞争要素。数字文化产业以大众化、智能化、平台化、个性化等特点，改变了原有的传统文化产业运营模式。新冠疫情期间，"线上音乐节""线上音乐会""云游美术馆"等线上文化活动满足了大众精神文化的需求，成为文化产业领域新的增长点。数字化丰富了文化表达和传播的手段与方式，同时也深刻改变着文化的内涵与性质，形成特定形态的文化及其文化圈，使不同文化圈的人群自主领悟主流文化精神，自觉认同社会主义核心价值观。

（四）新动能：数字技术与原创内容是数字文化产业发展的核心动能

数字技术成为数字文化产业高质量发展的重要支撑。中华优秀传统文化的创造性转化和创新性发展离不开数字化场域的构建，以成果数字化为基础的数字文化场域建设成为文化强国的必由路径。数字技术将文化资源信息以数字化形式存储、展现和传播，为文化生产成果的记录、交换、沟通提供了更为便利的条件。

原创内容成为数字文化产业发展的核心竞争力。文化产业如果没有内容支撑只能长期处于低端环节和外围区域。随着互联网的发展，各类数字文化产品和生产者及生产平台数量日益增长，同质化竞争加剧，如果没有原创内容作为支撑，生产者的生存空间将被大大压缩，生存机会将越来越小。

（五）新生态：公共网络空间的打造是构建数字文化新生态的基础支撑

数字文化产业生态系统表现出内容生产平台化、产品推广网络化、消费体验场景化的特点。数字文化产业的生态主体由文化生产者、文化产品分发平台方、文化消费者三类构成。文化生产者产出原创文化产品，通过文化产品分发平台分销到各个分众市场，再由文化消费者欣赏并进行二次乃至圈层式传播。利用平台的私域流量和社交流量，圈层消费更容易接触到目标人群，圈层消费、垂直平台和小众产品越来越受欢迎，消费场景也更加多元化。数字文化生态通过共享网络空间，为社群成员提供了丰富的文化产品，也为他们的精神创造提供了充分的生产资源和展现平台。在数字文化生态下，文化产品的数字化程度成为评判其能否满足人民精神文化需要的重要标准。

由此，数字文化产业从消费互联网逐渐向产业互联网转变。在初始阶段，数字文化产业从消费互联网中发展起来，即首先更新的是文化产品的数字化消费模式。而今，数字文化产业已经延伸到供给端，消费与供给两部分共同的革新推动了数字文化产业互联网的形成。现今的数字文化产业主要集中在消费互联的商业模式上，如果可以拓展到产业互联上，那么数字文化产业的运行效率及发展能力也将大幅提高。

三　全球数字文化产业实践经验分析

随着数字文化产业的发展，世界上不少国家和地区将数字文化产业纳入其国家发展战略中。这既表现了数字文化产业的重要性，也说明其国际竞争开始加剧。2021 年，全球 47 个主要国家数字经济增加值规模达 38.1 万亿美元。其中，美国数字经济蝉联世界第一，规模达到 15.3 万亿美元；中国位居第二，规模为 7.1 万亿美元[①]。数字文化产业在各国国内生产总值中的比重逐年提升，已成为各发达国家重要的出口支柱型产业。各个国家根据其经济发展形态以及文化资源的不同存在样态，发展出不同的数字文化产业模式。

（一）美国：完善数字化政策法律体系，推动数字化产业集群建设

美国拥有巨大的数字文化消费市场，是全球第一大数字文化产品和服务出口国，数字文化产业规模占其国内生产总值的比重达 11.7%，已经成为美国出口份额最大的重要产品。美国数字经济的高速增长，与美国的数字化战略密切相关。为应对高新科技发展带来的冲击，美国通过构建系统完善的法律体系推动产业发展，《计算机软件保护法》《半导体芯片保护法》《电子盗版禁止法》《伪造访问设备和计算机欺骗滥用法》《数字千年版权法》《防止数字化侵权及强化版权赔偿法》《域名保护法》等法规的出台强

---

① 《全球数字经济白皮书（2022 年）》，http://www.caict.ac.cn/kxyj/qwfb/bps/202212/P020221207397428021671.pdf。

化和保护了数字产品的创新意识，保障了新兴技术和业态发展。数字文化产业新业态的成长需要一个鼓励创新的产业生态系统。在美国数字战略框架下，硅谷成为数字文化产业新业态、新模式最集中的创新基地，其开创的"大学—产业—政府—资本"四轮驱动创新模式，集中了多所世界名校，汇集了一大批国家级实验室，汇聚了 80 多家全球知名的风投公司，催生了谷歌、皮克斯、YouTube 等世界领先的数字创意企业。

（二）欧洲：挖掘文化资源底蕴，促进数字科技与文化资源深度融合

英国、法国、意大利等国具有丰厚的文化底蕴，是世界文化大国，其文化遗产、现代艺术等具有良好的受众基础，法国更是将推广本国文化作为重塑其国家形象的重要战略部署之一，这为数字文化发展提供了有利环境。在数据保护利用方面，欧盟理事会 2018 年审议通过《一般数据保护条例》和《非个人数据自由流动条例》，使数据流动自由成为欧盟第五大自由。这有助于消除威胁数字经济的数据保护主义，为人工智能、云计算和大数据分析的发展铺平道路。

英国是全世界最早把创意产业列为国家战略的国家之一，英国历来注重以税收扶持推动数字文化产业发展，其税收扶持政策几乎涵盖了整个文化创意产业领域。其中所得税中的公司法人税是扶持力度最大的一种，如纳税人投资英国游戏软件业的可以三年免税；创意类小微企业年利润低于 30 万英镑的减征 20% 的税额，低于 10 万英镑的减征 10% 的税额等。2015 年初，英国政府出台了《数字经济战略（2015～2018）》。2017 年 3 月，英国文化、媒体和体育部发布《数字战略》，该部门也正式更名为"数字、文化、媒体和体育部"。英国数字文化产业规模占国内生产总值的比重约为 7.3%，却占据了全球 15% 的音乐市场和 16% 的视频游戏市场。

伦敦是英国推动创意产业和数字科技发展的核心城市，也是全球沉浸式体验的主要研发基地之一。伦敦共有 215 家沉浸式科技公司，占全英国总数近一半①。2016～2021 年，伦敦沉浸式科技公司吸引的风投资金高达 10

---

① 《伦敦沉浸式科技行业机遇》，伦敦发展促进署网站，http://london.cn/businesslondon/london-immersivetech-2022/。

亿美元。众多全球品牌竞相到伦敦与从事 VR、AR 等沉浸式体验技术研发以及 3D 动画制作的顶级工作室合作。其中，Meta 在伦敦的开发机构拥有员工 4000 余人，是它在美国以外最大的工程基地。此外，作为戏剧之城的伦敦也研究开发了线下的沉浸式体验产品。戏剧《不眠之夜》（*Sleep No More*）是英国庞奇德雷克剧团首创的沉浸式戏剧的代表作，其 2003 年在伦敦首演。2016 年经过再度创作后，从视觉、听觉、触觉多方位带给观众沉浸式体验，开创了连续演出超过 1400 场、观演人次逾 44 万人次，平均上座率达 95% 的纪录①，显示出沉浸式创意 IP 所具有的强大生命力和影响力。

（三）日本：打造智慧城市，吸引人才共建数字文化新业态

2016 年开始，日本提出建设超智能社会，其核心是最大限度开发和应用信息和通信技术，使网络空间与物理空间高度融合，实现国民生活智能化，从衣、食、住、行各方面增强生活便捷性，同时提高灾害的防御和应对能力。作为日本经济、科技和文化的中心，东京在 2020 年颁布了《"智慧东京"实施战略》，鼓励科学家、工程师、艺术家和媒体工作者等进行跨学科、跨领域合作，探索智能化、数字化的新产品和新业态。数字艺术团队 teamLab 集聚了 400 多位各领域的专业人士打造沉浸式数字展览场馆，其推出的展览连续两年被世界权威设计网站 designboom 评为"全球十大必看展览"，其光影交织、极具科幻感和视听冲击力的展出效果体现出科技与艺术的完美融合。通过制定和出台有针对性的产业规划、优惠政策推动数字文化产业崛起，日本动漫产业占据了全球动漫产业 60% 以上的份额，并将动漫 IP 发展成为具有显著东亚特点的二次元文化产业，其规模已达日本国内生产总值的 2.4%。日本"智慧城市"战略通过构建智慧城市生态体系，全领域打造数字文化产业新业态，吸引了各领域专业人士聚集，并投入数字文化产业的发展建设中，开发出前所未有的新场景、新业态。

---

① 《〈不眠之夜〉入沪 5 年，见证沉浸式产业狂飙突进》，澎湃新闻网，2021 年 12 月 22 日，https://www.thepaper.cn/newsDetail_forward_15953525。

第三节 广东数字文化产业发展的
基础概况与优势行业

一 广东数字文化产业发展的基础概况

（一）产业体系初步形成，多个优势行业发展居全国前列

目前，广东省广播电视、数字出版、动漫网游、超高清视频、游艺游戏设备生产等优势产业集群领军全国，形成以珠三角为龙头，东西两翼、北部山区优势互补、错位发展的格局。广东数字文化产业规模不断扩大、产业门类逐步齐全、文化产业体系初步形成。广东数字文化产业发展以完整的文化产业体系和庞大的消费体量为发展支撑，已经成为广东省国民经济新的增长点和支柱产业。数字音乐、网络直播、短视频等新业态发展迅猛，催生了一批优质的数字内容原创作品与数字创意头部企业。2019 年，广东数字出版产值超 1800 亿元，居全国首位；动漫产值达 610 亿元，约占全国的 1/3；网络游戏业收入达 1754 亿元，占全国七成；电竞产业市场规模达 483 亿元，约占全国的 92%。2022 年，广东数字创意产业营收 5728 亿元，相关发明专利累计有效量 6521 件，居全国首位①。

（二）文化产业数字化战略助推数字文化产业加速发展

广东实施文化产业数字化战略，大力推动文化与科技深度融合，先后出台《广东省培育数字创意战略性新兴产业集群行动计划（2021—2025年）》《广东省新一代人工智能发展规划》《广州市天河区电竞产业发展规划（2020—2030 年）》等系列促进数字经济、数字文化产业发展的政策文件，前瞻布局战略性新兴文化产业。同时，广东大力推动粤港澳大湾区全球大数据硅谷和国际数字经济创新中心建设，培育与新型城市化发展相适应的移动互联网服务、网络教育等数字经济新业态，出台《广东省促进文化和科技深度融合实施方案（2021—2025 年）》，将"打造粤港澳

---

① 《广东文化产业规模总量连续 17 年居各省市区首位》，中共广东省委组织部网站，2020 年 11 月 16 日，https://www.gdzz.gov.cn/zgxc/gdyw/content/post_9101.html。

世界级数字文化中心"列为六大重点工程之一,积极探索文化科技融合,为持续推进"文化+""互联网+文化"提供了有力技术支撑和政策支持(见表5-2)。

表5-2 广东省近年来出台的数字文化产业相关政策

政策名称	发布年份
《广东省培育数字创意战略性新兴产业集群行动计划(2021—2025年)》	2020
《广州市促进电竞产业发展三年行动方案(2019—2021年)》	2019
《广州市黄埔区、广州开发区、广州高新区加快"新基建"助力数字经济发展十条实施细则》	2021
《广州市天河区电竞产业发展规划(2020—2030年)》	2020
《广东省新一代人工智能发展规划》	2018
《广东省促进文化和科技深度融合实施方案(2021—2025年)》	2021
《广东省人民政府关于培育发展战略性支柱产业集群和战略性新兴产业集群的意见》	2020

(三)"双核多点"的数字创意产业格局正在形成

以广州、深圳为"双核"引擎,带动全省数字创意产业高质量发展的"双核多点"数字创意产业发展格局正在形成。2015年以来,腾讯、阿里巴巴、唯品会等31个龙头企业先后在广州琶洲落地,涉及消费及产业互联、人工智能等领域,重点项目总投资规模超1000亿元[①]。深圳创新发展数字创意技术和设备、内容制作、设计服务、融合服务四大业态,全力推进数字创意产业集群行动计划落地实施。深圳的龙岗数字创意产业走廊"国家级文化产业示范园区"于2023年3月通过验收,其大力发展动漫影视、网络视听、电子竞技、数字创意设计等新业态,成为全国首个数字创意全产业链集聚区。广州、深圳的"双核"引擎带动其周边东莞、珠海等城市的影视制作、游戏动漫、演艺娱乐、数字会展等行业蓬勃发展,从而辐射带动全省数字文化产业高质量发展。

---

① 《数字赋能创意驱动,文化产业加"数"狂飙》,南方都市报,2023年6月8日,https://epaper.oeeee.com/epaper/A/html/2023-06/08/content_10193.htm。

二 广东数字文化产业优势行业发展现状

以数字技术为引领，以"互联网+"为支撑的跨界融合型、科技引领型的数字内容、动漫游戏、视频直播、互联网文化、数字出版、社交媒体等新兴文化业态发展强劲。从细分行业上看，文化新业态和新发展动能的形成有力推动了广东数字文化产业的快速发展。

（一）电子竞技产业居全国首位

广东省电子竞技产业营收及用户数量居全国第一。2021年，广东电子竞技产业收入达到1236.3亿元，占全国的73.6%，占据国内电子竞技游戏市场主导地位。广东电竞从业人数占全国的31.6%，居全国第一[①]。2020年，在全国Top 20电竞游戏移动端产品中，广东占80%，流水占比高达94.6%[②]。未来5G、VR、AI等数字技术的进步，将推动数字内容加速向移动化、智能化、融合化方向发展，释放电竞产业发展新动能，为广东电竞产业带来持续的发展活力。

（二）数字文化装备产业处于领先水平

广东在文化和科技融合发展方面具备扎实基础，在4K/8K超高清视频、VR、文化装备等领域突破了一批关键核心技术，基于国产8K技术标准的媒体终端芯片实现全球行业领先。在广东省超高清视频产业发展行动计划支持下，广东广播电视台综艺4K频道成为全国首个省级4K频道，成功在京举办广东4K/8K超高清视频产业发展成果展，500多家上下游企业投资落地广东，形成穗、深、莞等3个4K产业集群。广东研发出首款双核深度计算SOC芯片，攻克了融合芯片架构设计、核心深度计算引擎优化设计、SOC流片及测试等技术；广晟资产经营有限公司的数字音频DRA技术成为国际标准。未来，广东数字文化装备产业需推动重大数字文化科技成果产业化，提升数字文化装备产业发展水平。

---

① 《广东游戏产业年会精彩回顾——〈2021年广东电竞产业发展报告〉》，广东省游戏产业协会网站，2022年1月10日，http://www.gegia.cn/newsinfo/2328704.html。

② 《〈2020广东电竞产业发展报告〉：收入占比、在企业数量领跑全国》，腾讯网，2021年1月7日，https://new.qq.com/rain/a/20210107A03MZC00。

（三）网络直播行业迅猛发展

广东网络直播行业拥有 300 多个直播电商特色产业集群[①]。《2020 直播电商产业趋势观察报告》指出，广东的直播电商平台和 MCN 机构数量在全国排名第一，广州已成一线城市第一大直播之城，孵化培育了虎牙、YY、网易 CC 直播、酷狗直播等骨干企业。2020 年，广东省直播电商产业联盟成立，吸引国内外直播电商龙头企业在广东集聚，助推广东直播电商产业实现跨越式发展。广东网络直播行业的发展正逐步走向成熟阶段，未来亟须细分短视频直播的内容、丰富短视频企业的收费模式，实现新商业模式的建立和变现。

（四）"数字文化+"融合新业态新模式涌现

广东积极推动先进制造、人工智能、大数据等新技术与文化产业融合发展，在文化装备、新媒体、动漫游戏、数字影视、创意设计等领域催生了一批新业态新模式。如广州励丰依托国内领先的声光电技术，为全产业链提供集成服务；奥飞娱乐先后打造出"喜羊羊与灰太狼""巴啦啦小魔仙"等国内外知名动漫 IP；机器时代公司利用 AI 技术推出多种文创智能设备，来画公司将智能绘画技术运用于视频领域，亿航白鹭公司将无人机技术与文化表演结合起来等。以 5G 为代表的新一代信息技术与人工智能、大数据、区块链等颠覆性技术深刻改变着人们的生产生活和消费方式，新兴文化产业正向数字化、网络化、融合化、智能化方向转移，并与科技、旅游、体育、金融等领域在更广范围、更深程度、更高层次融合，不断衍生出新产品、新平台、新业态、新模式、新场景。

三　广东数字文化产业高质量发展存在的主要问题

（一）地区间产业发展结构失衡

就区域分布而言，广东数字文化优势产业多集中在珠三角地区，区域发展不平衡。广州和深圳两地文化和旅游数字化整体发展迅猛，产业链日

[①] 《广东省直播电商产业联盟正式成立 打通直播产业链上下游，推动直播经济实现共赢》，经济网，2020 年 6 月 22 日，https://www.ceweekly.cn/2020/0622/302314.shtml。

趋完善。在 2023 年公布的 21 个首批广东省文化和科技融合示范基地中，有 15 个集中在广州和深圳①。以发展较好的游戏行业为例，2022 年广东游戏企业数量占全国游戏企业数量比重为 32.1%②，游戏企业总数超过万家，游戏企业数量在全国所有地区中居于首位，其中超九成游戏企业分布在广州（占 37.2%）和深圳（占 56.7%）。相较而言，东西两翼地区文化产业发展以文化制造业为主，北部地区以文化制造业及特色文化旅游业为主，社会经济发展水平较为落后，与数字科技融合程度较低。

（二）产业规模化和集约化程度不高

广东严重缺乏大规模、高水平、产业链完整的数字文化骨干企业和龙头企业，这限制了文化产业的整体竞争力和影响力，缺乏"走出去"的雄厚实力。广东数字文化产业发展成长性不足，没有形成数字文化产业集群，缺乏链主企业带动，中小企业缺乏组织与引导，规模化成长受限。另外，广东相关企业缺乏集约的品牌生产方式，未形成规模化品牌效应，企业创新创业活力受限。特别是在创意设计、动漫游戏、数字传媒等文化新业态中，企业规模较小，缺乏相应的技术条件，创收能力明显不足，与广东文化产业全国排头兵地位不相称。

（三）数字基础设施建设有待进一步完善

近年来，广东数字基础设施建设实现了较大发展，但仍存在关键领域技术创新能力不足、技术研发和工艺制造水平落后于国际先进水平等问题。具体体现在三个方面。一是文化资源数据库建设滞后。岭南历史文化资源丰厚，广府文化、客家文化、潮汕文化等争奇斗艳，这些文化资源大多以实体状态存储于各类场馆或民间，要将这些实体文化资源转化为文化数据资源需要较高的数字技术能力和建设成本。目前，广东已建立广东省公共数字文化资源总库，旨在对省内各类公共数字文化资源进行全面收集、科学分类、长期保存，但文化资源的收集、转化还不够全面，尤其一

---

① 《关于公布首批广东省文化和科技融合示范基地名单的通知》，广东网信网，2023 年 6 月 28 日，https://cagd.gov.cn/v/2023/06/3437.html。

② 《营收规模约占全国八成 游戏企业数量全国居首》，中国经济网，2023 年 2 月 17 日，http://www.ce.cn/cysc/newmain/yc/jsxw/202302/17/t20230217_38398813.shtml。

些地方文化资源数据体系还很不完善。一部分已实现数字化转化的文化资源数据受产权等因素影响，尚未形成全民互通共享的局面。二是数字基础设施及配套建设尚不完善。数字新基建是文化资源数据开发利用的重要保障，现有新型数字基础设施尚不能满足文化资源数据利用的需求，如数据存储服务器、核心芯片、数据处理系统装备等数字基础设施的供给能力还较弱。三是数据要素市场体系不健全。目前，文化资源数据开发利用面临数据分类标准不统一、数据产权收益和交易收益不清晰、大企业垄断及数据管理风险高等问题。文化企业运用数字技术、网络技术、新媒体技术的程度还不高，与快速发展的现代传播手段不相适应。

（四）数字化资源版权保护机制相对滞后

随着数字产业化步伐的加快，各类新型数字应用不断涌现，文化产业领域在享受便利的同时，也面临新的问题和挑战，例如侵权行为更加复杂隐蔽、隐私泄露问题更加严重，而相应的文化市场管理体系尚不完善。由于数字文化市场是一种虚拟市场，其运行规律与传统市场有较大差异，传统的文化市场监管政策与法规难以提供有效支撑。同时，新的数字文化市场监管政策与法规的制定还处于相对滞后的状态，造成数字文化市场监管乏力且乱象层出。2018 年 9 月至 2021 年 6 月，广州互联网法院共审判互联网内容平台纠纷案件近 5 万件，其中数字版权侵权案件占比超 90%[①]。著作权人在维权过程中面临一些困境，如法律诉讼成本高、取证困难、举证支出庞大等。这不仅影响了人们对数字文化产品和服务的体验感，也影响了数字文化产业正常的生态打造。如何在互联网时代通过科学有效的版权机制平衡生产、流通和消费三大环节，以及如何合理地保护版权、实现版权价值最大化，并建立完善的文化资源数字化版权体系，是目前文化产业所面临的严峻问题。

（五）高端复合型人才缺失

缺乏创新型、技术型人才是制约传统文化产业数字化转型发展的重要

---

① 《广州互联网法院召开互联网内容平台案件审判情况新闻发布会》，澎湃新闻网，2021 年 6月 1 日，https://www.thepaper.cn/newsDetail_forward_12956193。

因素。在人才政策方面，广东数字文化产业人才政策中对原创型人才、复合型人才的支持较少，缺乏科学合理的人才引进、评价和激励机制，导致人才流失情况严重。人才吸引政策的差异和分配机制的落后导致高科技人才向更发达地区聚集。相较而言，上海市从医疗、落户、住房等多个方面对文化人才给予大力支持，同时在土地、财政政策方面对优质企业落户提供强有力扶持，吸引了大批优秀科技人才和文化企业在上海落户。目前，北京、上海、浙江、江苏等地都在加大力度实施文化创意引才计划，致使广东大量文化、创意、传媒人才流失。此外，广东高校对复合型人才培育重视不够、投入不足，缺乏复合型专业和相关实践课程体系等也是科技、文化、管理等复合型人才缺乏的重要原因。

（六）金融体系支撑不足

完善的金融体系是传统文化产业数字化转型的助推力。由于文化企业多是中小微企业，自有资金积累较弱，且金融和文化契合度不高，数字文化产业实际融资情况不佳，但在文化产业数字化过程中其又需要大量的资金投入。目前，中国70%以上的文旅企业存在资金缺口，且融资专业化程度较低。具体来说，主要有三个方面的原因。一是文化企业在融资方面的条件有限，缺乏有效的抵押物以获得融资。二是金融机构提供的金融信贷产品不足。目前，大多数商业银行并未针对文化产业数字化发展开发专门的金融信贷产品，因此难以满足文化产业数字化多样性需求。三是政策扶持力度不够。外资和民间资本进入文化产业领域的路径尚不通畅，而政府在财政上对文化产业数字化发展的实际支持也较少。

第四节　推动广东数字文化产业发展的着力点

一　广东数字文化产业高质量发展的路径选择

大力推动互联网、大数据、人工智能等科学技术产业的发展，打造龙头文化企业，建设产业集群；同时，注重内容创新，深入挖掘并转化岭南文化资源，并以此作为文化产业发展的基石；借助科技产业的发展，完善数字基础设施，丰富数字文化产业的表现形式和传播渠道。此外，通过建立数字化、专业化的市场监管制度，营造规范有序的产业环境；通过创新管理模式，推动科学技术与文化产业的高度融合。通过创新人才培养体系，培养出为数字文化产业发展所需的专业人才。

（一）打造龙头文化企业，建设具有全球影响力的数字文化产业集群

加快产业链关键资源整合，培育一批文化科技"链主"企业。顺应信息技术发展和文化消费新趋势，大力发展新型文化企业，在内容创意、文化科技、文化旅游等领域打造一批线上线下融合、主业突出、服务集成、产业链优化、核心竞争力强的骨干文化企业，辐射带动区域内文化产业提质增效。壮大数字文化产业主体，推动数字文化产业集聚发展，积极发展文化科技类企业，加强企业数字文化技术研发和创新平台建设，建设一批创新产业园区。积极融入制造业和服务业等行业，与相关行业协同发展，形成一个产业集聚群，快速提升数字文化产业影响力。

建立粤港澳文化产业合作机制，大力推动港澳企业在广东投资兴办政策允许的文化创意企业，鼓励广东文化企业到港澳投资，共同培育具有国际竞争力和自主知识产权的知名文化品牌，推动粤港两地在演艺娱乐、印刷、动漫、影视制作等方面开展深度合作。围绕"一带一路"，依托广深港澳科技创新走廊建设，支持广州、深圳打造"创意之城""设计之都""直播电商之都"，辐射带动大湾区数字文化产业高质量发展。高标准建设广州、深圳国家级文化和科技融合示范基地，推动珠三角各高新区加快建设一批省级和国家级文化与科技融合示范基地，引导文化和科技融合企业集聚发展。

（二）转化地方文化资源，打造广东数字文旅品牌

深入挖掘岭南特色地方文化资源，强调文化与科技的融合创新，以创造出更多具有广东魅力的数字文化产品和数字文旅品牌。注重借助现代先进数字技术将岭南特色传统文化资源和现代创意相结合，转化为符合时代和市场发展要求的数字产品和服务。充分利用现代科学技术，将丰富多彩的中华优秀文化资源和地方特色文化资源转化为现代经济资源，提高数字

产业的文化内涵、创意水平和附加值。推动科技与文化旅游深度融合，坚持以文塑旅、以旅彰文，以科技赋能文旅产业转型升级。建立省级文化旅游发展综合平台，提升文化遗产游、红色文化游、粤美乡村游、工业商业游品质，建设一批"科技+文旅"融合发展示范区，开发有地方文化特色的沉浸式旅游项目、旅游文创产品等，擦亮广东数字文旅品牌；同时以内容为基础融合本土特色文化，以品牌效应助推数字文化产业链延长，打造粤港澳大湾区世界级旅游目的地。

（三）完善数字基础设施，促进"数字文化+"融合产业发展

高度重视数字基础设施建设，推进新型数字基础设施及配套建设，培育具有引领示范效应的数字平台，构建文化数字化生产、流通、消费体系。除在文化产业和公共文化服务领域积极布局移动互联网、5G基站、大数据中心等新型数字基础设施外，着重打造与文化产业数字化发展密切相关的产业部门间的数据共享通道，不断建设与完善以移动物联网、人工智能中心、大数据中心、云平台、区块链网络及算力设施等为代表的新型数字基础设施，不断推动工业互联网、车联网等融合型设施建设，为文化产业发展打下良好的数字化基础。

推进文化资源数据库建设。深入实施文化数字化建设工程，对已登记在册的岭南文化资源进行数字化修复和转化，确定文化资源数字化转化的分类标准。以现有文化资源为基础，创新打造自主文化IP。推动数字技术在文物、文化遗产中的应用，加强数字化沉淀和保护，活化博物馆中的文物以及分散各地的文化遗产，以数字化技术创新文物与文化遗产的展示、传播手段，丰富优秀传统文化的时代化表达和艺术化呈现。打造文物、非物质文化遗产的云上展示平台，鼓励通过新媒体进行宣传推广，加强文物与非遗的市场化运作，释放产业创新潜力。

开发具有鲜明区域特点的数字文化产品。立足岭南特色文化资源，引入新一代信息通信、数字传媒、人工智能、虚拟现实、区块链等技术，加强对数字技术应用产品的开发，探索特色文化的数字化和现代化价值升级路径，使文化经典在数字时代实现传承和发扬。实施数字内容创新发展工

程，鼓励对艺术品、文物、非物质文化遗产等文化资源进行数字化转化和开发，实现优秀传统文化资源的创造性转化和创新性发展。融合数字化技术和全新创意，加强现代设计与传统工艺对接，将岭南传统文化、广东元素最大限度地融入数字文化产业，使数字文化与地方文化双向结合，以数字化生动交互的形式展现传统文化丰富的内涵，开发具有鲜明区域特点的数字文化产品。通过将数字技术与优秀传统文化资源的核心内涵相匹配和融合，以各种新兴产业形态为载体，从传统文化资源宝库中挖掘内容素材并与现代流行元素相结合，实现广东数字文化的全球传播与数字化共享。

（四）健全数字文化市场监管体系，增强版权保护效能

加强知识产权保护。完善的版权机制是国外数字文化产业发展迅速的催化剂，政府对数字创意产业最为核心的保护是版权保护。推动数字文化产业发展必须加强知识产权保护，健全大数据、人工智能等新领域新业态的知识产权保护制度，实现严格保护和有效运用的平衡。构建更加完善的"司法—行政—市场"协同监管机制，加大对侵权者的惩罚力度。着力建设数据治理制度，探索制定与数据产权、安全等相关的法律法规，建立有效的数字文化产业知识产权保护体系，出台透明的数据流量监测办法，制定严格的数据隐私保护机制和惩罚制度。在制定和颁布与版权相关的法律法规的同时，应注重培养全民的版权意识，并成立专门的版权机构来负责维护和推动产业的发展。

在严格执行国家已经颁布的行业管理政策的基础上，不断完善行业管理政策。比如，直播行业、游戏行业、数字出版行业的治理，应在执行相关政策的过程中不断调整完善相关制度和管理办法。完善网络平台的监督机制，防范网络诈骗、确保网络安全。关注部分企业在技术限制下对数字化公共网络平台利用不充分、不深入的问题，加强对数字化公共网络平台使用的培训，引导规范使用数字化网络平台，确保产业发展能力的稳步提升。

营造具有创新氛围的市场环境。营造创新文化环境关键在于建立一种利于创新的文化生态系统，要持续推进"放管服"改革，通过深化改革解

决影响市场主体和创新主体发展的体制机制问题，为各类企业和数字文化产业的生产者营造公平、透明、法治的发展环境。运用数字化思维，提升数字化治理能力，建立合法合规合理的一体化激励机制。通过科技创新构建新型管理模式，将区块链技术应用于数字文化产业，构建文化产业的数字管理平台，推动市场有序发展。

（五）构建多层次的数字文化金融支持体系和复合型人才数据库

构建多层次的数字文化金融支持体系。一是借鉴"科技+金融"商业模式，打造"金融+科技+文化"的新型商业模式，将金融资本、科技资本与文化资本相连接。设立集产权交易、文化投融资服务、文化产业信息发布于一体的综合性专业化平台，引入信托、保险、银行、租赁、担保等多方主体，提供信息交流、企业评估、融资扶持等多种服务，完善数字文化产业金融发展新模式。二是加强文化企业与数字金融机构的数据共享，使金融机构全面及时地了解文化企业真实的生产与经营状况，增强金融机构的投资信心。利用大数据、人工智能等技术构建文化金融信用评价指标体系，对文化企业进行风险评估，为金融机构投资决策提供参考，打造多元化、个性化、符合文化企业特定需求的金融产品方案。三是用好国家和省推动文化产业发展的优惠政策，发挥"省文化繁荣发展专项资金"的引导作用，鼓励有条件的地区增加对数字文化产业的投入。同时，支持设立并规范运作各类文化产业投资基金，发挥广东省新媒体产业基金、南方媒体融合发展投资基金的示范作用。

创新人才培育体系，着力培养科学技术与文化素养兼备的复合型人才。一是建立创新人才培养体系，鼓励高校开设与数字文化产业相关的专业，推动中国数字文化产业人才队伍发展壮大。二是制定社会效益、经济效益并举的数字文化产业人才考核评价体系，优化人才评价激励体系。借鉴上海经验，推行"一团一策"改革经验，实行艺衔制、学院制、项目制，激发院团发展活力；对视效、音效、剪辑、调色、配音等领域的专业人才，研究探索建立有针对性的职称评价办法，提高从业者专业技能，壮大专业人才队伍。三是加快培育集聚名家大腕。引进香港、台湾、东南亚的影视人才，重点引进智慧文旅、数字会展、影视传媒等领域的复合型领军人才和高端专业人才。整合广东丰富的广播电视专业人才资源，搭建媒体融合发展专家库或广播电视行业专家库，建设复合型人才数据库。四是建立专家智库，通过国家社会科学基金、省社会科学基金等对数字文化领域重大课题、重点课题进行资金资助，依托科研院所、各大高校开展数字文化产业理论研究和创新实践。

二 推动数字文化产业重点行业发展

广东作为全国文化产业第一大省，数字文化产业发展势头强劲、发展潜力巨大。根据广东的数字技术基础和消费升级需求，结合全球数字文化产业的发展趋势，广东可加快发展电子竞技、数字文化装备、超高清视频、云服务新业态（云演艺、云展览、云旅游）、"数字文化+"融合产业等数字文化产业重点领域。

（一）发展数字文化装备制造业，创建产业引领示范区

推动广东数字文化装备制造业标准、内容和技术装备的协同创新，大力发展新型影院系统、数字多媒体娱乐设备、智能家庭娱乐、流动演出系统等。做强做优广州 4K/8K 产业，创建全国 4K/8K 产业引领示范区。依托新媒体 4K/8K 云服务平台、4K/8K 节目制作创意基地等，打造广州、深圳、惠州 4K/8K 产业集群。加强工业互联网、物联网、车联网在深圳智能文化装备生产各环节的应用，提升沉浸式设施、无人智能游览、可穿戴设备、智能终端、无人机等智能装备技术水平，建设深圳数字技术装备制造基地。构建完善的研发设计、生产制造和销售产业链，推动文化装备制造向智能化、高端化发展，提升广东数字文化产业装备制造业发展水平。

（二）加快电竞产业融合创新发展，打造全球电竞中心

实施"电竞+"战略，优化电竞全产业链，打造较为完善的电竞产业生态体系。推动广东电竞产业渠道和场景的转型升级，加快开发具有教育、益智功能的新产品，打造云游戏平台与生态。支持重大电竞产业项目落地广州市天河区，鼓励深圳市南山区进行原创电竞内容产品开发。引导企业

积极参与电竞赛事，培育或引进 1~2 个国际顶级电竞赛事；鼓励举办具有国内国际影响力的电子竞技大赛，构建多层次的电竞赛事体系。依托广东电竞企业总部、电竞产业园、电竞场馆，重点推进电竞媒体、知识产权、版权交易等产业服务平台建设，加强电竞产业服务保障，打造国际一流电竞产业中心。

（三）做强做优做大国家超高清视频产业园区

支持建设广州市越秀区花果山超高清视频产业小镇、全球超高清视频演示展示中心，打造国内一流、全球知名的超高清视频产业制作应用示范基地；支持惠州建设国家光电产品质检中心检测认证公共服务平台等超高清视频检测认证载体，提升超高清视频产业产品检验检测能力和标准技术指标验证能力，打造具有全球影响力的公共服务平台。

（四）培育云服务业态，打造全国文化新业态策源地

推动 5G+4K/8K 超高清技术在广东演艺产业中的应用，建设在线剧院、数字剧场，引领全球演艺产业发展变革方向。建设"互联网+演艺"平台，加强演艺机构与互联网平台合作，支持演艺机构举办线上活动，促进线上线下融合。推动广东文艺院团、演出经纪机构、演出经营场所数字化转型，促进戏曲、曲艺、民乐等传统艺术开展线上展演，鼓励广东文艺院团、文艺工作者、非物质文化遗产传承人在网络直播平台开展网络展演。延伸广东演艺产业链，培育一批可以线上观演、传播、消费的原生云演艺产品。支持广东文化文物单位与融媒体平台、数字文化企业合作，运用 5G、VR/AR、人工智能、多媒体等数字技术开发馆藏资源，发展"互联网+展陈"新模式，打造一批博物馆、美术馆数字化展示示范项目，开展虚拟讲解、艺术普及和交互体验等数字化服务。支持广东展品数字化采集、图像呈现、信息共享、按需传播、智慧服务等云展览共性、关键技术研究与应用。推进广东文化会展行业数字化转型，引导支持举办线上文化会展，实现云展览、云对接、云洽谈、云签约，探索线上线下同步互动、有机融合的办展新模式。

第六章
推动岭南特色文化产业做优做强

当下全球文化市场竞争正向着更高层次、更广领域演进，尤其是在文化产品同质化的全球大势下，保持文化多样性、凸显区域文化特色成为各国发展的重要战略。坚守中华文化立场，对优秀传统文化资源进行创造性转化和创新性发展，是新时代中国特色社会主义文化建设的必然要求。岭南特色文化是广东文化的重要分支，大力发展岭南特色文化产业体系，是推动岭南文化更好走向世界的重要途径，是推动文化强省建设的题中应有之义，更是赋能中国式现代化广东实践的必要举措。

第一节　特色文化产业的当代价值与逻辑内涵

一　特色文化产业的特殊时代价值

面对世界发展格局，习近平总书记指出，"要坚定文化自信，推动中华优秀传统文化创造性转化、创新性发展"，"要立足新发展阶段、贯彻新发展理念、构建新发展格局，推动高质量发展"[①]。发展具有民族性和地方性的特色文化产业，就是在文化自觉的基础上坚定文化自信，这既是推动中国经济高质量发展的题中应有之义，也是推动中华文化更好走向世界的重要途径。

[①]　习近平：《论把握新发展阶段、贯彻新发展理念、构建新发展格局》，中央文献出版社，2021，第 401、534 页。

（一）特色文化产业是优秀传统文化"两创"的新路向

国内外经验充分证明，特色文化产业不但可以激活传统文化基因，重塑国家和民族的文化标识，也可以创造巨大经济效益，实现社会效益和经济效益相统一。在保护传承传统手工艺、老字号、民俗节日等文化遗产基础上，面向当代大众生活审美需求，提取传统文化基因，将文化创意转化为文化产品，通过现代文化产业生产方式满足人民日益增长的文化需求，既是特色文化产业发展的基本规律，也是传统文化资源在当代创新发展的必由之路。只有这样，才能担当起习近平总书记在 2023 年文化传承发展座谈会上强调的"在新的起点上继续推动文化繁荣、建设文化强国、建设中华民族现代文明，是我们在新时代新的文化使命"[①]。

（二）特色文化产业是文化高质量发展的新赛道

发展特色文化产业既是优化文化产品与文化服务供给结构的新动能，也是文化消费需求的催化剂。新时代中国文化产业经过总量快速增长期后，进入调结构、优供给、出精品的新常态，文化供需的主要矛盾转化为人民日益增长的美好生活向往与优秀文化产品、服务供给不平衡不充分的矛盾。特色文化产业发掘地域优秀传统文化资源，以独具特色的文化产品、别具一格的创意体验形成品牌效应，不但可切实化解文化产业结构雷同、单一、产品同质化的问题，而且能有效增强用户消费黏性和提升消费水平。

（三）特色文化产业是乡村文化振兴的新动力

特色文化产业通过发掘乡村传统民俗、民间工艺和农耕文化，以文化创意介入乡村空间美学重构和产业融合，有力推动了乡村旅游业、创意农业的发展，通过带动"文、旅、农"的产业融合，改善了乡村环境，完善了乡村文化旅游基础设施，激活了乡土风俗，为农民带来切实收入。文化和旅游部在 2021 年印发的《"十四五"文化和旅游发展规划》中，正式提出实施"文化产业赋能乡村振兴计划"，强调"以重点产业项目为载体，引

---

① 《习近平在文化传承发展座谈会上强调 担负起新的文化使命 努力建设中华民族现代文明》，中国人民政治协商会议全国委员会网站，2023 年 6 月 5 日，http://www.cppcc.gov.cn/zxww/2023/06/05/ARTI1685928215830105.shtml。

导文化产业机构和工作者深入乡村对接帮扶、投资兴业……推进文化产业发展融入新型城镇化建设，大力发展乡村特色文化产业"①。这标志着特色文化产业赋能乡村振兴计划，已经从民间探索上升到国家治理层面，为文化产业赋能乡村振兴的实践行动提供了政策支持。

（四）特色文化产业是欠发达地区振兴发展的重大战略抓手

文化产业具有更大的想象和发展空间，发展特色文化产业可以成为欠发达地区走新型工业化道路的战略抓手。一般而言，经济欠发达地区往往是文化、旅游等资源较为丰富且密集的地区，较之其他产业，把发展特色文化产业作为促进欠发达地区发展的重大战略，不仅有助于调整这些地区不合理的产业结构，更有助于实现地区发展与地方民俗保护和生态保护之间的平衡。通过制定相关优惠政策，可以引导社会资本与资源向欠发达地区集中集聚，在扩大文旅产业投入，提升文旅产业在整个经济活动中所占比重的同时，传承区域优秀传统文化，优化文化产业布局，改造提升传统产业，由此促进经济转型。

（五）特色文化产业是持续推进"国潮"品牌建设的坚实力量

"国潮"代表了国家和民族对传统文化的认同与自豪。最近几年，"国风"文化异军突起，在国货、国潮、非遗等理念的传播与引导下，消费逐渐向文化认可倾斜，国风开启引导式消费时代，并形成一股消费风潮。涌现出的国风漫画、传统文化综艺、新国货、国风服饰、文创产品等都深受用户欢迎，形成了各行各业与工艺美术跨界融合的新趋势。根据2019年"小红书"平台数据，有超500万用户在讨论与"种草""国潮风"系列产品，其中"90后"为主力军。2022年7月，工业和信息化部等5部门联合印发《数字化助力消费品工业"三品"行动方案（2022—2025年）》，明确提出要挖掘中国文化、中国记忆、中华老字号等传统文化基因和非物质文化遗产，加强新兴消费群体消费取向研究，创新消费场景，推进国潮品

①　国务院办公厅：《国务院关于印发"十四五"旅游业发展规划的通知》，中华人民共和国文化和旅游部网站，2022年1月20日，https://www.mct.gov.cn/preview/whhlyqyzcxxfw/zhgl/202201/t20220126_930708.html。

牌建设。持续的"国潮热"正不断打破文化产品内容边界，推进品牌建设更新，助力特色文化产业发展。

二　特色文化产业的概念界定

鉴于特色文化产业对国家发展的重要价值和重大意义，近年来，特色文化产业与文化扶贫、特色文化产业与乡村振兴的关联话题成为学术界研究特色文化产业的热点课题。但是，目前国内学界较少讨论特色文化产业的概念内涵，较少以特色文化产业整体为研究对象，更多以特定行业和特定产业空间载体为研究对象进行个案研究，因此学界研究更多强调特色文化产业以特色文化资源为原材料的区域文化属性，尚未形成统一或者标准的定义。有些学者从构成要素方面思考，比如齐勇锋、吴莉与范建华等学者提出，民族性、地域性是特色文化产业的两大要素[①]，而熊正贤提出，符合特色文化元素、特别产品形态和特殊区域影响这三个条件的文化产业可以称为特色文化产业[②]。有的学者从产业形态方面入手，比如周建军、张爱民认为，特色文化产业是依托特色文化资源和现代产业条件发展起来的一种特殊文化产业类型[③]；李炎、王佳提出，"特色文化产业是在产业规模和区域特点的基础上形成和提升出来的一种产业形态，它通过产业之间的联动互促和融合，资源优化整合与配置，区域产业结构调整和延伸，实施差异化竞争"[④]。

从上述学者的研究中不难看出，特色文化产业的内涵界定离不开特色文化。作为文化的重要组成部分，特色文化主要是指一个区域范围内特有的文化类型，具有鲜明的特征。学者对此概念的界定基本上都强调了"特定区域"的"独特文化"。

2007 年，党的十七大报告首次在党的文献中提到"特色文化产业"，指

[①] 齐勇锋、吴莉：《特色文化产业发展研究》，《中国特色社会主义研究》2013 年第 5 期；范建华：《中国特色文化与特色文化产业论纲》，《学术探索》2017 年第 12 期。

[②] 熊正贤：《特色文化产业扶贫的特征分析与绩效问题研究——以武陵山区为例》，《云南民族大学学报》（哲学社会科学版）2017 年第 4 期。

[③] 周建军、张爱民：《论特色文化产业的内涵和发展途径》，《社会科学研究》2010 年第 6 期。

[④] 李炎、王佳：《文化需求与特色文化产业发展》，《学习与探索》2012 年第 1 期。

出要"加快文化产业基地和区域性特色文化产业群建设"。接下来，顺应时代发展要求，党中央和国家多次在重大报告和文件里提及特色文化产业。2014年8月，文化部、财政部联合印发《关于推动特色文化产业发展的指导意见》，首次在国家层面对"特色文化产业"进行了界定，强调"特色文化产业是指依托各地独特的文化资源，通过创意转化、科技提升和市场运作，提供具有鲜明区域特点和民族特色的文化产品和服务的产业形态"。这份文件在国家战略层面提出特色文化产业发展的总体要求、主要任务和政策保障，有效推动了特色文化产业健康快速发展。

综上，本书认为，特色文化产业是文化产业在特定地域空间的特殊实现形式，主要依托地方性的特色文化资源，通过产业化手段形成文化输出的文化产品和服务。

特色文化资源囊括内容广泛，因此特色文化产业的产业类型也较多，市场容量巨大。本章依据特色文化产业资源的功能属性，将特色文化产业进行大致分类（见表6-1）。为与本书数字文化产业、内容产业、文化制造业等其他产业类型研究相区分，本章中的特色文化产业，主要是指基于区域传统文化资源开展文化生产服务活动的文化产业。

表6-1 特色文化产业分类

分类依据		产业范围
大类	中类	
自然文化资源	自然地理生态	自然生态资源开发利用
	人类与自然相和谐的景观	人类与自然相和谐的景观的开发利用
历史文化资源	非物质文化遗产	对民间文学、传统音乐、传统舞蹈、传统戏剧、曲艺类、传统体育、游艺与杂技类、传统美术类、传统技艺类、传统医药类、民俗等类别的开发利用
	物质文化遗产	对从历史、审美、人种学或人类学角度看具有突出的普遍价值的历史文物、历史建筑（群）和人类文化遗址等的开发利用
现代文化资源	红色文化	中国革命历史遗存与纪念场所的保护开发，井冈山精神、长征精神、延安精神等红色革命精神的研究弘扬
	城市文化	城市文化特色和城市文化精神的打造与开发利用

三 特色文化产业的内涵特征

特色文化产业既有文化产业普遍意义的绿色环保、业态多元、附加值高等特点，又具有资源区位性、形态多样性和产业渗透性等不同于其他文化产业的典型特征。

（一）资源区位性

特色文化产业之所以称"特色"，关键就来自区域特色文化资源。"问渠那得清如许，为有源头活水来。"文化资源和自然资源一样，具有区位特征。从古至今，岁月浩荡，文化和地理生态相伴而生，形成了特定的文化生态和文化资源。文化生态的独特性使文化资源具有地理分布上的独特性，展示出明显的区位特征。这种显性的资源区位特征，导致不同地域蕴藏着各具特色的文化产业发展基础。正如邵明华、张兆友指出的，"资源区位性、文化传承性、分散多样性、文旅互动性"[①] 是特色文化产业的典型特征。当然，这种区位性在带来鲜明的地域特征的同时，也会导致特色文化产业无论在空间分布还是在文化影响力上都存在一定的局限性，增加了产业开发的难度。

不仅不同区域的文化资源区位性特征突出，即使是同一类型特色文化产业，由于各地"水土差异"也会呈现不同分支和派系。比如，中国古老的手工技艺刺绣有两千多年历史。在长期的历史发展进程中，不同地域逐渐发展出独特的刺绣技术、加工方法，形成了各自的特色和产业发展方式。当前中国四大名绣包括东部江苏省的"苏绣"、中部湖南省的"湘绣"、西部四川省的"蜀绣"和南部广东省的"粤绣"，此外，还有京绣、瓯绣、鲁绣、闽绣和苗绣等地方刺绣工艺，都各具风格。

（二）形态多样性

中国地域广大，幅员辽阔，多样的地貌造就了多样的生活环境，产生了与之对应的独特文化形态，衍生出各异的文化风俗。因此，特色文化产

[①] 邵明华、张兆友：《特色文化产业发展的模式差异和共生逻辑》，《山东大学学报》（哲学社会科学版）2020 年第 4 期。

业在地理分布和业态上均呈现分散多样性。特色文化产业品类繁多、分布分散，涵盖了传统工艺、特色节庆和特色展览等众多产业形态。以非物质文化遗产为例，2006～2021 年，国务院先后公布了 5 批国家级非遗代表性项目共 1557 项，"包括民间文学类 167 项，传统音乐类 189 项，传统舞蹈类 144 项，传统戏剧类 171 项，曲艺类 145 项，传统体育、游艺与杂技类 109 项，传统美术类 139 项，传统技艺类 287 项，传统医药类 23 项，民俗类 183 项"①。非物质文化遗产是特色文化产业的核心资源，数量繁多的非物质文化遗产，为特色文化产业的发展提供了多样资源。

千百年来，各区域人民继承和发展了丰富独特的区域文化，保留着原有风貌的特色节庆、民间手工艺、特色服饰、特色饮食、特色建筑和民族信仰，成为区域历史不可多得的见证，且推动了区域文化产业的发展进程。

（三）产业渗透性

产业关联是产业融合的基础和前提。一般来说，两个产业的关联性越强，链条越紧密，彼此之间的资源利用率就会越高。特色文化资源包括"吃、住、行、游、购、娱"等多方面内容，由此特色文化产业渗透性和关联效应强，本身就大致构成一条完整的产业链。从过去到现在，特色文化产业与国民经济各行业都发生着直接或间接的经济联系，与制造业、旅游业、金融业、餐饮业等产业的融合趋势日益突出。并且，特色文化产业与其他产业在功能和价值内涵方面具有互补性。特色文化产业的最大优势在内涵，其他产业的主要优势在市场和服务。在不断发展过程中，通过资源共享、优势互补，特色文化产业与其他产业在组织、管理和平台等方面实现了相互渗透与相互交叉，产生了"1+1>2"的协同效应。

其中，需要特别重视的是，从近年产业发展实践来看，特色文化产业分布的密集区正是文旅融合发展的高地。"从产业融合角度讲，与一般文化产业相比，特色文化产业与旅游产业的互动共振关系更为明显。"② 随着人

---

① 《文旅部：国家级非遗代表性项目已达 1557 项》，中国新闻网百度百家号，2021 年 6 月 10 日，https://baijiahao.baidu.com/s? id=1702174461449929739&wfr=spider&for=pc。

② 邵明华、张兆友：《特色文化产业发展的模式差异和共生逻辑》，《山东大学学报》（哲学社会科学版）2020 年第 4 期。

们文化需求的提升，单一化、观光型的旅游产品已不能满足日益升级的消费需求，消费者更多关注旅游背后所蕴藏的历史文化，文化体验和文化感知已经成为评判旅游品质的重要内容。应利用文化的差异性和独特性，依托特色节庆、特色建筑、特色饮食和特色风俗等极富吸引力的文化内容，开发具有文化内涵的新型旅游产品，使特色文化成为增强游客旅游体验的重要内容。

四　特色文化产业的内在机理

特色文化产业是经济社会发展的必然产物，其内在机理主要表现在以下五个方面。

（一）地域文化是特色文化产业形成的资源基础

文化资源是文化产业形成和发展的基础与前提。文化产业发展的历史显示，特色文化产业的兴起和发展与区域文化资源的开发紧密相关。在特色文化产业起步阶段，文化资源的丰裕度成为其产业化萌芽的首要因素。在发展过程中，通过对本地特色文化资源的深入挖掘、有效整合、全面提升和市场化包装，可形成以资源为亮点的文化产业。中国在长期的历史发展过程中形成了丰富的文化资源，不但有灿烂的历史文化、多样的民俗文化，还有丰富的文物资源和奇特的人文景观，成为特定地理区域发展文化产业的独特优势。西部一些文化资源大省通过对文化资源的开发和利用，发展出许多具有地域特色的文化产业。比如贵州，有众多的少数民族，包括侗族、苗族、水族、瑶族和土家族等，民俗资源十分丰富，不同的民族呈现不同的语言和风俗习惯，民俗文化交相辉映，丰富多彩。近年来，贵州凭借民族风俗文化发展文化旅游，加快繁荣多彩贵州特色文化。如榕江是一个在贵州具有代表性的少数民族聚居地，有苗族、侗族、水族、瑶族等，这里民族风格浓郁，民间文化底蕴丰厚。在 2023 年，足球遇上民风民俗，碰撞出强烈的火花。2023 年 7 月 29 日晚，在贵州"村超"总决赛的球场上，苗族、藏族和侗族等少数民族同胞身着民族盛装，敲起锣鼓，唱着欢歌，迈起舞步，其多姿多彩的民族文化，深深打动了所有人。从"村超"

举办到 2024 年底，榕江县累计接待游客 1691.43 万人次，吸引了中国超 1300 支球队和 50 多个国家 1160 名国际球员来交流，实现旅游综合收入 190.78 亿元人民币①。贵州榕江"村超"案例说明，特色文化这个"软实力"逐渐成为文化产业高质量发展的"硬支撑"，也为建设中华民族现代文明贡献着多元民族文化力量。

当然，我们也看到，地区经济发展水平是发展特色文化产业的先决条件，经济比较发达的地区，文化资源开发的进展较快，特色文化产业开发水平也较高。而在经济欠发达地区，由于经济发展的整体水平滞后，较多宝贵的文化资源处在浅层次开发状态，甚至处于尚未开发的原生状态。

（二）特色文化元素是特色文化产业价值转化的核心内容

"民族的就是世界的"，文化特色是中国文化产业在世界文化竞争中制胜的法宝。特色文化元素是人类在长期生产生活实践中创意劳动的结晶，与生活中的衣食住行息息相关，包括古建筑、古民居等文物古迹，神话、传说等口头文学，美术、音乐、歌舞、戏剧、手工艺等民间艺术以及饮食、节庆等民俗文化等。这些文化中最为活跃的元素，它们跨越时空、超越国度、富有永恒魅力，塑造出中华文化的突出特性。正如习近平总书记在文化传承发展座谈会上指出的："中华优秀传统文化有很多重要元素，共同塑造出中华文明的突出特性。"②

挖掘特色文化元素的当代价值，是对其进行产业化开发的关键一环。这些特别的文化元素，经过溯源、寻根，加上提炼、阐发、转化，在产业化活动中形成特别的文化产品形态，是特色文化产业价值转化的核心内容。即特色文化产业通过技术化的生产方式、规模化的生产效益、市场化的生产目的和企业化的生产主体，活化了特色文化资源，实现特色文化资源向地方文化符号、文化元素集成。

① 《贵州"村超"举办以来实现旅游综合收入逾 190 亿元》，中国新闻网，2024 年 12 月 26 日，http://www.chinanews.com.cn/cj/2024/12-26/10343117.shtml。

② 《习近平在文化传承发展座谈会上强调 担负起新的文化使命 努力建设中华民族现代文明》，中国人民政治协商会议全国委员会网站，2023 年 6 月 5 日，http://www.cppcc.gov.cn/zxww/2023/06/05/ARTI1685928215830105.shtml。

（三）多样化市场需求是特色文化产业形成的内生动力

产业经济的逐利性使文化产业发展必须提供满足市场需求的文化产品和服务，也就是说，市场需求是文化产业发展的基础。市场需求不仅影响着文化资源的配置和供给，而且直接影响着文化产业的发展方向和节奏，并推动文化产业结构的不断升级。文化产品与服务只有得到市场认可，才能进行规模化生产和扩大再生产。

文化消费的市场需求不仅是文化产业发展的风向标，也是推动文化产业发展的内生动力。市场需求的多样化和个性化是当前文化产业发展的趋势。不同于一般商品，文化产品与服务满足精神层面的更高层次需求，属于非刚性消费。当前，消费者对于个性化的需求越来越强烈。他们希望能够根据自己的兴趣和偏好，选择适合自己的文化产品和服务。文化产业兴盛需要多元化和"独异性"，这在很大程度上影响了不同地区特色文化产业的发展水平。

（四）政府的"有形之手"为特色文化产业发展赋能助力

地方政府具有发展特色文化产业的紧迫性。依托丰富的地方特色文化资源，传承和发展地方特色文化，打造文化品牌成为地方政府的重要抓手。大力发展区域特色文化产业，一方面有助于加强区域文化输出。消费者在区域范围内，就能够获得与区域文化相关的信息及产品，使更多人了解具有鲜明特色的区域文化，实现地方文化输出与宣传。另一方面有助于带动区域经济的发展。特色文化产业能够吸引大量游客。为了增强游客的体验感，可以充分利用区域特色文化开展各类活动，提高餐饮行业、酒店行业等收益，促进区域经济发展。因此，地方政府通常采取多措并举的方式，推动地方特色文化发展与各领域、多方位、全链条深度融合，实现资源共享、优势互补、协同并进，形成地方产业发展新优势。

部分省份的特色文化产业实践已经取得硕果。比如，云南充分挖掘和发挥文化资源的价值，围绕"金、木、土、石、布"打造特色文化产业体系，率先在全国制定特色文化产业发展规划，逐步形成符合云南实际的文化产业发展战略。2005年，贵州提炼推出"多彩贵州"区域文化品牌。"多彩贵州"品牌涵盖了茶、酒、演艺、民族手工艺和会展等特色文化产业领域，集中展示了贵州的风俗民情。这些战略的推进，使文化"软实力"为高质量发展提供了"硬支撑"。

（五）特定文化区的区域特点决定着特色文化产业的战略定位

中国具有文化多元一体的演进格局，黄河文化、长江文化、珠江文化等各类区域性文化源远流长、独具特色。地方特色文化传统是特定区域生态、民俗、习惯等的集中表现。因此，特色文化是基于特定自然地理背景、气候条件、生产劳作形式、生活居住形式等形成的，特色文化产业必然在一定程度上与地域环境相互融合，并在特定文化区域内形成更为深远的文化认同感与文化感召力。特定文化区的独特资源、区域特点和区域定位，决定着地方文化产业发展的战略定位。由此，要形成具有自身造血能力的可持续发展模式，各地必须明确不同文化资源的定位，走与地区经济发展水平相适应、与资源禀赋特色相匹配的产业发展之路。

第二节 特色文化产业的主要开发模式

特色文化是发展特色文化产业的基础和核心。特色文化产业通过对本地文化资源的创意开发和产业转化，形成文化产业链和若干特色文化产业集聚区，使地方文化产业获得竞争优势。在国家指导下，各地不断根据区域产业的资源禀赋，开展规划布局，引导特色文化产业发展，探索出资源内生、创意升级和政府推动等各具特色的文化产业实践模式。

一 资源内生模式

资源内生型发展模式是指以区域内的资源为基础，重点依托本地企业研发、生产和销售环节，实现本地资源一般性价值开发与产业开发的模式。

（一）资源主导下的市场自发

文化资源是文化产业发展的基础和前提，对于特色文化产业而言，特色文化资源直接构成了其生命线。要实现资源内生型发展，必须坚持继承和创新相结合，促进特色文化元素、传统工艺技艺与创意设计、现代科技、时代元素相结合。这种发展，适合文化资源相对丰富和文化产业尚处于起步阶段与发展阶段的地区。主要通过对本地特色文化资源的深入挖掘、有效整合、全面提升和市场化包装，形成以资源为亮点的文化产业。

（二）典型案例：厚植传统，竹编"出海"的产业升级

竹编制品是广东特色传统手工艺品，具有悠久的历史。广东竹编产业主要分布在竹资源较为丰富的地方，信宜是广东最大的竹编生产基地，拥有丰富的竹藤资源，其竹编历史悠久，清代就已出现竹编产业，被称为"竹编之乡"。中国贸易代表团曾于1980年率领信宜的竹编工匠到美国、法国、日本进行过竹编工艺表演，深受外国友人的青睐。该地的竹编工艺人员分布于20个镇（街），有6万多人，信宜市竹编企业高峰时接近1000家，每年出口到美国、加拿大、英国、意大利、日本、韩国、新加坡等多个国家和地区的竹编产品多达2亿件，出口额超过10亿元，占全国竹器出口额的近三成[①]。这种基于区域资源的传统手工艺，已经发展成地方支柱产业之一。

二 创意升级模式

创意是文化产品提高市场竞争力的根本，也是文化产业资源开发利用中的重要原则。创意升级，借助"文化创意+"，实现了特色文化产业发展的多种可能性。

（一）创意管理下的资源整合与设计更新

创意有原创、首创之意，文化创意是指两种或两种以上的文化元素，通过整合、提炼、升级而形成的一种新的文化结构，这种新的文化结构就是创意成果。"文化创意+"以文化为基因，以创意为动能，以融合为方法，推动传统单一产业向多元、现代、时尚、科技含量高的产业转型升级，提高了传统产业的附加值，增强了综合竞争力。

---

① 蔡湛：《百千万工程·茂名观察丨从小竹子挑起大产业看富民兴村绿色路径》，澎湃，2024年11月26日，http://m.thepaper.cn/baijiahao_29460878。

（二）典型案例："创意驱动、聚沙成塔"的组织优化

以创意为驱动，专精特新的中小微企业可通过小批量、个性化、聚落化的生产模式，形成专业化分工产业链条和产业协同网络，进而发展成为地方文化产业领头雁和小巨人，比如被誉为"中国玩具之都"的澄海。综观世界玩具版图，世界玩具看中国，中国玩具看广东，广东玩具看澄海。汕头澄海是闻名中外的玩具礼品生产出口基地，拥有"中国玩具礼品之都""全国产业集群区域品牌建设玩具产业试点地区"等金字招牌。自20世纪80年代起，澄海人民凭借底蕴深厚的传统工艺美术基础，以精湛的手艺，历经30多年的发展，生产了全国近50%的塑料玩具，已经成为国内外知名的地域性玩具制造基地。近年来，澄海玩具传统产业加快向"玩具+动漫+游戏+影视"的泛娱乐化发展新模式转型。截至2022年底，澄海全区规模以上玩具创意企业168家，其中产值超亿元企业29家①。澄海玩具产业发展的新格局说明，通过"文化创意+"，文化创意产业与传统行业实现了深度融合，促进了行业间的功能互补和链条延伸，提高了传统产业的附加值和综合竞争力。

（三）典型案例："跨界融合、业态衍生"的产业演进

特色文化产业可以利用文化创意流动性和跨界衍生的特点，立足于产业链分工和细分领域的专精优势，推进技术和创意优势与相关产业彼此之间深度嫁接，形成产业协作网络，利用特色产业集聚优势促进新生业态群落生长。比如，广州醒狮文化传承人近年来积极探索活化非遗醒狮新路径，在传统醒狮民俗表演的基础上，积极培育醒狮跨界融合的增长点。用时尚手法和科技手段呈现千年传承的非遗醒狮，开发了深受大众喜爱的两百多款醒狮文创产品；运用新兴科技，孵化出全球首款醒狮体感机器人，推出醒狮数字藏品，创建了VR醒狮和AR醒狮小程序。并且，传承人还积极打造文艺精品，不仅担任舞剧《醒·狮》的艺术指导，参与国漫电影《雄狮少年》的拍摄，将民间艺术醒狮推向更高的艺术殿堂；自主创编了剧场版

---

① 余丹：《汕头玩具闪耀广交会大舞台》，南方plus百度百家号，2023年11月4日，https：//baijiahao.baidu.com/s？id＝1781597070164188293&wfr＝spider&for＝pc。

儿童醒狮剧，在上海儿童艺术剧场连演 20 多场，大大提升了醒狮在国内外的影响力。广东醒狮多元活化传承表明，特色文化产业因其个性特征和专精优势实现了跨界互联和业态衍生，形成了互补型业态群落的互动循环生态。

三 政府推动模式

政府推动模式，是指政府综合运用战略规划、税收、财政和人才等多种手段，搭建发展平台或实行统一规划管理，从而推动特色文化产业以聚集形式发展的模式。

（一）政府助力下的政策供给与集聚发展

文化产业的形成、发展和文化市场的培育、维护都离不开政府的大力支持与推动。根据是否依赖本地文化资源的天然赋能，这种模式下的特色文化产业呈现两种不同形式。一种是依托本地特有资源，在资源富集区发展特色产业。比如云南丽江、湖南凤凰古城、四川九寨沟等就是通过实行国有旅游资源管理体制和运行机制，引导社会资本进入，将资源优势转化为产业优势的。另一种是政府主动出击，"无中生有"，从区域外引入具有发展潜力的"小微"特色文化产业，并将其孵化发展成具有良好集聚效应的"规模化"特色文化产业。

（二）典型案例："分工专精、精准聚焦"的产业定位

特色源于专精专注，优势来自聚焦精准。在 20 世纪 80 年代，与香港仅一江之隔的番禺，由于地理相近、语言相通，再加上厂房和劳动力费用低廉，成为香港珠宝企业转移的第一站。番禺区政府抓住这个契机，从国外珠宝代加工开始发展番禺珠宝产业，经过 40 年的发展，其从中低端的密集型加工产业，逐渐发展为拥有独立原创设计能力，集珠宝原材料采购、设计、铸造、交易、鉴定、销售等于一体的全球珠宝产业聚集地和中国珠宝生产、出口主要基地。在这个过程中，番禺构建链长制推进珠宝首饰产业高质量发展，积极找准产业发展痛点，并靶向发力解决问题，支持珠宝首饰企业实现"小升规"，大力培育"专精特新"中小企业，进一步推动形成

具有影响力的百亿元级珠宝首饰产业链条。番禺区政府对珠宝产业发展进行战略定位并帮助其建立产业生态体系，最终极大提升了核心竞争力。

第三节 岭南特色文化产业发展现状

广东文化产业产值连续多年排在全国首位，岭南特色文化产业发展也不逊色，并拥有较大的产业规模。在全国各地都在加速发展特色文化产业的背景下，广东文化产业的领先地位正面临国内其他省份的挑战。广东必须对自身优势和发展瓶颈保持清醒认识，积极探索符合广东实际的特色文化产业发展模式。

一 岭南特色文化产业的发展现状

广东的岭南特色文化产业具有独特优势和巨大潜力，发展前景较好。

（一）广东特色文化资源丰厚，具有资源优势，构建了广阔的特色文化产业空间

广东发展岭南特色文化产业，具有明显的优势和潜力。基于资源功能属性，我们将岭南特色文化资源分为历史文化资源、现代文化资源和自然文化资源。本章主要考察历史文化资源。

作为岭南文化的中心地和海上丝绸之路的重要发源地，广东拥有良好的发展特色文化产业的历史文化资源禀赋。位于广东省内的国家级文物保护单位共有 8 批 133 处（不含归并项目两处），其中分布于珠三角 9 市的共有 71 处；省级文物保护单位共 9 批 828 处，珠三角 9 市内有 355 处。其覆盖了文物保护单位中古遗址类、古墓葬类、古建筑类、石窟寺及石刻类、近现代重要史迹及代表性建筑类、革命遗址及革命纪念建筑物类等多种类型。

从珠三角 9 市两级文物保护单位的分类看，古建筑最多，国家级有 24 处，省级有 203 处。近现代重要史迹及代表性建筑的数量仅次于古建筑，其中国家级有 26 处，省级有 180 处。珠三角 9 市省级和国家级近现代重要史迹及代表性建筑占全省总量一半以上，体现了这一区域在中国近现代史上

的重要地位。此外，广东是中国水下考古的重要阵地，拥有非常丰富的水下文化遗产资源，已经成功实施了"南海1号""南澳1号"等多项全国水下考古重大项目，其中，"南海1号"是中国第一个也是目前最大的沉船考古发掘项目。

广东省现有国家历史文化名城8个，名镇15个，名村25个，中国历史文化街区1个。省级历史文化名城16个，历史文化名镇9个，历史文化名村45个。2015年以后广东省重新公布的省级历史文化街区共有104个。2021年，广东有11个地区上榜"中国民间文化艺术之乡"，入选总数与江苏省并列第一。

广东现有联合国教科文组织公布的人类非物质文化遗产代表性项目5项；国家级非物质文化遗产代表性项目165项，占全国总量的10.6%，位列全国第四；省级代表性项目816项。从非物质文化遗产项目的类别分布看，广东的传统工艺类非物质文化遗产最多，含国家级非物质文化遗产18大项18子项，省级非物质文化遗产107大项164子项；传统美术类非物质文化遗产也较丰富，有41大项82子项。广东的民俗类非物质文化遗产数量仅次于传统工艺类非物质文化遗产数量，含国家级非物质文化遗产15大项32子项，省级非物质文化遗产74大项121子项。广东的民间舞蹈类非物质文化遗产数量也较多，含国家级非物质文化遗产11大项32子项。这些数据反映了岭南文化在工艺美术、民俗生活和民间艺术方面的深厚积淀与广泛影响。

广东所拥有的历史文化资源数量，在国内省级行政区中处于中上水平。尤其在国家历史文化名城、中国历史文化名镇（名村）、旅游（文化旅游）开发、非物质文化遗产保护、工艺美术人才等方面，广东在国内处于领先位置。

（二）"敢为人先"的精神为广东提供了思想观念优势，特色文化产业开发较早，先行引导

发展特色文化产业代表了国家文化产业发展战略的重大转向。《国家"十二五"时期文化改革发展规划纲要》《文化部"十二五"时期文化产业倍增计划》，都强调要加快发展具有地域和民族特色的文化产业。2014年文

化部和财政部发布的《关于推动特色文化产业发展的指导意见》进一步强调了上述要求。《广东省国民经济和社会发展第十四个五年规划和 2035 年远景目标纲要》和《广东省文化和旅游发展"十四五"规划》都强调要做大做强文化和旅游产业，建成更高水平的文化和旅游强省。可见，"敢为人先"已经深入广东人的血脉之中。"坐不住、等不起、慢不得"的先行精神，让广东具有思想观念上的优势，承担起社会主义先进文化的践行者和引领者这一使命，推动广东探索建立适应文化高质量发展的体制机制，实现岭南特色文化产业大发展大繁荣，成为国家特色文化发展的先行地。

（三）"数字化"全国领先且具有平台优势，特色文化产业出现了数字化新业态和新模式

广东互联网、移动互联网、电子商务发展一直处于领先的位置，"互联网+"凭借云计算为特色文化产业发展提供新的平台，数字化技术推动了数字文化遗产的保护与传播，给文化遗产传承找到了新的舞台。这能激发消费者文化消费意愿，打通文化领域产业链，对传统文化产业起到巨大的带动作用，激发创意经济的无限可能。近年，广东出台《广东省促进文化和科技深度融合实施方案（2021—2025 年）》，大力推动文化与科技深度融合，实施文化产业数字化战略，帮助文化遗产穿越时空，呈现全新的文化价值和社会价值，有效促进了特色文化产业链条不断延长、产业生态日渐丰富多元。

（四）既有现代化产业体系提供了较大的市场优势，特色文化产业广泛嵌入广东现代化产业体系

广东既有的现代化产业体系完整，已"立柱架梁"。特色文化产业具有结构完整、融合性强、低碳环保、可持续的独特优势，"文化+"促进新兴业态不断涌现，不仅能迅速提升第三产业比重，而且对传统产业的转型升级也发挥着积极作用，同时能促进新兴产业门类和文化业态的涌现，从而促进广东经济增长方式的转变和结构升级。完整的现代化产业体系为特色文化产业的跨界融合提供了充分的产业基础，可以为岭南特色文化产业发展提供更多的补充和帮助。

（五）各地重视差异化发展，已形成各自的地域文化品牌

广东历史文化资源丰富多样，除珠三角 9 市外，也广泛分布于粤东、粤西、粤北地区，而且保存较好，仍然与当地人民日常生产生活保持紧密联系。从历史文化资源的保护与开发着眼，目前粤东、粤西、粤北地区具备发展特色文化产业的深厚基础，未来发展潜力巨大。例如，"韶关乳源将瑶族刺绣、服饰、歌舞等非物质文化遗产与古村落、古驿道等文化景观结合起来，积极开发瑶族特色文化旅游产品，逐渐形成特色鲜明的'过山瑶'民族文化产业品牌"[①]。

（六）具备率先拓展海外特色文化产业市场的先发优势，成为中国文化出海的重要组成部分

作为岭南文化的中心区与海上丝绸之路的重要发源地，广东不仅拥有丰富多样的地域文化与海洋文化资源，也拥有优越的地理条件和数量庞大的海外粤籍华侨华人，利用这个优势，广东可以率先拓展海外特色文化产业市场，尤其能够在打造 21 世纪海上丝绸之路特色文化产业带方面抢占先机。比如，"2023 广东 21 世纪海上丝绸之路国际博览会"是广东举办的主打国际化特色的综合性贸易盛会，来自五大洲的 57 个国家和地区的商务文旅官员、机构、企业聚在一起交流合作。其中，RCEP 成员国全部参展参会，这凸显该博览会对共建"一带一路"国家和地区的影响力不断增强，也彰显了广东的文化资源与地缘优势。

二 岭南特色文化产业的发展瓶颈

在政策利好、市场消费升级的环境下，岭南特色文化产业迎来了自己的"黄金时代"，但也隐藏着一些问题，发展遭遇瓶颈。

（一）总体上重视程度不够，缺少全盘统筹，缺少中长期规划

广东至今还没有关于发展岭南特色文化产业的省级层面的整体规划。相关的政策，主要散见于文化产业的规划中，没有专门列出。广东现在的

① 庄伟光：《传承历史文化基因视角的特色文化旅游创新发展——以粤东西北地区为例》，《广东社会科学》2017 年第 4 期。

特色文化产业发展，主要是地区性的自觉布局，还缺少长远性、整体性和基础性的规划，全省发展"小、散、弱"的情况普遍存在。而且不少地方根据短期经济效益制定文化产业发展战略，导致产业结构与分布不合理。相比之下，2014 年，云南在全国率先制定实施特色文化产业发展规划，"金木土石布" 5 个门类的发展布局一亮相，便在业内取得共识，影响广泛深远。

（二）缺乏科学评估和开发规划，没有正确处理文化遗产保护和经济发展的关系

由于对岭南文化资源的价值与本质认识不够透彻，广东在对其进行商业化开发过程中，没能建立科学评估体系及科学分类体系，尚未建立符合广东实际的知识产权保护体系。另外，在文化遗产从资源向资本转化的道路上，广东也缺少科学的整体规划，出现大量打着"生产性保护"的旗号竭泽而渔的现象，使核心优势得不到很好的利用，同时存在"浅""泛""滥""抄"等问题，低水平运作、低效率运转，甚至有些文化遗产的商业化开发变成了"一次性消费"，开发不足破坏有余。

（三）特色文化和资本没有实现有效对接，投融资渠道有待拓展

目前的融资体制无法满足文化企业发展的需要，这在岭南特色文化企业中表现尤为明显。因为资金不足，不少特色文化产业的生产组织方式比较落后，尤其是粤东、粤西、粤北多数地区仍处于家庭作坊式的生产经营阶段，严重束缚了产品创新和市场拓展。因为融资能力有限，许多地方的特色文化产业虽然形成了一定的规模，但还只是单个行业、同种类产品的发展，没有形成完整的产业链。亟待在省级政策制定方面为特色文化产业投融资提供支持。

（四）特色文化产业尚未形成完整的产业链，"短链"延长不足

第一，许多地方尤其是粤东、粤西、粤北地区特色文化产业虽然具备一定规模，但还只是少数几个行业，其中多数企业生产同种类产品，较少能有效地开发旅游衍生品、工业衍生品，市场占有率较低。第二，价值链整合度不够。在企业集群内企业之间缺乏信息沟通和利益协调机制，加上产品结构比较单一，因而难以建立依靠各自的核心竞争力的专业化分工协

作体系。第三，没有真正形成特色文化产品的生产、研发、推广一体化机制，文化资源盘活的路径比较单一，很多地方的特色文化产业集群还只是产业链的一个环节，还停留在特色文化产品上，没有形成产业链集群优势。

（五）特色文化产业发展人才储备不足，从业人员素质参差不齐

人才匮乏是制约广东特色文化产业进一步发展的因素之一。发展离不开人的智力要素，在特色文化资源的开发方面，特色文化传承人扮演着独特角色，适应市场需求的创新型人才也是特色文化产业发展的关键要素。与北京、上海和浙江等地相比，广东既懂文化艺术又懂产业开发的复合型人才和高端创意人才十分匮乏。各地对特色文化产业人才队伍建设的投入力度明显偏低，促进特色文化产业人才交流学习、成长发展的平台有待进一步搭建。

（六）同质化竞争比较严重，合作不足

岭南特色文化产业如工艺美术产业集群内的产品高度同质化，竞争有余而合作不足。集群内部各企业间产品相似度较高，产品缺乏等级梯度和差异化，激烈的价格战把利润压缩到极限，企业只能勉强生存，难有发展空间。如茂名信宜的竹编产业，当地企业小而散，以海外低端市场为主，生产的竹制产品多为款式相似的低端一次性节日用品，市场固定，产品款式和价格常年不变。尽管生产成本逐年增长但产品却无法提价。究其原因，主要是集群内企业小而散，缺乏组织和协调，对外谈判能力不足。

第四节　做优做强岭南特色文化产业的思路与对策

推动特色文化产业发展是国家结合新时代文化需求、文化发展形势和产业发展经验提出的产业发展新思路，广东以区域协调、产业集聚、链条协同和文化引领为牵引，发挥比较优势，明确发展重点，把资源优势转变为产业优势，做优做强岭南特色文化产业。

（一）总体思路

在大力发展文化产业，文化产业成为广东的国民经济支柱性产业的背

景下，加快发展特色文化产业被提上日程，岭南特色文化产业成为广东发展高质量文化产业的一大特色。

1. 提升岭南特色文化产业的战略定位

一是立足文化强国建设，突出文化自信与优秀传统文化传承。在中华民族伟大复兴的新时代，对标世界文化版图的重新构建，广东特色文化产业必须担负起改革开放先锋队、排头兵的时代使命，为扩大中华文化的世界影响和推动"一带一路"建设再次当先锋、闯新路。要建设具有岭南风格、岭南气派的中华优秀传统文化传承创新先行区和示范区，建设粤港澳大湾区多元文化交流创新示范区，建设岭南色彩鲜明的文化产业高质量发展的引领示范和发展新高地，以岭南特色文化产业推动岭南文化成为连接粤港澳大湾区建设，构建"双区驱动""双城联动"的文化纽带，实现文明示范和精神引领。

二是立足新发展阶段与社会主要矛盾变化，聚焦人民精神生活新需求。社会主要矛盾的变化必然对文化发展提出新要求，中国特色社会主义伟大实践，给岭南文化资源开发带来了难得的发展机遇。必须使岭南文化基因与当代文化相适应、与现代社会相协调，打造岭南文化资源配置与转化枢纽平台，加强文化资源整理体系、研究阐释体系、呈现体系、生产体系、传播体系和保障体系等方面建设，在文化资源开发中进行文化创造，让岭南文化展现出永久魅力和时代风采，在历史进步中实现文化复兴。

三是立足高水平文化强省与人文湾区建设，突出高品质文化产品供给。岭南文化在广东乃至大湾区的创新发展中发挥了支撑作用。岭南文化资源的有效开发，指向高水平文化强省与人文湾区建设，应升级理念、机制、创作和表达，让文化内容更丰富多样，让传播机制更通畅便利，让表达形式更灵活亲切，实现高品质文化产品供给，满足不同地区、不同人群的消费需求，以多样化、个性化、高品质的文化产品和服务，不断提升人民群众的文化获得感。

2. 科学把握特色文化产业的发展规律

"创意驱动、聚沙成塔"的产业组织。特色文化产业应以创意为驱动，以专精特新的中小微企业的小批量、个性化、聚落化的生产集聚，形成专业化分工产业链条和产业协同网络，进而发展成为地方文化产业"领头雁"和小巨人。

"分工专精、精准聚焦"的产业定位。特色源于专精专注，优势来自聚焦精准。特色文化产业要精准聚焦产业分工领域或细分市场，有效整合产业要素，依托产业园区集聚效应，不断积累产业核心竞争优势。

"跨界融合、业态衍生"的产业演进。特色文化产业因其个性特色和专精优势实现跨界互联和业态衍生。立足于产业链分工和细分领域的专精优势，特色文化产业要利用文化创意流动性和跨界衍生的特点，推进核心技术和创意优势与相关产业嫁接，形成产业协作网络，在特色产业集聚优势上实现新生业态群落生长。

3. 进一步明晰岭南特色文化产业的发展规划

把特色文化产业放在广东产业链系统中全盘设计，明确岭南特色文化产业的发展战略定位，指明岭南特色文化产业发展的目标任务和政策保障，打造多元共生的产业生态系统，增强岭南特色文化产业创新能力和发展活力，形成高质量发展的强大合力。具体来说，要依托区域资源优势，微观上突出差异化竞争，宏观上形成集聚联动，使广东基本形成结构合理、富有创意、竞争力强的岭南特色文化产业体系，基本形成珠三角和东西两翼、北部山区优势互补、错位发展的特色产业发展格局。

（二）推进岭南特色文化产业发展的建议

岭南特色文化产业正呈加速"破局"之势。政府应推动岭南特色文化产业在高质量发展的道路上大步迈进，为广东在全面建设社会主义现代化国家新征程中走在全国前列、创造新的辉煌提供坚实的文化支撑。

1. 加快编制"岭南特色文化产业发展规划"，引导特色文化企业有序参与资源开发和布局

第一，广东省委、省政府从战略层面充分认识岭南特色文化产业发展的重要性，在规划中给予重视。第二，制定支持岭南特色文化产业发展的整体规划，明确工作目标方向与实现路径，为岭南特色文化产业发展提供科学有效的政策支持和政策保障。第三，抓住文化高质量发展的全新契机，

制定省级层面的行动纲领，形成省级层面战略体系，广泛动员社会力量和社会资本进入特色文化产业领域。

2. 创造性转化文化资源，实施"文化资源→文化资本"转化战略，构建可持续发展模式

对丰厚的文化资源进行资本评估，按照类别和特征开展从文化资源向文化资本的转化工作，开拓出广东文化资源开发利用的良性循环道路。比如，"广东可以打造广东文化遗产'资源→资本'转化战略，构建文化遗产资源评估体系、文化遗产'三级经营'分类体系和构建文化遗产知识产权保护和责权统一体系，促进文化资源向文化资本转化"①。

3. 聚链成群，构建抱团发展的开放协作集约发展模式

打破封闭式、"小而全"的生产格局，打破地区闭锁和行业壁垒，实现从单打独斗到抱团发展，把众多独立而又相互联系的特色文化企业以及相关的文化组织集聚起来，根据互补关系，实现集约块状发展，构建开放式的、分工明确、协作配套的社会化大生产体系。充分利用广东丰富的互联网资源，打造"岭南特色文化服务互联网"，从文化资源的数字化，到文化生产的数字化，把过去一个个相对独立的文化单位，变为产业链上的"车间"，相互补充、相互刺激，通过产业集群抱团发展推动产业链逐步完善。特色文化产业告别"小农时代"，这将是文化生产方式的一次革命性变革，是文化高质量发展的一个创新路径。

4. 促进文化赋能，推动岭南特色文化产业跨界深度融合

强化产业的联结作用与聚合效应，鼓励特色文化产业和其他产业相互合作，以文铸城、以文惠民、以文兴业，实现资源共享和优势互补，形成多元化发展路径，培育打造区域特色鲜明、文化内涵突出、一二三产业有机融合的文化业态。帮助企业尤其是中小企业走产业融合之路，在更大程度上激发市场活力和主体动力，积极促成岭南特色文化产业与其他产业的融合发展。

---

① 广东省社会科学院文化产业所课题组：《大力发展岭南特色文化产业的思路和对策》，《南方日报》2016 年 5 月 12 日。

5. 率先建立非公有制经济组织和自由职业者职称评定制度，为特色文化产业人才培养做好制度保障

率先建立"广东非公企业人才职称评定制度"，打破文化人才职称评定的体制壁垒，建立面向社会文化艺术人才的职称评定制度，为文化企业尤其是小微文化企业自身培养并留住优秀人才提供制度保障。这样的评定制度，能有效增强特色文化企业中文化人才的成就感、归属感，为愿意从事特色文化产业的人才特别是青年人才提供施展才华的广阔空间。

6. 加强公共服务平台建设，探索多元化的文化产业利益纠纷解决机制

加大区域性的、产学研一体的文创中心、企业工程和工艺实验室、人才培养基地的建设力度，完善特色产业集聚区的研发、融资、人力资源、知识产权交易等公共服务平台体系。探索多元化的文化产业利益纠纷解决机制，使相关参与者的利益得到合理合法保护，实现政府财政增收、开发者获利、当地人民受益的格局。

7. 利用粤港澳大湾区文化产业圈的资源优势，讲好中国故事

依托粤港澳大湾区岭南文化底蕴深厚、文化资源丰富、文创市场巨大、辐射带动能力强的基础优势，借助大湾区开放发展的基因和连接国际市场的渠道，发挥大湾区作为国家文化国际展示窗口的作用[1]，聚人、聚势、聚能，推动文化产业提质增效，探索打造产业新业态激活岭南文化内核，以更新潮、更酷炫的方式，对外讲好中国故事。

---

[1] 向晓梅、郭跃文、吴伟萍等：《粤港澳大湾区文化产业圈论纲》，广东人民出版社，2024，第381~382页。

第七章
推动内容产业创新创优

　　内容是文化产业链条的核心和基础，文化产业经由内容产品的生产和销售来实现价值[①]，所有生产环节都围绕着内容展开。报纸、书籍、电视、电影、演艺等与民众生活息息相关的文化消费品都属于内容产业的范围。内容产业的强大与否，关系到文化话语权的掌控力度。在大众传播过程中，内容居于中心地位，是技术、制度和受众互相制约、彼此联系的意义"角斗场"[②]。在移动互联网背景下，蓬勃发展的社交平台与自媒体再度呈现对高质量内容的深度需求，内容为王的规律再度浮现[③]。数字时代，内容为王的理念没有过时，文化高质量发展不可缺少对内容产业高质量发展的考量。但是，当前我国文化产业的发展仍与打造文化强国的要求不相适应，最主要的体现就是内容产业不强。广东省是文化产业大省，具有庞大的产业规模，但内容产业仍然薄弱。广东省的内容产业尤其是文艺精品的产出尚不处于国内的第一梯队，与广东经济大省、文化产业大省的地位不相适应。推动内容产业创新创优，已成为广东文化产业高质量发展亟须重点突破的瓶颈。

---

① 郭馨梅、罗青林：《文化产业价值创造的结构分析——基于同心圆模型的阐释》，《企业经济》2021 年第 5 期。

② 敖丹娜：《对大众传播中"内容为王"的追问》，《现代传播》（中国传媒大学学报）2011 年第 7 期。

③ 苏宏元、倪璐瑶：《回归内容为王：挑战、机遇以及生态重构》，《中国编辑》2019 年第 12 期。

第一节　内容产业的基本概念与发展趋势

一　内容产业的概念、内涵与特征

（一）内容产业概念

内容产业（content industry）的概念普遍认为最早出现于 1995 年的七国信息技术部长级会议。1998 年，经济合作与发展组织（OECD）在专题报告《内容作为一个新兴产业》中指出，基于网络服务的内容市场是信息、娱乐和计算机领域的融合，包括出版、音乐、电影、广播和影视传播等领域[①]。2002 年，爱尔兰政府出台的《爱尔兰数字内容产业发展战略》首次提出"数字内容产业"这个概念[②]。在这种背景下，内容产业经常被与信息技术深度绑定，是"基于数字化信息技术，融合出版、广播影视、通信网络等多种媒体的综合产业"[③]。但也有学者将"内容产业"与"数字内容产业"区分开来。向勇指出，内容产业是文化产业的相关概念，是在韩国和日本比较流行的一种说法，指以知识性、信息化和创意性内容为主的行业，这些内容包括肖像、卡通形象、角色等[④]。也有学者指出，相比文化产业，"内容产业重点更偏向作为内容的信息及其发布系统，整合了内容和媒体，包括印刷品、电子出版物、音像传播及软件业等，带有极强的'媒体'属性"，是长期以来媒体融合发展的产物，核心是内容的大规模生产、大规模流通和大规模交换[⑤]。

（二）内容产业分类

内容产业聚焦于作为内容的信息及其发布系统。内容源于人类的创造性活动，存在多门类、多元素、多类型的多元组合和多种载体表达。从传

[①] 张立等：《国内外数字内容产业概念追踪与辨析》，《出版发行研究》2021 年第 4 期。

[②] 刘银娣：《我国数字内容产业价值链建设初探》，《编辑之友》2021 年第 10 期。

[③] 李晓玲、李会明：《内容产业的产生及其影响》，《现代国际关系》2003 年第 5 期。

[④] 向勇：《文化产业导论》，北京大学出版社，2015，第 51 页。

[⑤] 刘珊、黄升民：《再论内容产业：趋势与突破》，《现代传播》（中国传媒大学学报）2017 年第 5 期。

统艺术门类上划分，内容体系以文字、声音、动画、影像等为基本的信息元素，形成电影、音乐、戏剧、文学、摄影、漫画、动画、电子游戏等门类。从产业角度进行行业分类，内容产业可大概分为新闻及出版业、广播影视业、动漫及游戏业、音乐及表演艺术业、视觉艺术业、工艺及古董业、数字内容等，不同行业之间具有互相渗透和交叉的横向链条结构，单个行业的内容产品通常又结合了其他行业的特征元素。

本章所指内容产业的主要构成行业为设计出版、漫画、动画、音乐、游戏、广播、电影、电视、广告、肖像授权以及教育娱乐，重点偏向作为内容的信息及其发布系统。在文化产业的语境中，与"内容"相对应的是"渠道"①。"内容产业"的提法也是一种分析角度，着重以娱乐门类区分的方式进行文化及其相关产业的分析，将出版、漫画、动画、游戏、电影、电视剧、音乐等作为重要的分析对象。本章依据内容产业链的业务功能区分，对内容产业进行大致分类（见表7-1）。

表 7-1　内容产业分类

大类	中类	产业范围
内容产业核心领域	内容产品生产与销售	新闻及出版、广播影视、动漫及游戏、音乐及表演艺术、视觉艺术、工艺及古董、创意设计的生产制作服务、宣传发行服务与销售传播服务
内容产业辅助领域	内容辅助生产和中介服务	内容辅助用品制造，版权服务、会议展览服务、经纪代理服务、设备（用品）出租服务、科研培训服务
	内容生产与终端设备服务	印刷设备制造，广播电视电影设备制造及销售，摄录设备制造及销售，演艺设备制造及销售，游乐游艺设备制造，乐器制造及销售，信息服务终端制造及销售
	内容投资与运营	内容投资与资产管理，内容企业运营管理
内容产业拓展领域	衍生品生产销售	文具制造及销售，玩具制造，节庆用品制造
	内容增值服务	内容再加工服务，增值技术开发，受众开发运营，品牌开发运营

---

①　向勇：《文化产业导论》，北京大学出版社，2015，第51页。

（三）内容产业特征

"所谓内容（contents）是指由文字、声音、视频、影像等多种形态形成的信息内容物，是一种无形的，具有感动力、想象力、艺术性，体现价值观、生活方式等的文化商品。"[①] 内容产业推动内容创意走向产品、产权和消费，形成了内容产业链。内容产业围绕内容创意，由利益相关、分工协作的相关行业所组成的业态汇聚而成。内容产业具备以下特征。

1. 内容创意是内容产业的核心

内容创意关系到内容产业能否产出精品，实现文化价值传播功能。创意是创造意识或创新意识的简称，代表了新的抽象思维和行为潜能。创新思维意识通过创造性地进行资源的组合，可以提升资源价值。保证创意内容的原创性是内容产品能在市场上占据上风的关键，好的创意对成规有所突破，为内容产业带来活力，避免了最终内容产品与市场同类产品的重复。在信息爆炸的当下，富有新意的产品、营销方式能迅速抓住消费者的眼球，降低传播的成本，强化在大众心中的记忆，从而达到广泛宣传和实现盈利的目的。

2. 内容产业具有链条结构，并形成价值增值体系

内容产业链是产业链上下游各机构一系列有序的经济活动的总和，可分横向结构和纵向结构。横向结构是电视、电影、出版、动漫、游戏、音乐、媒体、文化衍生品等行业相互渗透和交叉的内容产业增值体系，纵向结构由内容创作、融资策划、投入生产、传播运营等关键领域构成。从价值增值的角度看，内容产业又形成内容产业价值链，即围绕内容产品的创造、生产、销售、传播和消费所形成的价值传递链式结构，可分解为基本价值链、辅助价值链和拓展价值链三个部分[②]。

3. 内容产业具有经济功能

内容产业具备经济功能，它面向市场提供消费产品并从中获取利润，

---

① 孙梨梨等：《韩国文化内容产业的发展及其对中国的启示》，《西南民族大学学报》（人文社科版）2016 年第 2 期。

② 刘银娣：《我国数字内容产业价值链建设初探》，《编辑之友》2011 年第 10 期。

从而形成生产的循环，承担起为社会创造财富、提供就业岗位、供给消费品等任务。

4. 内容产业具有娱乐功能

内容产业产出内容产品，为消费者提供精神审美上的享受，并使消费者得到积极的休息，承担着满足人民日益增长的美好生活需要的功能。

5. 内容产业具有宣传功能

内容产业以产品承载信息，报纸、杂志、图书、动漫、影视剧等尤其如此。内容产业在其链条的运作中，通过产品的广泛传播，将承载于内容产品之中的信息要点、思想精神与文化价值等呈现于消费者面前，被众多消费者读取并接纳，甚至在娱乐性的带动下深入人心，从而实现宣传的功能。

二 内容产业的发展趋势

内容产业已经进入 2.0 时代，主要表现在与科技深度融合、商业模式上高度重视用户参与、从重视量产到瞄准精准市场等方面[①]。近年来，流媒体技术在直播、视频、新闻、音乐、游戏等场景迅速推广，形成了内容产业的新增长点。顶层设计在内容产业的发展和推广的重点方向、力度等方面起着日益重要的作用。

（一）生产环节与科技深度融合

近年来，人工智能等新兴技术大量渗透到人们的生产生活之中，物联网、AR、VR、可穿戴设备、3D 打印、全息成像、云平台、大数据、数据库写作、生成式人工智能等技术大举进入内容产业，深刻地改变着内容产业的生产、传播、消费等环节，促成新业态的产生。数字技术的快速发展促成了内容产业的数字化转型，形成数字内容产业。数字内容产业运用数字化科技手段，将文本、图片、视频等内容整合为产品或服务形式，突破了传统行业界限分明的壁垒，融合形成新的内容行业形态，促成了内容产

---

① 隋鑫、李常庆：《我国台湾地区数字出版产业发展趋势研究——以内容 2.0 为中心的讨论》，《出版广角》2019 年第 11 期。

业生态的转型。

在内容生产环节，大量的高新技术被应用于产品的生产环节，在产品的生产主体、创作理念、呈现形式、艺术效果等方面形成了变革。在影视制作上，增强现实、虚拟现实、水下摄影等技术被应用于影像摄取、造景、造型、视觉效果等方面，改变了影像的表现对象与呈现形式。为人所津津乐道的河南卫视"端午奇妙游"舞蹈《祈》以水下置景升降台与拍摄机位升降台等拍摄技术完成了水下舞蹈表演的摄取工作，给观众带来了耳目一新的艺术美感。增强现实等技术更被大量应用于电视综艺之中，如河南卫视"元宵奇妙游"节目《唐宫夜宴》便通过"5G+增强现实"完成了唐宫乐佣们从博物馆到绘画等场景的切换，形成了多场景变换的奇妙观感。电影《比利·林恩的中场战事》运用了 3D、4K、每秒 120 帧的"全套"技术格式，在纵深感、清晰感、运动感等方面变革了影像呈现效果，是对影像表现力的有效探讨。电影《阿丽塔：战斗天使》作为"第一部以'CG+真人'角色为第一主角的电影"，让动画角色与真人演员同框表演，打破了二次元与三次元的壁垒，成为影像技术美学上的突破。

在文字信息生产尤其是新闻、网络写作领域，随着计算机算法、图像与语音识别等技术的快速运用，MGC 模式（机器生成内容，Machine-Generated Content）、IGC 模式（智能生成内容，Intelligence-Generated Content）成为领域开发的前沿。在此之前，互联网与网页技术已经带来了从专业媒体机构生产内容到 UGC 模式（用户生产内容，User-Generated-Content）、PGC 模式（专业生产内容，Professionally-Generated Content）乃至 PUGC 模式（专业用户生产内容，Professional-User-Generated-Content）的革新，在信息生产领域完成了从单一主体到多元主体生产的转变。随着智能时代的到来，将机器服务纳入内容生产的技术条件将进一步成熟，在内容生产领域形成从生产主体到生产过程的变革，为降低生产成本、提升内容质量探索了新的方向。

在内容分发环节，技术带来从单一渠道到多元渠道、多接受场景、精准针对多元需求的产品分发变革。随着大量互联网信息传输渠道与平台的建设、科技与人们生活的紧密衔接，内容产品分发的渠道、平台、场景得到极大丰富，分发的精准化水平、个性化能力得到极大提高。移动网络、户外广告等超越了传统的电视、广播、报纸等固定渠道，视频网站、短视频 App、直播 App、社交 App 等大量的网络平台满足了产品的多元化分发需求，内容传播的场景，也从家庭客厅、影院、剧院等有限场景转向了地铁、公交、广场、电梯等广阔空间，手机的广泛应用更依托移动网络技术让内容分发无时不有、无处不在。大数据、用户画像、相关推荐等算法技术通过对海量数据的收集与处理，更好地把握了受众的个性化需求，使内容分发更为有的放矢，获得更佳的传播效果。

在内容消费环节，人们已形成多渠道、多平台、多场景和个性化消费方式，个体依据自身需求进行选择的能力不断增强。科技产品的多元化与普遍化使消费者获得信息变得十分便利，大多数生活场景中，消费者都可随时随地依据自身需求获得内容产品接收的渠道。例如，在汽车行驶的场景中，传统的内容产品消费方式是收听广播，而新技术使在车载屏幕上使用移动视频平台成为可能，车上人员可依据自己的爱好选择想观看的综艺、电视剧及电影等。人们消费内容的方式也变得更为多元，相关信息的获取、具体产品的接受、衍生品的消费等可以在不同的渠道、平台与场景中完成。技术也改变了人们的消费体验。随着 AR、VR、界面交互等技术的广泛应用，人们在观看影视、参观博物馆时能获得更好的互动感、沉浸感与体验感。

技术正在不断地应用与渗透于内容产业的生产、传播、消费等环节，使内容产业的业态产生深刻的变革，这成为内容产业发展不容忽视的趋势。

（二）内容开发重视文化价值与国际传播力

在国内，历经十多年的产业化发展，内容产业的产业化趋于成熟，经济规模可观。在此背景下，内容层面的文化价值承载功能被凸显出来。以腾讯集团从"泛娱乐"理念转向"新文创"为标志，重视文化价值承载功能正式成为内容产业发展中的共同标杆。内容产品的文化价值承载主要有两个方面，一是主流价值承载，二是民族文化承载。

首先，对内容的主流文化承载要求不断增强，主旋律作品创作近年来越发得到重视。主旋律电影、电视剧、舞台剧的创作在数量、质量和影响力上不断提高，在电影领域，主旋律电影在国庆档集中上映，往往能引发一波观影热潮，其中，2019 年国庆档开启的"国庆三部曲"① 等取得口碑和票房的双丰收。其次，强调对民族文化和精神的传承与发扬。发扬民族文化、打造中华文化符号、形成中国文化 IP，是近年来人们对内容产品的重要要求。"中华优秀传统文化创造性转化与创新性发展"等文化强国重要方针，已对内容产业领域产生了重要影响，河南卫视的"中国节日"系列综艺、《典籍里的中国》等优秀综艺节目体现了相关平台对民族文化的传承与发扬。

优质的内容产品承载民族文化价值及国家主流文化价值，是开展文化"走出去"和公共外交的重要抓手，对国家软实力有着深刻影响。一系列文件的出台体现了顶层设计层面鼓励文艺作品承载中华优秀传统文化并进行对外传播，例如号召提升版权国际话语权和影响力的《版权工作"十三五"规划》。2022 年商务部等 27 部门颁布的《关于推进对外文化贸易高质量发展的意见》强调要"着力加强顶层设计和统筹协调"，提出培育文化贸易竞争新优势，具体方式有"大力发展数字文化贸易""扩大出版物出口和版权贸易""鼓励优秀广播影视节目出口""支持扩大文艺精品出口""推动中华特色文化走出去""促进文化创意和设计服务出口"。在这些举措之中，体现中华优秀文化、打造具有国际影响力的中华文化符号、推进中国故事和中国声音的全球化表达是内容产品及其推广的关键点，是"贸易"之外对文化传播诉求的重要体现。

（三）运营模式注重用户参与和精细化市场

媒介技术的发展增强了消费者进行事务参与的便利性和话语权，从内容产业的企业方来讲，吸纳消费者参与到产业运营之中，既能有效提高消费者对产品的喜爱度和投入度，又能让消费者赋予产品更多的内容细节、创意价值与内涵意义。

---

① "国庆三部曲"指分别于 2019 年、2020 年和 2021 年国庆期间上映的电影《我和我的祖国》、《我和我的家乡》和《我和我的父辈》。

内容产业的传统生产消费模式是产品生产、媒介推广和消费者购买使用。这一单向消费链条难以形成深层化、连锁化的商业效应，富有个性和创意的消费者也难以发挥其主观能动性，其想法、建议甚至创意没得到充分激发，更遑论被内容产业所吸纳。

在新的技术条件和社会语境下，内容产业的重要发展方向是在其市场运营模式中高度吸纳消费者的参与。消费者的参与一方面实现了消费端的意见反馈，让生产端更为深入地了解消费群体的需求，另一方面将自身的创造能力充分激发，丰富了产品的细节与内涵，推动内容产品进一步向精品化发展。用户参与实现了文化产品的民众参与、民众投入与民众创造，促成内容产品的生产循环，有利于营造更为健康、坚实的内容产业生态。

消费市场的活力与新媒体技术的发展促成了消费者的个性化消费习惯。消费者已经不满足于从大规模量产的市场中挑选内容产品，而追求更符合自身个性化需求的产品。新媒体技术发展为消费者群体的分层、分群提供了技术基础，有着同样个性化兴趣爱好的消费者聚集在一起，形成了围绕某一特定产品的消费者社群。在这一背景之下，内容产业从海量生产模式向小众化精细化生产模式转型。

内容产业在 1.0 时代注重市场规模效应，运作过程中需要海量资源的支持，包括海量信息过滤、无差别市场全面推广等运作方式。流水线化的内容产品主要通过大规模生产与推广以满足消费者的基本娱乐休闲需求。在当前，消费者愿意为个性化的兴趣爱好投入更多的金钱与时间，并在消费过程中形成消费者社群，进一步增强了其对具体产品的黏性和消费力。

内容产业在 2.0 时代注重小众化、精细化市场，不仅在产品上重视小众市场的消费需求，更投入大量的资源用于产品后续的推广运营，以引导产品的深度化及延伸性消费。比如，在国风文化热中，国风音乐被爱好者社群所极力推崇，精细化内容产业针对这一小众市场的个性化消费需求，不仅生产及推销国风音乐，更为其创制者运营粉丝社群，从而引导消费者社群进行更加深度化的消费，吸纳更多消费者加入这一社群。影视品类则注重 IP 的打造，进一步强化对内容本身的深度挖掘和相关衍生品生产。在精细化市场的运营过程中，内容产业需深入把握消费者群体的消费心理与动向，投入大量资源开展后期运营。

（四）顶层设计推动力不断增强

文化是综合国力竞争的重要因素，是经济社会发展的重要支撑，强大的文化软实力是大国崛起的重要标志。党的十九届五中全会提出到 2035 年建成文化强国的远景目标。建设社会主义文化强国，提高国家文化软实力，关系"两个一百年"奋斗目标和中华民族伟大复兴中国梦的实现。内容产业建设是文化建设的重要环节，是国家软实力的重要构成，在国家文化战略中的地位得到充分的显现。

国家文化战略在顶层设计层面对内容产业的发展走向、发展重点、发展目标等做出更为精细的规划和指导，对内容产业的推动作用不断增强。其中，"政府引导、企业主体、市场运作"成为内容产业的重要顶层设计方针。而在文化产业的创新性发展上，"文化+科技""文化+旅游""文化+金融"等成为文化发展的重要方向。《文化和旅游部关于推动数字文化产业高质量发展的意见》《"十四五"文化和旅游科技创新规划》《关于促进旅游演艺发展的指导意见》等重要政策文件为产业发展提供了具体的实施方案。在内容产品的审美与价值特性上，顶层设计层面重点关注文艺作品加强主流文化承载、对中华优秀传统文化进行传承与发扬。在运营传播上，"中华文化走出去""提高国际传播力与影响力"成为对内容产业在运营推广环节的重要要求。

除以上重要发展趋势之外，内容产业在产业发展上也紧跟其他产业门类发展步伐，注重产业经济的规模化与集聚化，凸显金融资本的重要性。通过金融资本赋能进一步搭建更为完善的产业链，有助于形成规模化产业集群，在培养龙头企业的同时形成中小企业群聚状态，迅速聚集与完善产业要素，形成互利互惠的发展环境。互联网金融通过智能化和大数据技术持续重整内容产业融资链条，为产业发展提供推动力和变革力，进一步凸显金融资本在内容产业发展中的重要性①。

---

① 熊澄宇、孔少华：《数字内容产业的发展趋势与动力分析》，《全球传媒学刊》2015 年第 2 期。

随着文化软实力竞争日趋激烈，数字内容产业得到世界各国政府的充分重视与大力支持。各国根据各自独有的文化资源制定符合自身发展规律的战略规划，从政策等方面加大国家支持力度，推动内容产业的全方位发展。

三 内容产业的前沿领域

结合产业发展趋势与当下的市场需求，内容产业高质量发展的前沿领域与重点目标主要为：注重跨媒介运营，以区块链技术、流媒体技术、4K/8K 超高清技术、虚拟现实技术、5G 技术为内容产业"科技+"重点方向，以及紧密把握内容增值服务业务等重要产业增长点。

（一）跨媒介运营

同一内容的跨媒介运营在内容产业中已经有较长的发展历史，并已积淀大量的成功经验和运营模式。当前，跨媒介运营依旧备受追捧，作为内容产业发展前沿领域风头不减。跨媒介运营指的是同一内容元素，如故事、人物、场景、音乐等，被不同的媒介载体所呈现，各媒介载体发挥各自的优长，使内容元素既有同源性又能互相补充，以此给观众提供更丰富的体验。在旧好莱坞时代，美国的迪士尼就将其旗下的米老鼠、白雪公主等形象以动画片、玩具、书籍、唱片等形式进行衍生，在获取巨大经济利益的同时延续了内容元素的生命力。时至今日，《星球大战》、《黑客帝国》、"漫威宇宙"所形成的跨媒介运营方式，已经实现美国学者亨利·詹金斯所言的"跨媒介叙事"，"跨媒介叙事是这样一个过程：一个作品的整体元素系统性地分散于多元传播渠道，以创造统一而协调的娱乐体验。理想情况下，每种媒体都为故事的展开作出独有的贡献"[1]。日本动漫产业同样也以跨媒介运营的方式获取巨大的利润，其产业链条主要由漫画、动画、游戏和衍生品组成，带动了漫画工作社、出版社、电视台、游戏制作公司、玩具开

---

[1] Henry Jenkins，"Transmedia Storytelling 202：Further Reflection，" http://henryjenkins. org/blog/2011/08/defining_ transmedia_ further_ re. html.

发商等企业的发展①。在中国，IP 运营模式的兴起已有十几年，并已取得了突出的经济成效，在当前仍是被不断推进的内容运营模式，其内容生态通常覆盖了网络文学、图书出版、电影、电视剧、网剧、游戏、音乐和衍生品等各类内容形式。跨媒介运营使同一内容在多元渠道中获得丰厚收益，并带动产业向链条化集群化方向发展，是当下内容产业发展的重要前沿领域。

（二）"科技+"若干重点领域

在高科技渗入生活的方方面面，对各行各业产生重大影响的背景下，内容产业的"科技+"发展趋势不可避免。这对内容产业既是挑战，也是激活传统内容产业新动能的一个重要机遇。其中，区块链技术、流媒体技术、4K/8K 超高清技术、XR 虚拟现实技术、5G 技术是重要的"科技+"发展方向。

区块链技术近年来蓬勃发展，具有"无法篡改""可追溯""去中心化""加密传输"等机制，将其引入内容产业尤其是数字内容产业中，将在生产、分发、交易、数据归属权、社会信任等方面重建内容产业生态，引导内容产业走出"流量为王"的影响，重新回归"内容为王"的轨道。将区块链技术引入内容产业之中，还可解决数字服务商之间的协调问题、降低运维成本，这是未来数字内容生态价值链建设的重点方向②。

流媒体（Streaming Media）指的是在互联网中应用流式传输技术进行数据传输的连续时基媒体，是可以实现"边下载，边播放"的网络传输技术。在通信技术和宽带业务的助推下，这一技术近年来在电子游戏、视频、电影、音乐、直播、视频会议等领域迅速推广应用，成为内容产业的新增长点。在电子游戏行业，游戏的娱乐性和竞技性带来了观赏性，电子竞技更和其他体育赛事一样受到用户的追捧，录播游戏现场成为电子游戏行业的重要构成。电子游戏在初始阶段主要通过电视转播和视频网站点播的形式进行播放，但两者的滞后性和单调性难以满足用户的需求。当前，电子竞

---

① 杨慧童：《日本内容产业发展研究》，硕士学位论文，吉林大学，2020，第 30 页。
② 周广猛等：《基于区块链的数字内容生态价值链构建》，《中国科学：信息科学》2021 年第 9 期。

技迅速流行，甚至成为公认的体育项目，为满足用户们的需求，同时凸显电子竞技的体育竞技性，对比赛实况的直播成为必要环节。近十年来，流媒体技术成为游戏直播领域的重要推力，在国家政策和商业资本的共同推动下，斗鱼 TV、战旗 TV 与虎牙 TV 等国内游戏直播平台满足了公众的游戏直播需求，也推动了电子游戏的衍生链条发展。在电影领域，以美国电影业为首的国际电影产业正在从传统院线向流媒体平台转型，一方面缩短甚至取消了电影窗口期，以影院和流媒体平台联播的方式进行电影展映；另一方面影业公司的原创团队开始针对流媒体平台进行专门的创作，推出跨媒介叙事产品。在网络视频领域，深耕视频流媒体产业的国家已发展出较为成熟的产业形态，比如，日本流媒体产业呈现"横向领域多样化、纵向领域精细化、整体样态多元化"等特征[①]。在音乐领域，以腾讯音乐、网易云音乐为代表的中国音乐流媒体平台展现了广阔的市场发展空间和巨大的产业发展规模，当前正推进平台的多元化发展和产业链延伸[②]。

超高清技术将有效地增强受众的沉浸式视听体验，是内容产业发展的一大重点方向，将重点应用于电视电影领域。与超高清技术相关的指标有分辨率、帧率、动态范围、色域、立体声等，当前该技术领域追求的技术标准是以 4K/8K 高分辨率、60/120fps 高帧率、HDR 高动态范围、广色域及三维声的高格式视听内容打造沉浸式视听效果，有效地增强受众观看影视的体验。随着 4K/8K 超高清电视节目拍摄与制作技术、4K/8K 超高清电视节目检测技术、超高清电视台内节目交换与传输技术、HDR（高动态光照渲染）技术和 3D Audio（三维音效）技术的出现与推广，超高清技术将广泛应用于影视领域，形成新的内容产业增长点。与此相应的电影、电视剧、纪录片等的制作也将成为内容产业发展的重要方向。

VR/AR/MR（虚拟现实/增强现实/混合现实）依托计算机图形学、仿真技术、多媒体技术、人工智能技术等高新科技的发展，当前已经较为广泛地应用于博物馆、游戏、电视综艺等场景中，塑造了内容产业新的业态，

---

① 王玉辉、龚金浪：《日本视频流媒体产业发展现状研究》，《当代电影》2022 年第 1 期。

② 王昕野：《"流媒体+音乐"平台的发展趋势浅析》，《出版广角》2021 年第 14 期。

为受众提供了全新的感受。购物、直播、游乐园、电影、教育、社交媒体等领域也在积极探索如何将这些技术加以应用，为消费者提供更好的体验和服务。

内容产业与"5G+"的结合是各地的重点发展方向。随着完备的5G网络的全面建成，4K/8K技术的广泛推广应用将得以实现，"5G+4K/8K"甚至5G背景下的"元宇宙"技术推广应用未来可期。

（三）内容增值服务业务

中国的内容增值业务发展势头强劲，已成为全球视域内内容产业运营一股不容小觑的力量。在中国，内容增值业务主要由互联网企业推动，一方面，中国互联网企业利用其广泛的应用基础、成熟的技术和雄厚的资本支撑起内容增值业务的发展；另一方面，内容增值业务发展的东风助推以腾讯集团为代表的中国互联网企业在全球市值排名中名列前茅。腾讯的内容增值业务主要包含腾讯游戏、腾讯视频、QQ音乐等数字内容业务，以及微信、QQ等社交网络业务，这些业务有广泛的受众基础并为其带来了大量的收益，在其助力之下，腾讯集团一度超越Facebook成为全球市值排名第五的公司之一[①]。在新闻出版行业，围绕内容资源进行整理再造、提升内容价值，进行受众开发、品牌开发，推行精准的付费服务，实现内容增值，也是当前重要的运营发展趋势。在内容产业链条中，中国的内容开发制造环节相对薄弱，需要长期的持续积累与努力，相比之下，内容增值服务环节的技术支撑、运营模式和受众基础都较为成熟，是推进内容产业快速获得规模化效益的重要途径。

第二节　内容产业的经验扬弃

内容产业在世界范围内有着较长的发展历史，时至今日已积淀了丰富的实践经验。不同国家内容产业发展的侧重点、政策和优势各有不同，美

---

① 李然忠：《中美内容产业最新发展状况的观察及思考》，《福建论坛》（人文社会科学版）2018年第10期。

国、英国、日本、韩国与印度等国家皆有值得借鉴的经验。在长期的探索实践中，内容产业在影视、演艺、动漫、文旅等方面也形成了一些经典的发展模式。总结这些经验和模式，可为广东省做大做强内容产业，以及其他行业的高质量发展提供启示。

一　主要国家内容产业发展概况与重要政策

在内容产业发展史上，欧美、日韩等国家和地区都有着令人瞩目的成就，在不同的领域中成功开拓出富有特色的发展路径。归纳与分析内容产业优势国家如美国、英国、日本、韩国和印度的发展简史、重要政策与发展态势，可让我们对世界范围内的内容产业发展的时代背景、政策支持等有较为清晰的认识，对内容产业的总体发展态势有进一步的把握。

（一）美国内容产业发展概况与重要政策

1. 发展简史

技术的发展促成了美国内容产业的起步，美国在 19 世纪就对电报等当时的新兴技术有着较为广泛的应用，至 20 世纪初，美国的广播、电影、新闻等行业开始了蓬勃发展。概括而言，美国的内容产业发展简史可以分为四个阶段。20 世纪 20 年代至二战前为初步发展阶段。这一阶段，随着无线电等技术的发展，电报、电台、电视等进入人们的日常生活，而镍币影院的低廉票价经营模式的出现，使电影迅速成为风靡美国的一种娱乐方式，十年间即有两万多家电影院建立。第二阶段为二战后至冷战结束，可称为多元发展阶段。这一阶段，随着技术发展和国内国际形势的变化，美国的内容产业版图被重新"修订"，"除了传统的电子传媒业和娱乐业外，印刷和出版业、旅行与旅游产业也被纳入文化产业发展战略规划当中"[①]。冷战结束之后，美国内容产业进入第三发展阶段，这一阶段的到来也深受新兴技术的影响，以互联网技术为依托的各项高新科技大举渗透到内容产业之中，改变了不同行业的内容产品形态和制作经营模式。进入 21 世纪之后，美国的内容产业进入了集群化发展阶段。

---

① 杨明辉：《美国文化产业与对外文化战略》，《世界经济与政治论坛》2006 年第 5 期。

2. 重要政策

美国对内容产业发挥重大影响的政策主要体现在宏观政策层面。首先，美国二战后开始拟定全球战略，将国家文化发展战略作为国家安全战略的核心组成部分，以此向世界推广美式民主制度、价值观念及生活方式。因此，发展文化产业被提升到在世界范围内掌握新型战略资源、抢夺全球文化主导权的地位①，这是美国发展内容产业更为重要的一个原因。这一国家文化发展战略也为其他国家所重视和借鉴。其次，在国家文化战略的支撑下，利用自由贸易在世界范围内抢夺文化市场，实现"文化扩张战略"。抢夺世界文化市场的方式主要有以下几种：第一，文化外交，在国内成立国务院文化关系处和新闻署，在其他国家设立宣扬美国内容产品的图书馆和文化中心；第二，占据全球文化贸易的主导地位，向其他国家尤其是发展中国家大量输出电影、电视剧、音像制品、书籍、电脑软件等；第三，确立文艺审美标准和技术标准的核心地位，将"美国口味""美国标准"包装为普适的审美、价值与标准。

在宏观战略之外，美国在内部注重从法律和资金两方面对内容产业进行支持。首先，积极进行立法加强内容产品版权保护。美国在1790年即出台《版权法》，后来又有《商标法》《专利法》等构成系统的知识产权保护法律体系。除了在本土实行版权保护，美国针对国际化版权保护和数字化版权保护也较早而全面地制定了相关法律。其次，从鼓励投资和资金资助等方面扶持内容产业发展，主要以税收优惠、限制进口、设立艺术基金等方式进行。最后，在全球范围内利用自身的政治经济优势，迫使其他国家在文化贸易上提供对美国内容产品输出有利的政策。

3. 发展态势

近年来，美国内容产业发生了激烈的变革，标志性的现象主要为好莱坞新格局的形成、新兴业态崛起和传统内容产业谋求转型②。

---

① 吴德金：《美国文化产业发展研究》，博士学位论文，吉林大学，2015，第48页。
② 李然忠：《中美内容产业最新发展状况的观察及思考》，《福建论坛》（人文社会科学版）2018年第10期。

好莱坞的垄断性企业集群几经布局，从黄金时代（1930～1948 年）的八大公司（派拉蒙、米高梅、雷电华、华纳兄弟、20 世纪福克斯、环球、哥伦比亚、联美）到 21 世纪的六大公司（华特迪士尼公司、华纳兄弟影视娱乐公司、20 世纪福克斯电影公司、NBC 环球公司、派拉蒙电影公司和索尼影视娱乐有限公司），近年来，这些公司又在激烈的商业竞争中不断发生收购重组。2019 年，迪士尼收购了 21 世纪福克斯公司（20 世纪福克斯电影公司为其子公司），变成了五大公司的格局。2021 年，受疫情影响，全球电影票房营收下跌严重，其中，派拉蒙电影公司票房远不及其他四大公司。另外，网飞（Netflix）进军电影行业，于 2019 年初正式被美国电影协会（MAPP）接纳为会员，其出品的《无境之兽》《玉子》《巴斯特民谣》《罗马》等影片频频获得国际各大奖项，网飞依托强大的资金实力和网络视频媒体上的优势，已成为大众公认的第六大公司，好莱坞"新六大"公司的格局形成。

新兴业态尤其是流媒体的崛起对美国内容产业造成冲击，网飞公司的崛起是最令人瞩目的现象。网飞在转型网络视频媒体公司短短十几年间，市值便于 2018 年超越了迪士尼集团，成为世界上资产规模最大的媒体公司。网飞拥有大量的订阅用户，其运营模式可以概括为巨额投入优质原创内容、用户按月付费模式和大数据算法运营。在流媒体技术兴起并对内容产业形成巨大的冲击和变革的背景下，网飞、Hulu（美国第二大流媒体服务商）与亚马逊等在网络视频媒体经营多年的企业占据了先机。根据市场调研公司尼尔森的数据，2022 年 7 月，美国流媒体收视率首次超过了有线电视。

在新兴业态和媒体企业的冲击下，美国传统内容产业公司纷纷寻求转型。迪士尼集团于 2019 年收购了 21 世纪福克斯公司，将其旗下的影业、电视、电视网等部门收入麾下，而福克斯旗下的 Hulu 最为迪士尼所看重。迪士尼在自身强大的电视网和电视制作能力基础上叠加福克斯集团的电视网和电视制作能力，成为好莱坞实力最为强大的电视制作与传播力量。在注重电视制作与传播的同时，对流媒体业务与市场的争夺也是迪士尼发力之处。此外，华纳兄弟探索公司（Warner Bros. Discovery）的 HBO Max 流媒体服务、NBC 环球公司的 Peacock（孔雀）流媒体服务被相继推出，索尼集团则收购了流媒体服务商 Funimation 和 Crunchyroll。传统媒体行业巨头纷纷以各自的方式应对新媒体技术带来的挑战。

（二）英国内容产业发展概况与重要政策

1. 发展简史

在英国，与内容生产运营相关的产业被称为创意经济（creative economy），2001 年出台的《英国创意产业专题报告》又提及"文化创意产业"（culture and creative industry）这一概念。这一提法突出了"创意""创新"在内容生产链条中的重要性。21 世纪初，随着生产力快速发展，人们的消费能力迅速提升，娱乐消费需求急剧膨胀，互联网的发展给人们的消费提供了诸多的便利，媒介技术的发展、基础设施的完善等推动着创意经济快速变革转型。在这一背景下，英国政府高度重视文化创意产业。1994 年，英国首相布莱尔提出"新英国"计划，启动了英国文化发展战略。此后，英国文化创意产业取得丰硕成果，出版业、广播与电视业、电影和录像业、设计业、音乐产业等成为支柱性产业，连续多年在产值和就业岗位提供上为英国经济做出重大贡献。

2. 重要政策

英国政府是较早将文化创意产业发展列入国家战略规划的国家之一，为推动文化创意产业的发展，采取了设置专门机构、出台专门文件、拓展融资渠道、设立核心区域等措施。英国为发展文化创意产业所设置的专门性机构有数字、文化、媒体和体育部，"创意产业特别工作小组"，创意产业输出推广顾问团等，这些机构起到协调政府各部门和社会力量、提出重要建议与出台重要条例、协助相关企业获得资助优惠、定期发布研究分析性文件、助推文化创意产品对外输出等作用。另外，数字、文化、媒体和体育部推出的重要报告有《英国创意产业经济价值评估报告》《创意英国报告》等；英国创意产业特别工作小组由布莱尔政府所组建，其发布的研究报告有《英国文化创意产业路径文件》，以上这些报告为政府及时修订完善指导性及支撑性政策、企业的发展规划调整等起到重要作用。创意产业输出推广顾问团则为英国文化创意产品的全球性推广而成立，通过考察研究产品出口具体情况，推出相应的研究报告，提出对有关部门和企业有效的对策建议。

英国也为各创意行业的发展提供了多种渠道的资金来源。英国是最早成立艺术资助机构的国家，20世纪40年代便建立了音乐美术发展协会（CEMA），此后更名为英国艺术协会（Art Council of Great Britain）。自此，英国政府便通过各类艺术资助机构对美术、音乐、博物馆、图书馆等进行资助。20世纪末，英国开始鼓励艺术文化机构自行寻找资金，并倡导各类企业对文化创意领域进行投资。自此，艺术资助机构、各类企业和各行业基金会成了英国文化创意产业的资金来源，有力支撑了产业的运行发展。

英国还注重以核心区域带动周边区域，形成了文化创意产业城市群的发展模式。2000年，伦敦市政府在英国政府《创造机会——英格兰地方政府制定区域文化发展政策战略指南》的鼓励下，提出"伦敦计划"，旨在将伦敦发展成为文化创意产业高度发达的全球型都市（World City）。2002年，伦敦创意产业市长委员会提出"创意伦敦"计划并于2004年启动。在一系列举措下，伦敦已成为英国乃至全球的创意产业中心，创意经济在伦敦各大经济门类中跃升到第二位。大量的文化类企业在伦敦注资成立或实体化聚集，大量的创意人才汇聚于此，音乐、电视、电影、广告、时尚等门类在伦敦迅速发展，为英国创造了大量的就业岗位和经济效益。

除此之外，英国还以加强国际交流合作、运用经济调节手段、制定并完善法律法规、支持基础研究等举措促进文化创意产业的发展①。

（三）日本内容产业发展概况与重要政策

1. 发展简史

日本内容产业自二战结束之后开启了分行业的多元化发展，至21世纪初已显示出规模化发展效应，并成为国民经济中重要的支柱性产业。日本

---

① 邹丹琦：《当代英国文化创意产业的发展（1990—2013）》，硕士学位论文，湖南科技大学，2015。

内容产业发展可大概分为三个阶段①。第一阶段为二战结束之后到 20 世纪 90 年代。这一时期，日本音乐产业开始向多元化和国际化路线发展，走上了产业化道路，电影产业逐渐复苏，动画产业更是于 70 年代后涌现大量的巨作。1956 年《新潮周刊》的发行标志着日本出版业出现新起点，1980 年任天堂第一款 Game & Watch 问世则标志着日本游戏及其装备产业开始进入黄金时代。音乐、电影、动画、出版、游戏等各个行业在这一阶段独立发展，逐渐走向世界内容产业的主流。第二阶段为 20 世纪 90 年代至 21 世纪初。日本在这一阶段逐渐明确了内容产业的发展方向，于 21 世纪初提出振兴艺术、文化立国等方针战略，确定了内容产业的概念及其分类。2003 年，日本成立内容产业全球策略委员会。2004 年，日本国会通过了《关于促进内容产品的创造、保护及其应用的法律》（以下简称《内容促进法》），该法成为发展内容产业的根本法律依据，内容产业被认定为七大先进的新兴战略产业之一。这一阶段日本确定了内容产业的发展方向，为内容产业发展提供了政策支持。第三阶段为 21 世纪初至今，这一阶段日本将内容技术纳入重点发展领域，内容产业规模迅速扩大，产值急剧增长。

2. 重要政策

日本在文化内容上的几个重要政策主要是文化立国、知识产权立国和全球化战略。1996 年，日本政府提出《21 世纪文化立国方案》，确立了文化立国战略。2002~2003 年，日本相继出台《知识产权战略大纲》《知识产权基本法》《知识产权战略推进计划》，开始实施知识产权立国战略。2007 年，经济产业省成立内容产业全球化战略研究会，提出内容产业全球化战略，主要举措为加强与对象国交流合作，促进内容产品在对象国的本土化，培养全球化制作团队。

同时，日本在内容产业方面也注重完善法律法规、加大资金扶持力度，并鼓励其对外发展。除了重视知识产权，日本于 2001 年出台《文化艺术振兴基本法》，从宏观上确立了文化艺术的推进方向和支撑举措；2004 年出台《内容促进法》，对内容产品促进的基本理念、振兴内容产业的基本方法以

---

① 杨慧童：《日本内容产业发展研究》，硕士学位论文，吉林大学，2020。

及各大部门相应配套的支持措施等进行了说明与要求。这些针对内容产业的法律法规一方面对内容产业具体的发展板块进行了规划，另一方面对内容产业具体的发展路径进行了方向性的引领。日本文化厅等政府机构则从多种途径为文化艺术的发展提供资金支持，一是设立专门的资金用以支持人才培养与发展，二是以设立艺术节的方式评选出优秀的作品，并帮助这些作品进行海外巡演或展览，三是每年在相关领域评选出优秀作品进行直接的资金支持，如在电影、动漫领域评选"国家支援作品"。日本对内容产业的海外拓展工作也十分重视，企业方寻求内容产品的海外营销渠道以获得更多利润，政府方面则希望通过全球推广进行国家形象、民族文化等宣传。因此，从打击盗版、放松审批、引进人才，到设立"文化无偿援助专项基金"购买影视版权提供给其他国家免费放映，再到在国际交流场合中寻求内容产品对外输出的平台，日本政府以多项措施推进内容产品在全球视域中的流通以及影响力的扩大。

3. 发展态势

当前，日本内容产业发展受到少子化、老龄化，以及产业空洞化的挑战，在国际化进程中，也出现了跨文化传播所带来的挑战。面对这些挑战，日本内容产业的主要发展举措为利用关联产业优势实现跨界融合、注重融合科技、促进数字化发展，并以多重措施应对全球文化市场的激烈竞争。内容产业的跨界融合，主要是游戏、电影、动漫、音乐等关联性较强的产业之间对同一内容元素的跨媒介转化与销售推广，这一方式深挖了优质内容的传播潜力，又以多行业企业合作的方式形成合力，有利于产品的深度推广，降低了投资上的风险。注重融合科技是当前全球内容产业的主要发展趋势，日本内容产业也同样抓住这一契机，推动数字化发展，对传统内容产业进行数字化转型，利用数字化在制作、传播、增值服务上的优势，形成新的赢利模式。

（四）韩国内容产业发展概况与重要政策

1. 发展简史

韩国于1998年正式提出"文化立国"方针，内容产业被确立为新经济发展的重点，希望以此调整产业结构，应对由亚洲金融危机带来的经济危机①。韩国还独创"文化科技"（CT）这一名词以强调文化产业对科技的吸纳作用，并将其列入国家"六大战略性产业"和十大增长动力产业。此后，在由政府推出的系列政策法规的支持下，韩国文化产业快速发展，在重振韩国经济中起到支柱性产业的作用。电影、电视剧、音乐、动漫、游戏成为韩国内容产业的重点行业，在韩国国际市场推进战略的帮助下，迅速在亚洲乃至欧美地区刮起了一股"韩流"，带动了旅游、时尚、日用品、玩具等行业的迅猛发展。

2. 重要政策

在金大中时期，韩国在短短几年内推出《文化产业基本法》《文化产业发展5年计划》《文化产业发展推进计划》《内容产业振兴法》，确立了内容产业发展的法律基础与基本发展框架，此后卢武铉、李明博、朴槿惠都在当政韩国期间进一步完善内容产业的发展蓝图，完善相关的政策法规。这些政策法规主要包括五方面内容：一是完善组织管理和法律法规；二是从财政、融资等多渠道增加对内容产业发展的经费支持；三是通过专业院校、网络培训、国际交流等方式培养专业人才；四是以打造国际品牌、摸清各国市场、展开国际合作、进行资金支持等方式积极开拓国际市场；五是建设园区、基地，优化资源配套与产业布局，形成规模化、集约化发展的生产经营体系②。

韩国由文化体育观光部主管内容产业，确立了以文化内容振兴院为中心的内容产业管理促进机构，并在日本、美国、欧洲和中国等国家和地区设立了文化内容振兴院海外办事处。文化内容振兴院的主要职能在于服务内容产业的制作、流通与海外输出，如推进下一代内容开发，各领域的基础设施扩充，专业人才培养，高附加值文化商品开发及著作权政策综合规划和保护等③。与此同时，韩国内容产业的其他相关行政机构，也以政府主

---

① 孙梨梨等：《韩国文化内容产业的发展及其对中国的启示》，《西南民族大学学报》（人文社科版）2016年第2期。

② 张胜冰等：《世界文化产业导论》，北京大学出版社，2014，第218~246页。

③ 孙梨梨等：《韩国文化内容产业的发展及其对中国的启示》，《西南民族大学学报》（人文社科版）2016年第2期。

导的方式，协调推进韩国内容产业的发展。

韩国的内容产业政策中最值得称道的是其对海外市场的重视与拓展。由于本土市场规模小，韩国将海外市场拓展视为内容产业可持续发展的关键，奉行"出口第一"的原则。在出口导向的发展战略主导下，韩国企业与政府机构细分目标市场，积极对国际市场进行调研，构建国际营销网络，依据海外市场需求来生产产品。韩国政府从产品设计、筛选、推广等方面进行了大力度的资金支持①。

二　内容产业发展的经典模式分析

（一）影视业发展：好莱坞模式

好莱坞（Hollywood）位于美国洛杉矶市西北部郊区，是全球电影、音乐、时尚等产业的中心地带，"好莱坞"一词经常用以指代美国的电影工业。自 20 世纪初设立第一家影业公司以来，好莱坞在一百余年的发展历程中已成为全球电影产业中心，形成了成熟的运作模式。好莱坞影业模式可以概括为大制片厂制度、类型化创作模式与高概念电影制作方式。

大制片厂制度由美国喜剧演员和制片人麦克·赛特纳开创，在发展过程中逐渐形成鲜明的特点，该制度以垄断性的大企业为主导，采用工业流水线的制作方式，以制片人为中心，同时实行明星制度②。一是垄断性企业集群，从黄金时代（1930~1948 年）的八大公司到 21 世纪后的六大公司③，近年来，这些公司又在激烈的商业竞争中不断发生收购重组。这些公司规模巨大、资金雄厚、设备齐全、人才济济，在全球电影业中具有重要的影响力。二是工业流水线式的制作方式。好莱坞电影生产分工精细明确，在编剧、导演、演员等人员分配上强调各司其职，在摄影、录音、道具、化妆、服装、剪辑等方面进行细致的分工；同时强调群策群力，一道工序通常由多人完成，比如剧本通常由团队创作，之后又经过多人修改。这种方

---

① 张志宇等：《韩国文化产业的出口振兴政策和韩国文化产业的发展》，《当代韩国》2016 年第 1 期。
② 王宜文：《世界电影艺术发展史教程》，北京师范大学出版社，2004，第 202~207 页。
③ 陈焱：《好莱坞模式：美国电影产业研究》，北京联合出版公司，2016。

式虽然是产品质量的强有力保证，但也容易扼杀个人风格和才华的发挥，造成创新性缺乏的局面。三是以制片人为中心的生产体制。虽然好莱坞制片人多具有艺术品位，但其更重要的身份是商人，有敏锐的商业头脑和市场眼光，在题材选择、资金筹措、生产流程统筹与监管中起到巨大作用。在对应产品的工业化生产过程中，制片人更需在精细分工中协调各个环节，相比导演起到更为重要的作用。四是明星制度。通过挖掘、设计和宣传，将具有潜质的演员打造为明星，为电影票房增添了巨大的号召力。

好莱坞电影采用类型化创作模式，其生产的电影通常具有可清晰辨认的风格和形式。好莱坞是类型片创作模式的缔造者，在其类型创作理念的主导之下，至今已经有歌舞片、西部片、喜剧片、黑帮片、科幻片等重要片种在这里发展成熟并影响了世界各国的电影产业。类型电影具有鲜明的特点，首先，在视觉上具有可清晰辨认的符号系统，比如西部片中广袤的荒原和孤立的村镇；其次，公式化的情节，比如科幻片中通常以城市出现外来威胁为开端，最终以人类通过科技和信念上的努力将威胁解除为结尾；最后，定型化的人物，比如西部片中除暴安良又孑然一身的牛仔，科幻片中野心太大导致形势失控的科学家等。类型电影是对艺术产品进行标准化制作的典范，成功的类型电影往往拥有一批忠实的受众，既使电影创作乃至营销推广有规律可循，也为票房和投资回报提供了保证。但类型化创作模式发展到一定程度，会存在创新不足的问题。当前，很多影片都在已有类型片的基础上寻求突破，在吸纳已有类型电影成熟的程式规范基础上，赋予影片以新的亮点与内涵。

"高概念"电影是好莱坞最主要的市场化运作方式，其基本的特点是形式上追求简洁明了、内容上强调原创时尚、风格上追求"视觉溢出"及放大"明星效应"，以大投入、大营销的方式追求最大的票房效益[①]。"高概念"电影的基本构成有视觉形象、明星、音乐、角色和风格类型等。其在视觉上追求极度唯美的画面，以明星阵容吸引观众并给予影片质量保证；在电影音乐方面则追求独立性并与影片营销互相促进；在角色上倾向于类型化塑造并与明星形象设定紧密结合；在风格类型方面则在可识别的电影

---

① 邱章红：《高概念电影：形式、风格与市场》，《电影艺术》2011 年第 4 期。

类型上追求多种风格的糅合。"高概念"电影从 20 世纪七八十年代开始成为好莱坞电影工业的主流，推动美国电影工业进入"大片时代"，推进影片从"捆绑发行"进入"单元包装发行"，实行生产、发行与院线分离，单部影片独立承担发行、市场推广工作。正是这种大投入、大制作、大营销方式使"高概念电影"面临更大数额的资金需求和更有效的分散风险需求，如此，好莱坞不得不在全球范围内寻求资金与合作，形成全球化的影视制作方式，同时也促进了好莱坞电影快速占领全球市场。

（二）演艺业发展：百老汇模式

百老汇（Broadway）是美国纽约曼哈顿区的一条长街，以街道两旁及附近云集的豪华剧院而著名，素有"伟大的白色大道"之称①。百老汇自19 世纪初便已是美国的戏剧艺术活动中心，历经两百多年的发展，已形成成熟的运营模式，成为全球演艺业发展的一个标杆。概括而言，百老汇演艺业的发展模式主要有三个方面，一是层级化的演出规模设置，二是完整的产业链条运营和良好的运作生态，三是形成可供复制的作品创作模式。

百老汇的演艺结构具有层级化特征，可分为"内百老汇"、"外百老汇"（Off-Broadway）、"外外百老汇"（Off-Off-Broadway）。"内百老汇"主要上演传统的经典音乐剧和戏剧，规模较大、收费较高、专业性强，是百老汇演艺结构的核心层。"外百老汇"主要上演一些小规模、低成本、低票价的剧目，这些剧目通常是非营利性的，具有先锋性和实验性，在收获成功后则可成为"内百老汇"剧目。"外外百老汇"的剧目门票价格则较之"外百老汇"更为低廉，经营理念上较排斥商业化，表演风格也更为前卫，通常由非专业演员进行演出，受到年轻观众的喜爱。

在产业模式上，百老汇产业链条完整，运作生态良好。百老汇的产业结构由剧院、艺术演出团体、配套企业或服务公司、经纪公司和咨询公司、后勤保障服务和行业组织机构组成，具有成熟的市场开发和商业运作模

---

① 黄河清：《美国百老汇运作模式及其启示》，硕士学位论文，中南大学，2011，第 10 页。

式①。剧院作为产业主体，在百老汇大街集中分布，形成产业经济规模化与聚集化效应。艺术演出团体的演员既有本地演出机构的固定人员，也有从世界各地聚集于此的人员。配套的企业一方面是在设备、道具等方面提供服务，另一方面是生产各类影像制品、纪念品等。此外，经纪、咨询、后勤等环节为演出的宣传、法务、资金、安保、餐饮等提供配套服务，行业协会则开展协调工作。外部环境为百老汇的产业链拓展提供了可能，纽约作为热门旅游目的地吸引了大量的剧迷和游客聚集于百老汇。人们在观看演出的同时，所进行的餐饮、住宿、休闲旅游等消费为百老汇乃至纽约带来了巨大的收益，成为演艺业相关产业商业效应的标杆。

百老汇在演艺上秉持多样化理念，不拘一格，善于依据时代形势的发展调整自身的创作模式。在近十几年来现代音乐剧的发展探索中，百老汇形成了较为固定的创作模式，以改编、复排经典歌剧及创新以往成功剧目、改编好莱坞成功影片等为主要代表②。

（三）动漫衍生与主题乐园发展：迪士尼模式

华特迪士尼公司是美国娱乐业的龙头企业，在全球范围内具有不可忽视的影响力，旗下有迪士尼、娱乐与体育节目电视网、皮克斯、漫威、卢卡斯和 ABC 等品牌。迪士尼的主营业务有影视业、媒体与网络、主题公园和休闲娱乐、零售业四大部分，可划分为广播电视传媒集团、主题公园及度假村、电影电视娱乐集团、消费者产品部和互动媒体部五大业务部门③。在迪士尼诸多品牌与业务中，动画及其衍生品是最为世人所熟知的迪士尼标签，本章的"迪士尼模式"主要指动画片、动画衍生品与主题公园所形成的"文化+旅游"模式。

迪士尼动画通过销售衍生品、开设俱乐部等方式，在实现业务多样化的同时形成了多元产品之间的互相支持。迪士尼动画是华特迪士尼公司起步阶段的主营业务，迪士尼自 20 世纪二三十年代便有爱丽丝、米老鼠、唐

---

① 张胜冰等：《世界文化产业导论》，北京大学出版社，2014，第67~72页。
② 杨志伟：《多元文化背景下美国百老汇的发展探析》，《艺术评鉴》2020年第22期。
③ 陈焱：《好莱坞模式：美国电影产业研究》，北京联合出版公司，2016，第15~36页。

老鸭、白雪公主等经典动画形象的出现。也是在这个阶段，迪士尼便已开始衍生品的生产和营销，遍及玩具、钟表、服装、食品、书籍、唱片等多个种类。同时，迪士尼在世界各地组建米老鼠俱乐部，于1932年成员数量便已达百万之众，有力推进了迪士尼动画和商品的营销①。当前，迪士尼消费产品部通过版权授权、全球出版的方式收取版税，在全球推广营销迪士尼产品。此外，迪士尼在全球各地开设的专卖店有300多家，让人们更好地实地体验迪士尼文化，实现对品牌的情感投入，同时通过交叉推广运营，不仅售卖专卖店里的迪士尼衍生品，更带动人们进行更多迪士尼影视乃至主题乐园的消费。"影视+衍生品"模式至今为诸多影视生产商所借鉴，但迪士尼在IP形象经营、衍生品设计、文化内涵挖掘、文化品牌建设上的成功范例仍为大多数影视企业所难企及。

迪士尼最具创造性的是基于动画片元素所进行的大型主题公园建设。继1955年在美国洛杉矶建造的迪士尼乐园和1971年在总部奥兰多建造的迪士尼世界，迪士尼将主题公园建造的模式推广至全球，分别于1983年、1992年、2003年和2016年于日本东京、法国巴黎、中国香港和上海建成了四个大型主题公园。

"影视+衍生品+主题乐园"模式为地方旅游经济带来了巨大的推动作用，提供了大量的就业岗位。仅2010年，香港迪士尼乐园的收入就超过30亿港元，客流量达到520万人次②。上海迪士尼乐园则在2021年开业五周年之际对外公布，园区五年内累计客流量8300万人次，旅游收入超400亿元，实现税收约26亿元，创造直接就业岗位1.5万个③。

概括而言，迪士尼从影视动漫到衍生品乃至主题乐园模式的成功，是四个方面共同作用下的结果。首先，成功的品牌建设。迪士尼擅长创作并持续维护品牌形象，不仅是米老鼠、白雪公主等经典形象，还有近年来出现在观众视野内的"艾莎""拉雅"等公主形象。通过精美而富有特色的造

---

① 珍妮特·瓦斯科：《理解迪士尼梦工厂》，杨席珍译，中国传媒大学出版社，2015。
② 张胜冰等：《世界文化产业导论》，北京大学出版社，2014，第74页。
③ 《这五年，上海对外经贸：更开放、更便捷、更坚韧！》，国际金融报百度百家号，2022年6月24日，https://baijiahao.baidu.com/s? id=1736524412067225921&wfr=spider&for=pc。

型设计、切合主流又较为前卫的人物性格塑造等手段，这些屏幕形象迅速获得了观众的喜爱。其次，持续的 IP 经营。针对同一 IP，迪士尼通常会推出系列作品持续推广人物形象，巩固其在观众心中的印象和喜爱度。例如"花木兰"除了两部动画片，还有《花木兰》这一真人电影产品。最后，优质的动漫、影视产品带动了衍生品的生产与推广，巩固并扩大了品牌的影响力。此外，正面的价值输出、温暖的情感表达、富有特色的人物形象等，使受众在迪士尼品牌上倾注的情感得以持续。这不仅推动了影视动漫衍生品的生产销售，更使主题乐园在世界各地广受欢迎。

（四）全产业链发展：IP 泛娱乐模式

IP 泛娱乐模式主要指中国文化产业自 2011 年开始推行的一种内容产品运作模式。2016 年，时任腾讯副总裁的程武指出："泛娱乐，指的是基于互联网与移动互联网的多领域共生，打造明星 IP 的粉丝经济，其核心是 IP，可以是一个故事、一个角色或者其他任何大量用户喜爱的事物。"围绕 IP 进行内容产品衍生开发的模式实际上早已存在，比如，好莱坞的特许经营（franchise）指的就是媒介工业中版权的转移和依据原作所进行的再创作。而中国的 IP 泛娱乐模式在理念提出、发展过程中逐渐形成了自身的特色，成为内容产业全产业链发展的经典运作模式。

IP 泛娱乐模式以"同一明星 IP、多种文化创意产品体验"为核心理念，打通游戏、文学、动漫、影视、戏剧等门类，注重从互联网生态中滋养"网生代 IP"，侧重体验与互动，并有效地利用粉丝经济激发产业效应。"IP"通常具有以下特征：原作品具有较高的知名度，后续的衍生产品得以借助于此完成前期宣传，一经推广营销便获取较大的关注度；原创意是已然获得受众市场检验的叙事作品或人物形象，为衍生产品提供一层质量保障；原作品已拥有大规模的粉丝群体，保证了衍生品能成功触发粉丝经济，形成市场规模效应。

IP 产业运营理念在中国产业界的发展历史可以粗略地划分为三个阶段：第一阶段专注于创意内容资源的积累及影视游戏转化；第二阶段专注于同一创意内容的全产业链运营；第三阶段则专注于与创意内容相关的故事宇宙扩

展及多 IP 联合开发。第一阶段大量地开发 IP 和较为低质量地进行产品衍生。第二阶段的 IP 开发模式已经较为成熟,开始注重 IP 的产品质量,进行优质产品在文学、影视、动漫、游戏等领域的跨媒介转化,在深度挖掘的基础上,以不同媒介形式给观众提供同一产品的多元体验。第三阶段是多 IP 联合开发阶段,一种形式是从原创文学阶段开启"故事宇宙"模式,例如《鬼吹灯》的作者天下霸唱的地底系列、天坑系列、四神斗三妖系列故事,试图将"江湖奇人"故事编织为类似于"漫威英雄"那样的故事宇宙,不同故事之间互相关联,给读者带来多元而又系统性的感受;另一种形式是从中国文化资源中寻找素材,弘扬中华文化的同时又将早已为人熟知的故事人物编织为"神话宇宙",例如将《封神演义》中的人物、中华神话传说中的神仙进行单个 IP 开发,在不同 IP 之间形成故事背景、叙事母题、视觉效果等方面的联通,又利用 IP 的某些同质性进行宣传,吸引观众进行联动体验。近年来,动画电影《西游记之大圣归来》《哪吒之魔童降世》《济公之降龙降世》《姜子牙》以及追光动画的"新神榜"系列等,在某种程度上就形成了"中国神话宇宙"的多 IP 联动效应。

第三节　广东内容产业的发展现状

一　广东内容产业分行业发展现状

广东内容产业在游戏、动漫、新闻出版等领域显示出发展优势,但在影视、演艺等行业处于较为落后的状态。总体而言,广东内容产业具有营收高、产品多、市场大的优势,但诸多行业皆存在精品少、品牌缺乏、人才结构不佳等劣势。

（一）游戏产业

电子游戏一直是广东内容产业的优势行业,在营收、产品、企业、人才等方面表现优异,在游戏装备产业上也处于全国范围内的绝对性优势地位。依据广东省游戏产业协会发布的《2023 广东游戏产业报告》,2023 年,广东网络游戏产业营收规模达到 2450.8 亿元,占全国比重为 80.9%。

　　广东游戏企业总数超万家，居全国首位，集中了全国 1/3 以上的游戏产业从业人员。这些企业 IP 开发经验丰富，开发的游戏数量多、流水高，产品线涵盖多个游戏类型，包括角色扮演、动作冒险、竞技游戏、卡牌游戏、休闲游戏等。其中，腾讯公司是中国最大的游戏开发商和运营商之一，旗下拥有包括《王者荣耀》《绝地求生》《和平精英》《QQ 飞车》《天涯明月刀》等拳头产品，网易公司则有《梦幻西游》《阴阳师》《明日之后》《大话西游》等广受用户欢迎的产品。

　　此外，广东在游戏游艺装备的营收、生产规模、对外出口上也占据绝对优势。从相关历史数据来看，广东游戏产业不仅占据优势地位，而且保持着良好的增长势头。电子竞技产业同样发展迅猛，2021 年，广东电子竞技游戏市场规模超过 1236.3 亿元，占全国 73.6%，电子竞技企业数量居全国第一。

　　2022 年，受宏观经济疲软、地区形势不稳定等的影响，广东网络游戏产业营收规模增长率同比下降 8.91%，由正转负，自 2015 年以来首次下滑。广东游戏市场规模虽然下降，但降幅小于国内市场整体水平，头部企业及头部产品的带动作用依然帮助广东地区保持相对优势。2023 年，广东网络游戏营收规模迅速回升，达到 2450.8 亿元，占全国营收规模的 80.9%，创历史新高（见表 7-2）。

表 7-2　2016~2023 年广东省网络游戏总营收规模及其他相关数据

单位：亿元，%

	2016 年	2017 年	2018 年	2019 年	2020 年	2021 年	2022 年	2023 年
总营收规模	1345.2	1670.5	1811.0	1898.0	2131.1	2322.7	2115.7	2450.8
同比增长率	30.7	24.18	8.41	4.80	12.28	8.99	-8.91	15.84
全国占比	73.4	75.6	76.2	76.9	76.5	78.7	79.6	80.9

资料来源：历年广东游戏产业报告。

（二）动漫产业

　　广东动漫产业起步早、发展快，产业基础、文化氛围、人才数量、作品质量等都领先全国，IP 开发和持续运营能力强，目前已有不少具备影响力的拳头产品。

2022 年，广东动漫产业产值超过 600 亿元，约占全国 1/3 的份额，动漫产业企业 20 多万家，全国占比 13%，创作了全国 1/3 的动画片，制造了全国一半以上的动漫衍生品。根据文化部 2017 年颁布的数据，在中国动漫产业核心业务（不含动漫衍生品等）中，广东动漫产值所占比重为 33%~38%，居全国首位，更在国产动漫票房收入 Top10 中占据八席。在中央电视台与五家卫视卡通少儿频道的周收视最高、年度收视最高的动画电视剧榜单中，广东作品占了八成。

广东动漫企业数量多，产业聚集度强，产业链日趋完善。广东拥有广东奥飞动漫文化股份有限公司、深圳华强数字动漫有限公司、广州漫友文化科技股份有限公司、广州易动文化传播有限公司等一批在全国同行业中居领军地位的优秀动漫企业。华强方特、环球数码、奥飞、咏声等头部公司依托动漫游戏 IP 推进全产业链的开发，产业布局涵盖版权售卖、衍生周边、主题乐园、海外发行等多种渠道。广东地区动漫内容的创作、制作集中于广州、深圳等珠三角城市，依托发达的软件业，形成数量可观的动漫公司与动漫品牌。产业链下游的衍生品生产与加工则主要集中在东莞及潮汕地区，这些地区拥有发达的制造业，与广深之间形成优势互补的完整产业链。广东也是中国规模最大的动漫衍生产品销售批发中心。全球动漫衍生品中 80%产自中国，其中超过一半是"广东制造"。广东省内图书、杂志、音像制品、玩具、文具、服装、食品、旅游等行业的发展壮大，为动漫产业链的形成与对接提供了产业支撑。

广东动漫企业内容产品量多质优，IP 品牌开发能力强。IP 打造是动漫企业的核心业务，优质 IP 对于激励企业创新、带动完善产业链起到重要作用。"熊出没""喜羊羊和灰太狼""猪猪侠""甜心格格""巴啦啦小魔仙"等一批知名的广东动漫作品热度较高并形成强大的品牌效应，在系列动画片之外，还产出许多广受欢迎的动画电影。2022 年，广东出品的动画电影就有春节档的《喜羊羊和灰太狼之筐出未来》《熊出没·重返地球》《小虎墩大英雄》，暑期档的《开心超人之英雄的心》《迷你世界之觉醒》《猪猪侠大电影·海洋日记》，这些动画片皆获得不俗的票房成绩，在当年度电影银幕中成为合家欢亲子动画的重要担当。

广东动漫会展业发达。省内有每年在东莞举办的中国国际影视动漫版权保护和贸易博览会、在广州举办的中国国际漫画节等国家级动漫展会，以及深圳动漫节、江门侨乡动漫节、萤火虫动漫游戏嘉年华、YACA 动漫展等区域性动漫展会，在培养动漫爱好者、打造动漫交流平台、营造动漫产业良性发展氛围中形成巨大产业发展推动力①。

广东动漫消费群体大。广东是常住人口大省，也是动漫迷大省。广东省动漫行业协会调查显示，广东消费者尤其是儿童和青少年消费者在动漫领域常年维持较高的消费水平。儿童的消费产品主要是喜羊羊、猪猪侠等动漫形象的玩具衍生品，青少年的消费产品则以动漫会展、动漫刊物、手办模型、动漫服饰等为主。

但广东的动漫产品多集中于面向低幼龄市场的儿童动漫，缺乏在美学质感、思想表达、价值呈现上具有厚重感、能引起普遍共鸣、具有现象级影响力的成人向动画电影，这是广东动漫需要继续突破的一个瓶颈。

（三）新闻出版业

从全国范围内讲，新闻出版仍是广东的优势产业。国家新闻出版署发布的《2019 年新闻出版产业分析报告》对全国 31 个省（自治区、直辖市）及新疆生产建设兵团新闻出版业的总体经济规模进行综合评价，广东省综合评分居全国第一位。2019 年全国新闻出版业营业收入排名显示，广东省居第一位，占全国新闻出版业营收份额的 14%。2019 年，广东数字出版产值超 1800 亿元，居全国第一。2020 年，广东出版图书 43448 万册，同比增长 10.09%；出版杂志 9887 万册，同比下降 5.66%；出版报纸 15.33 亿份，同比下降 10.66%。这些数据反映了当前图书和报刊纸质出版物的市场需求变化（见表 7-3）。

---

① 郭军、庄伟光：《文化振兴战略下广东动漫文化产业创新》，《发展改革理论与实践》2018 年第 5 期。

表 7-3　2016~2022 年广东省出版物数量

	2016 年	2017 年	2018 年	2019 年	2020 年	2021 年	2022 年
图书出版量（万册）	31195	30202	35257	39467	43448	50566	50591
杂志出版量（万册）	12270	11428	10753	10480	9887	9539	9113
报纸出版量（亿份）	29.88	27.47	22.12	17.16	15.33	14.48	13.19

资料来源：广东统计信息网。

从内容创作来讲，广东每年皆有一定的精品产出。根据广东省情网数据，2020 年，长篇报告文学《为什么是深圳》入选中宣部 2020 年主题出版重点出版物选题，儿童文学《上学谣》、报告文学《保卫呼吸》《一个中国人在中国》、文学理论评论《1980 年代以来"现实主义"话语新变研究》入选 2020 年中国作家协会重点作品扶持项目。冯娜的诗集《无数灯火选中的夜》获第十二届全国少数民族文学创作骏马奖，实现了广东省在该重要奖项零的突破。张培忠、许锋的报告文学《千里驰援》在《人民日报》整版刊发，是全国第一篇全景展现地方医疗队驰援湖北的报告文学作品；熊育群的报告文学《守护苍生》在《光明日报》上发表，在全国范围内引起热烈反响。

近年来，广东省作协在广东省委宣传部指导下，精心组织"大美南粤·文明广东"主题文学创作，大力实施第二批"广东青年文学粤军创作扶持计划"。2022 年，全省精品创作取得重大突破，省作协扶持重点项目 20 个，全省会员作家出版文学作品 169 部。"全民阅读大会·2022 年度中国好书"盛典评出 2022 年度"中国好书"42 种，广东作家葛亮的长篇小说《燕食记》、庞贝的长篇小说《乌江引》、陈启文的长篇报告文学《血脉：东深供水工程建设实录》3 部作品同时上榜。

（四）广播电视业

《中国文化及相关产业统计年鉴（2023）》数据显示，2022 年，广东省广播电视实际创收 1329.24 亿元，位列全国第四，显示了广东广播电视业较强的创收能力。其中，新媒体业务收入以 920.94 亿元位列全国第二，显示了广东在新媒体业务上的发展优势。

在电视剧精品产出上广东也有一定成绩。2020 年，《湾区儿女》《太行之脊》《追梦》3 部粤产电视剧相继在中央电视台一套黄金时段播出，创广东省电视剧发展史之最。纪录片《同饮一江水》在中央电视台一套播出，入选国家广播电视总局 9 部脱贫攻坚重点纪录片目录。网络纪录片《中国：她的故事》入选 2020 年国家广电总局重大题材网络影视剧项目库扶持奖励类型项目。

（五）电影产业

从电影市场规模来看，广东在票房收入、观影人次、影院总数、银幕总数上已多年居于全国首位，为本省电影产业的发展奠定了坚实的基础。2019 年，广东省电影票房收入达到 89.56 亿元，连续第 18 年居全国省份之首（见图 7-1）；广东观影人次达 2.34 亿次，居全国第一。此外，广东全省影院总数达 1398 家，银幕总数达 8424 块，影院总数和银幕总数均居全国第一。2020 年后，受新冠疫情影响，广东票房总额有所下降，但继续保持全国领先优势。至 2023 年，广东省票房收入连续 22 年居全国第一。

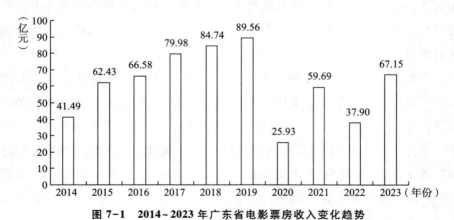

图 7-1　2014~2023 年广东省电影票房收入变化趋势

资料来源：《广东电影年鉴》（2014~2019 年）及国家电影局发布的数据。

从电影制作上来看，粤产电影近几年来生产规模和精品数量有所提升，在国内电影领域的影响力日渐增强。从近年来粤产电影在中国金鸡百花电影节的获奖情况来看，粤产电影呈现数量多、类型丰富、本土特色强等特点。在近四年的中国金鸡百花电影节上，粤产电影有多部获得奖项提名，涵盖了故事片、纪录片、儿童片、戏曲片等类型。在出资份额上，《中国医生》显示了广东企业在高影响力大片上的制作实力；而《红海行动》《悬崖之上》《你好，李焕英》也可见近年来广东电影企业在投融资上的活跃。更值得注意的是，粤剧电影《白蛇传·情》《南越宫词》，讲述广东儿童生活故事的《点点星光》，具有"大湾区出品"特色的《妈阁是座城》《拆弹专家2》，广东本土IP"熊出没"系列动画电影《熊出没·狂野大陆》《熊出没·重返地球》等精品的出现，一方面反映出粤产电影对地方文化表达的重视，另一方面显示出大湾区联合制作的发展潜能，也展现了广东在动漫领域所保持的优势和IP持续开发能力（见表7-4）。

表7-4　2019~2022年粤产电影在中国金鸡百花电影节上获奖情况

年份	获得提名影片	最终获奖
2019年	《白蛇传·情》《过昭关》《活着唱着》《暴雪将至》《妈阁是座城》《红海行动》	《红海行动》
2020年	《掬水月在手》《点点星光》《刑场上的婚礼》《熊出没·狂野大陆》《空巢》	《掬水月在手》《点点星光》
2021年	《南越宫词》《拆弹专家2》《中国医生》《刑场上的婚礼》《悬崖之上》《你好，李焕英》	《南越宫词》《中国医生》《拆弹专家2》《悬崖之上》《你好，李焕英》
2022年	《长津湖》《我和我的父辈》《奇迹·笨小孩》《1950他们正年轻》《邓小平小道》《喜羊羊与灰太狼之筐出未来》《小虎墩大英雄》《熊出没·重返地球》《梅艳芳》《神探大战》	《长津湖》《我和我的父辈》《奇迹·笨小孩》《熊出没·重返地球》《1950他们正年轻》

注：粤产电影指广东企业出品或联合出品的电影。
资料来源：收集自中国金鸡百花电影节官方网站，https://www.cgrhfff.com/awards_directory.html。

（六）音乐产业

广东流行音乐产业在改革开放初期开创了"全国第一支流行乐队""全国第一首原创流行歌曲""全国第一家音像公司"等多个全国第一，成为中国内地当代流行音乐的发祥地和桥头堡。21世纪以来，广东成为全国最大的光盘加工及唱片发行基地。

广东音乐产业链条完整。广州有酷狗音乐、荔枝等优秀音乐企业，有羊城创意产业园、广州南方广播影视传媒园区、广州飞晟园区等国家级音乐园区，星海艺术产业园、广州珠江钢琴产业园等专业化产业园也为数字音乐产业提供支撑。位于深圳的国家对外文化贸易基地（深圳）音乐及音乐剧产业中心，以打造音乐及音乐剧产业为核心，建设了以原创音乐剧制作、运营、服务为核心的音乐剧全产业链平台。

2022 年，广州数字音乐总产值约占全国的 1/4，2022 年广州文化企业 30 强就有酷狗、荔枝、天翼爱音乐三家本土数字音乐企业。其中，酷狗音乐是中国最大的 P2P 音乐共享软件。酷狗音乐为全国领先的数字音乐交互服务提供商，搭建了从词曲零件交易、AI 歌手试唱、音乐自助发行、算法挖掘潜力歌曲、自助推歌到音乐转授权服务的较完善的生态模式[①]。以酷狗为代表，广州的数字音乐企业延伸出音乐 IP 孵化、音乐教育、演艺经济、音乐版权、音乐直播等完整链条。2022 年，"大湾区音乐产业创新服务中心"成立，为音乐人提供版权保护、对接市场等公共服务。

（七）演艺产业

广东艺术表演团体类型多元，有话剧、歌舞、戏曲、杂技等类型，近年来进行惠民演出较多，具有一定的受众规模。2019 年，广东省剧团共计 528 个。这些剧团在国内举行的演出活动共计 6.06 万场，其中到农村演出 4.80 万场，总观剧人次 3134.99 万。另外，近十年来，广东省（公有制）艺术表演团体数量总体呈下降趋势，从 2010 年的 133 家下降到 2022 年的 76 家（见图 7-2）。广东省事业单位性质的艺术表演团体人员总数近年来总体平稳，呈略微下降趋势，从 2013 年的 4394 人下降到 2019 年的 4168 人。

广东演艺领域的产业化程度较低，表现为政府资助的公益性演出多、民间商业化演出少。广东的公有制艺术表演团体维持着多类型和高质量的演出，例如 2021 年举办的"广东省庆祝中国共产党成立 100 周年百场精品展演活动"涵盖了戏曲、歌剧、话剧、芭蕾舞剧、交响乐、现代舞剧、音乐剧等类型，既有复排的经典作品，又有显示地方特色的粤剧、潮剧、山

---

① 毕嘉琪等：《广州数字音乐何以领跑全国？》，《南方日报》2023 年 3 月 15 日。

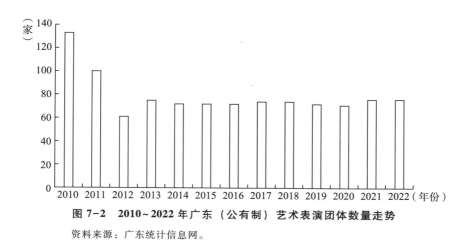

图7-2　2010～2022年广东（公有制）艺术表演团体数量走势

资料来源：广东统计信息网。

歌剧、汉剧等。由广东省歌舞剧院出品的舞剧《沙湾往事》先后荣获中宣部"五个一工程"奖和中国艺术节政府最高奖"文华大奖"，与粤剧《山乡风云》一同入选"百年百部"传统精品复排计划重点扶持作品，是具有全国性影响力的演艺精品（见表7-5）。由中共广东省委宣传部等出品的新创剧目《谯国夫人》入选2020年全国舞台艺术重点创作剧目名录。但相较于北京、上海等地活跃的商业性话剧、小剧场，广东相关剧目的商业化演出少，没能形成产业规模和文化氛围。

表7-5　广东"五个一工程"获奖概况（2009～2019年）

单位：项

	2009～2012年	2012～2014年	2014～2017年	2017～2019年
数量	4	8	4	4
具体剧目	电视剧《五星红旗迎风飘扬》 动画片《熊出没》 歌曲《走向复兴》 歌曲《迎风飘扬的旗》	电影《全民目击》 电视剧《毛泽东》 电视剧《有你才幸福》 音乐剧《西关小姐》 动画片《熊出没之夺宝熊兵》 广播剧《疍家小渔村》 歌曲《放飞梦想》 图书《这边风景》	舞剧《沙湾往事》 广播剧《罗湖桥》 歌曲《爱国之恋》 歌曲《向往》	电影《港珠澳大桥》 歌曲《信仰》 歌曲《再一次出发》 广播剧《大爱人间》

二 广东内容产业精品生产情况

（一）"五个一工程"获奖情况

"五个一工程"评选活动由中共中央宣传部组织，旨在选出"一部好的戏剧作品，一部好的电视剧（片）作品，一部好的电影作品，一部好的图书（限社会科学方面），一部好的理论文章（限社会科学方面），一首好歌，一部好的广播剧"，自第八届起改为每三年评选一次。

"五个一工程"的获奖数量从一定程度上反映了各省（区、市）在优质主旋律内容产品生产上的实力。从第十二届以来"五个一工程"的获奖数量来看，广东省近十年来的平均获奖数量低于北京、江苏、上海、浙江，历次获奖的数量处于波动状态（见表7-6）。从类型上看，广东在歌曲上每一届皆有获奖作品，而在奖励数量设立较多的电影、电视剧、戏剧、图书等方面斩获较少，处于较弱的状态，有较大的提升空间。

表7-6 广东等5省、市"五个一工程"获奖数量（2009~2019年）

单位：项

	2009~2012年	2012~2014年	2014~2017年	2017~2019年	平均
北京	10	8	8	10	9
江苏	9	9	3	5	6.5
上海	5	8	5	5	5.75
浙江	7	8	2	4	5.25
广东	4	8	4	4	5

（二）国家文化出口重点企业和重点项目

"国家文化出口重点企业和重点项目"是国家推动中华文化"走出去"重大决策部署中的重要工程，每两年皆会评选出一批具有国际竞争力的文化企业和项目。

入选"国家文化出口重点企业和重点项目"的数量在一定程度上反映了各省份内容产业的实力与国际竞争力。广东省文化出口重点企业数量在全国各省区市中排名第二，是对外文化贸易的大省（见图7-3）；但文化出口重点项目数量在全国各省区市中排名第十，缺乏文化出口精品项目。"缺精品"与广东作为文化产业大省的身份不相匹配，在一定程度上反映了广东在内容产品制作上较弱的现状。

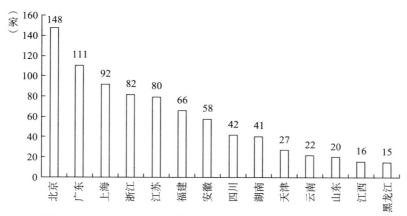

图 7-3　2015～2020 年国家文化出口重点企业分省份总数排名

注：北京在 2015～2016 年含没划出中央的部分，广东为加入深圳后数据，浙江为加入宁波后数据，福建为加入厦门后数据。

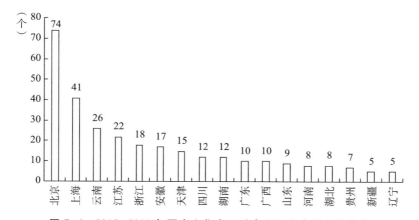

图 7-4　2015～2020 年国家文化出口重点项目分省份总数排名

注：北京在 2015～2016 年含没划出中央的部分。

从 2015 年以来历次"国家文化出口重点企业和重点项目"评选结果来看，广东省入选的企业和项目数量处于波动状态，仍需进一步推进发展。

从 2019～2020 年广东省的 37 个国家文化出口重点企业分析可见，广东的国家文化出口重点企业高度集中于以电子游戏、动漫为核心的数字内容服务产业，共计 14 家，占比 37.84%，其次为以陶瓷为主的工艺品生产和以纸品印刷装饰为主的文化辅助生产和中介服务产业。从产品结构来看，产品种类较为单一，基本集中在广东的传统优势行业轻工业制品生产和新兴优势产业数字内容产品生产上（见图 7-5）。可见，虽然广东文化对外贸易种类齐全，已涵盖了文化产品和服务的各个领域，但整体结构占比失衡，文学、影视、非物质文化遗产产品等具有高文化承载价值的精品出口不足。

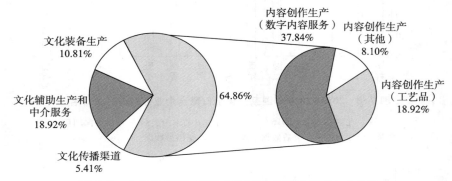

图 7-5　广东省 2019~2020 年国家文化出口重点企业分类

第四节　广东内容产业高质量发展的问题与路径

一　广东内容产业高质量发展的优势

广东在产业基础、地理区位、经济发展与人口规模方面具有优势，形成了内容产业发展的重要辅助系统。而且，基础制造业的高度发达、高新技术产业的规模化发展，从文化装备和科技融合两个重要方面，在当前全球内容产业发展趋势之下，形成了广东内容产业做强做大的重要支撑。

（一）优势内容产业的行业地位与经验积累

广东在动漫、游戏、新闻出版等行业具有坚实的产业基础和丰富的经验积累，动漫、游戏已多年在全国范围内拥有行业优势地位，新闻出版业在数字化转型中也积极担当探索先锋。这些行业当前发展势头良好，并继续保持优势，不仅成为广东内容产业的重要支柱，也在内容产业的跨界融合趋势中为促进其他行业发展、打造完整产业链起到重要的支撑作用。

（二）邻近港澳、辐射东南亚的区位优势

广东毗邻港澳、邻近南海，区位优势明显，长期以来与港澳、东南亚文化交流与商贸往来密切。广东与港澳在电影、动漫、品牌授权业等方面交流互动频繁，加之粤港澳同根同源，在共同推动文化产业发展上具有天然优势。广东因区位特点和侨属关系，在经济文化上对东南亚也具有较强的辐射力。借助这些优势，广东既可与港澳等地区加强交流，学习它们的经验，大力引进人才，又可在影视出海、游戏出海等方面先行先试。

（三）文化装备制造上的优势地位对内容产业的辅助支撑作用

21世纪以来，广东文化装备产业借助发达的制造业快速发展，在业态融合、科技创新、技术突破、营收规模和生产规模上皆在全国处于领军地位，对内容产业发展起到重要的支撑作用。2021年，仅广州市的文化装备生产规上企业营业收入就达419.07亿元，同比增长35.1%。游戏游艺设备营收表现突出，2021年，广东游戏游艺设备营收规模达103.7亿元，同比增长8%，占国内游戏游艺设备营收总规模的98.6%；生产总量约42.3万台，纳入文化和旅游部指导目录的机型机种1208款，同比增长137%。其中，广东游戏游艺设备海外出口实际销售收入达25.2亿元。

在内容产业向沉浸式体验发展阶段，广东在4K/8K超高清视频、虚拟现实等领域掌握了一批关键核心技术，并通过大力发展4K产业、新型影院系统、数字多媒体娱乐设备、智能家庭娱乐、流动演出系统、数字文化装备（智能无人飞行器、可穿戴智能设备制造、虚拟现实设备制造）等，为内容产业在新技术条件下取得竞争优势起到重要支撑作用。

（四）高新科技的发展优势对内容产业数字化转型的促进作用

广东在广州、深圳等地聚集了一批高新技术企业，对推进文化与科技深度融合，促进内容产业数字化转型发挥巨大作用。广东有文化产业相关高新技术企业近800家，深圳南山区、广州励丰公司、华强方特集团获评

2019 年度国家级文化和科技融合示范基地，并在先进制造、人工智能、大数据等与文化产业融合关键技术上取得突破。在这些要素支撑下，广东在超前布局网络视听（网络直播、短视频）、电子竞技、沉浸式文化新业态、云服务新业态、数字文化装备、"数字文化+"融合产业及"互联网+"平台经济等内容产业新兴形态、打造全国领先的数字文化新业态集群方面具有重大优势。

（五）较为充足的财税金融支撑

广东高度重视文化建设，作为经济大省，对文化产业在财税、金融、土地方面提供了多方面的政策支持。内容产业发展离不开经济支撑，经济大省在资金投入、税收优惠、金融流通、基础设施方面都有能力提供充足资源和优势条件，有助于本省在内容产业领域脱颖而出。

（六）庞大的本地文化消费市场

广东经济发达，人口数量多，消费力强，市场庞大。仅电影行业，广东便连续多年获得全国票房营收冠军，这一市场对粤语电影具有更高的消费需求，从 2022 年暑期档数据来看，"香港—内地"合拍片《神探大战》与《明日战记》在广东获得的排片占比和票房占比明显高于其他省份。庞大的本地消费市场，对具有文化属性的内容产业具有独特作用，内容产品若能做好对本地文化资源的开发与转化，则可充分激活和占有本地市场。另外，广东市场机制相对完善，资本市场活跃，内容产业资本组成形式多样，为企业多元化投资奠定了基础。

二 广东内容产业高质量发展的主要问题

广东内容产业各行业发展不均衡，许多行业在核心环节还存在亟待突破的壁垒，没能很好地开发、转化与承载岭南文化，存在精品数量少、品牌影响低、人才缺口大、产业链条短等问题。

（一）产业核心环节存在壁垒

目前来看，广东内容产业在核心环节还存在亟待突破的壁垒，主要表现在：缺乏有竞争力的企业、掌握核心经验技术少、市场机制和商业模式不成熟等。广东不少内容行业缺乏龙头企业、企业单体规模小、竞争力不强。缺乏龙头企业的问题突出地表现在动漫、工艺美术、创意设计等领域，也体现在还未完成产业化转型的某些行业。在动漫、游戏、演艺、数字传媒等行业，存在大量单体规模小、技术条件缺乏、竞争力弱的中小企业，难以形成合力，推出具有强劲竞争力的作品。在市场机制上，体制性障碍形成的"条块分割""行业壁垒"现象仍普遍存在，阻碍文化资源合理流动，国有文化企业转制收效甚微，经营水平不高，市场化程度亟待提高。部分行业如演艺、出版、电影、广播电视等仍处于转型期和调整期，未形成成熟的商业模式，没能对行业发展形成有效推动力。部分中小企业仍面临融资困境，经费不足制约产品质量提升，阻碍了行业的发展。

（二）岭南文化资源未能充分开发与转化

岭南文化内容丰富、形态多样，是广东内容产业发展的文化根基，是提升内容产品文化价值和品质的资源宝藏，是充分激活广东内容消费市场的关键砝码。电影《雄狮少年》在口碑和票房上的双赢已充分证明了对本地文化的吸纳与转化是广东内容产品的破冰利器。但广东内容产业目前对岭南文化资源的开发与转化还远远不够，主要体现为具有广东本土特色的内容品牌和文化精品严重缺乏，即便在游戏、动漫等产品数目多、影响力大的行业，挖掘岭南文化资源、体现广东文化特色的作品依旧不多。

（三）内容精品数量少，原创力度待加大

广东内容产业精品原创内容缺乏，尤其是电影业、广播电视业、演艺业、图书出版业等能叫得响的内容精品少。电影、电视剧、戏剧、文学等的受众影响面大、文化辨识度高、文化传播能力强，这些领域的内容产品最能体现一个区域的内容产业实力，但广东在这些领域的原创能力不足、拳头精品少。如电影业虽然近年来在国内电影节大奖上颇有斩获，但其中体现广东原创并承载广东文化的作品不多。随着流媒体、短视频、直播等技术对内容产业新发展趋势的引领，响应新媒介形态的精品内容更显不足。

（四）品牌孵化缺力度，IP 延伸待深入

当前，广东品牌孵化力度仍较小，缺少知名度高的区域品牌，已有 IP

的厚度和延伸性也显不足。在广播电视行业，各级卫视没有精准、清晰的定位以建立针对性强、特色突出的文化频道、系列节目。相比湖南卫视聚焦年轻受众群体打造"全国一流娱乐频道"，河南卫视借助独特的地域优势、深厚的文化底蕴，多年来以传统文化传承、创新与超越为品牌定位和自我使命，推出"中国节日"系列综艺，广东各级卫视缺少清晰的市场定位和创作导向，没有高知名度的优质品牌。类似的情况也存在于电影业和演艺业。在 IP 的打造和延伸上，虽然动漫、游戏领域已有不少知名 IP，但相关产品的优质度仍不足，缺乏像迪士尼那样在造型设计、人物个性、价值传达方面鲜明而广受喜爱的品牌形象，一定程度上也制约了 IP 的延伸，没能形成深度开发的衍生品长链。

（五）人才缺口严重，存在结构性断层

人才缺口问题主要表现在人才培养机构缺乏、人才引进机制不完善和高层次人才流失三个方面，某些行业存在人才的结构性断层。相较于北京、上海等地区具有大量的艺术培养机构，在舞蹈、音乐、影视、美术、戏剧等领域都有全国领先的高等院校，广东的艺术创意人才培养机构数量少、规模小、层次不高，难以大批量地培育高层次的创作、演艺、管理人才。人才引进机制目前也不够完善，在岗位适配、职业发展、资源配备、生活待遇等方面所能提供的条件仍不足以吸纳大量的高层次人才落户广东。而在某些优势领域例如游戏行业，高层次人才和技能型人才也存在流向政策配备更为完善的省份的现象。

（六）内容产业链条短，发展生态不完善

内容产业长链是产业价值增值的重要基础。广东内容产业在电视、电影、出版、动漫、游戏、音乐、媒体、文化衍生品等行业的渗透性较差，在宣传、营销、传播等环节作用发挥较为不足，造成内容产业链条延伸性差，企业规模化、集群化发展不足，没能形成良好的内容产业发展生态。

三　广东内容产业实现高质量发展的路径

广东内容产业的发展，需借鉴美、日、韩等国家和地区的内容产业发展经验，把握内容产业发展的未来趋势和前沿领域，结合现有的基础与条件，将着力点放在做好岭南文化资源开发、文艺精品生产、数字化发展、跨界融合创新、IP 产业价值链延伸与产业集群化发展上面。

（一）在顶层设计上做好总体统筹

在顶层设计上着力统筹好各个行业的资源分布与产业推进，使内容产业在行业、类型等方面有序、均衡发展，避免"扎堆"现象出现，方能使产业总体呈现健康均衡的状态，实现持续性发展。

（二）推进岭南文化资源开发

内容产品对本地内容资源的挖掘、转化与承载，应该表现在文化元素的利用、精神品格的纳入、风土人情的呈现、形式技法的展现等方面。做好岭南文化资源开发，应建立多层级、分类别的文化遗产信息数据体系，形成岭南文化的基因库、符号与 IP 库、题材库、项目库，梳理、挖掘和提炼适合于内容表现的文化元素，加工与打造特色鲜明的文化项目与 IP 品牌，实现从文化资源到内容产品的转化。

（三）着力推出文艺精品

将精品内容创作生产作为内容产业高质量发展的根本，追求岭南风格和广东气派的传承表达，全方位打造各行业高品质文艺精品与文化品牌。继续加大力度推进文艺精品创作项目，实施"精品扶持""项目研发""IP打造"等各类工程，在动漫、游戏、出版、电影、电视、演艺等领域推出更多"广东原创""广东制作"的精品力作与优质 IP，扶持开发岭南特色浓郁的文创产品，打造一批凸显广东水准的文旅演艺精品，同时，做好跨门类融合、衍生，畅通产品传播、营销渠道，全链条扶持文艺精品与文化品牌的生产运营。

（四）做好数字化发展工作

做好技术、平台、设施与资金支撑工作，推进数字创意内容产业快速发展，培育高附加值新兴业态。保持动漫、游戏等数字创意产业的产业规模和发展水平，以数字技术、信息技术、互联网技术继续大力推进传统内容产业如出版、影视、音乐等的数字化进程。在新兴内容业态上抓住机遇，推进 5G 互动直播、VR/AR、人工智能、多媒体等技术的应用，大力发展云演艺、云展览、云旅游、电子竞技、数字博览等新兴创意内容业态。探索内容版权合作、平台运营、功能性收费、需求内容收费、广告收费等多种数字内容产业赢利模式，构建完善的数字创意内容生产、流通、消费体系。

（五）做好跨界融合创新工作

内容产业通过跨界融合，可实现优势互补与创新发展。一是以"文化+"的形式，做好与科技、金融、创意等产业要素的"跨要素融合"；二是以不同媒介形式、多种内容门类相互融合促进，做好内容产品生产的"跨媒介融合"；三是以多渠道、多平台形式，做好内容产品传播运营的"跨平台融合"；四是以不同产业间的功能互补与共生渗透，做好与制造业、农业等不同产业的"跨产业融合"。将跨界融合理念渗透于技术、业务、产权等各个方面，推进内容产品在设计、生产、销售、传播和消费等全产业链环节的创新发展。

（六）做好 IP 产业链衍生工作

做好 IP 产业链衍生工作，需从 IP 文化价值提升、IP 内涵持续丰富与 IP 协同发展等方面入手。第一，IP 打造需注重文化价值承载与文化传播功能，注重正能量、主流文化、民族文化、地方文化的注入，形成特色鲜明、感染力强的文化 IP，如此才有进行产业链衍生的基础生命力；第二，IP 需以系列化产品的形式进行打造，并紧密联系社会心理变化持续丰富内涵、加深厚重感，不断提升在受众中的影响力与喜爱度；第三，推动 IP 协同发展，形成各自独立又相互联系的"IP 故事宇宙"，该"宇宙"的出现是内容产品形成体系化、复杂化、深度化作品系统，创造多元而协调的娱乐体验，持续吸引受众注意力的有效方式。因此，要以多种方式提升 IP 生命力，使 IP 在文学、影视、游戏、动漫、衍生品等门类上实现长效衍生。

现象级作品要做好系列衍生工作，着力打造成 IP，带出一批精品，进而带动整个行业发展。例如，《白蛇传·情》以经典粤剧作品进行电影转化，让粤剧"出圈"传播的同时，带火了广东粤剧院，也推广了广东省着力发展的 4K/8K 高清影像技术及设备，同时促进了广东特效制作水准的进阶。对经典粤剧进行"高概念"电影改编的模式若能得到持续运作，将为广东带来更多的文艺精品，也可促进制作、放映等相关产业的发展，将岭南文化推广开来，也让广东文化产业实现更好发展。

（七）做好要素配套及生态营造工作

全面实现要素配套，营造良好的内容产业发展生态，需从人才队伍建设、市场主体培育、产业载体构建、财税金融支撑、知识产权开发保护、法律法规完善创新等方面入手，整体布局，促进内容产业全面发展。

第八章
推动文化制造业创新发展

文化制造业是文化创意与科学技术融合最为深入的产业，地区工业化程度和文化创新能力决定了文化制造业发展水平。随着人工智能、新一代信息技术、云计算等数字科技的高速发展，创新驱动、文化与科技深度融合已经成为文化制造业高质量发展的第一引擎。广东文化制造业发展起步早，发展处于全国前列，在重点行业和关键领域形成了一批有影响力的区域品牌和特色产业集群。但广东文化制造业同样面临着产业链基础能力偏低、产业链现代化水平有待提高等问题，并在提升产品文化创意内涵、提高新技术附加值、推进多元跨界融合发展等方面存在一定短板。

第一节　文化制造业前沿理论

（一）文化制造业的界定与分类

1. 文化制造业的内涵与外延

什么是文化制造业的内涵？从基本含义上理解文化制造业即文化相关产品的生产制造业。从文化经济的广义语境看，文化制造业泛指与文化产业化相对应的产业文化化过程，也就是在传统制造业生产流程中融入文化、设计等特有元素，使产品附加值最大化、产业链多元化的一个新兴领域①。

---

① 韩东林等：《我国中部地区文化制造业科技创新效率评价》，《科技进步与对策》2016 年第
17 期。

从狭义语境看，文化制造业特指文化工业品的生产与制造行业，即通过工业化大生产制造文化物质资料的行业。

从中国文化及相关产业的范围界定看，文化制造业既包括以文化为核心内容，直接满足人们精神需要而进行的生产活动，还包括为实现文化产品的生产活动而开展的其他相关活动，即文化制造业覆盖了包括新闻信息服务、内容创造生产、创意设计服务、文化传播渠道、文化投资运营、文化娱乐休闲服务在内的所有核心文化领域。但文化制造业占比较高的行业部门，主要集中在文化辅助生产和中介服务、文化装备生产和文化消费终端生产（包括制造和销售）三大文化相关领域。

2. 文化制造业的行业分类

按照文化制造业产出产品的功能属性与适用对象，文化制造业可大体分为面向零售市场和终端消费者的文化消费终端生产和为文化活动提供场景、装备、设备的文化装备生产，以及文化辅助用品制造等。在文化消费终端生产中，还可根据商品生产环节中的工业化程度分为可规模化文化制造，如文具制造、玩具制造、文娱终端设备制造，以及不可规模化文化制造，如工艺美术品制造等。在文化装备生产中，可根据装备应用场景进一步细分为演艺类文化装备制造、游戏游艺文化装备制造以及广播电视电影设备制造等。在文化辅助生产中，一般仅涉及文化辅助用品的生产制造，如文化用纸、油墨、颜料、文化用信息化学品等。

对比文化产业分类以及国民经济行业分类，本书将文化制造业的范围界定如表8-1所示。

表 8-1 文化制造业行业分类

类别	中类	小类	具体内容
文化核心领域	内容创作生产	工艺美术品制造	雕塑工艺品制造、金属工艺品制造、漆器工艺品制造、花画工艺品制造、天然植物纤维编织工艺品制造、抽纱刺绣工艺品制造、地毯与挂毯制造、珠宝首饰及有关物品制造、其他工艺美术及礼仪用品制造
		艺术陶瓷制造	陈设艺术陶瓷制造、园艺陶瓷制造

类别	中类	小类	具体内容
文化相关领域	文化辅助生产和中介服务	文化辅助用品制造	文化用机制纸及纸板制造、手工纸制造、油墨及类似产品制造、工艺美术颜料纸张、文化用信息化学品制造
	文化装备生产	印刷设备制造	印刷专用设备制造、复印和胶印设备制造
		广播电视电影设备制造	广播电视节目制作及发射设备制造、广播电视接收设备制造、广播电视专用配件制造、专业音响设备制造、应用电视设备及其他广播电视设备制造、广播影视设备批发、电影机械制造
		摄录设备制造	影视录放设备制造、娱乐用智能无人飞行器制造、幻灯及投影设备制造、照相机及器材制造、照相器材零售
		演艺设备制造	舞台及场地用灯制造
		游乐游艺设备制造	露天游乐场所游乐设备制造、游艺用品及室内游艺器材制造、其他娱乐用品制造
		乐器制造及销售	中西乐器制造、电子乐器制造、其他乐器及零件制造
	文化消费终端生产	文具制造	文具制造
		笔墨制造	笔的制造、墨水墨汁制造
		节庆用品制造	焰火、鞭炮产品制造
		信息服务终端制造及销售	电视机制造、音响设备制造、可穿戴智能文化设备制造、其他智能文化消费设备制造

（二）文化制造业理论与基本特征

1. 制造业服务化理论

制造业服务化是一种后工业化发展时期，制造业生产流程与服务融合发展的新型产业形态①。服务型制造，是制造与服务融合发展的新型产业形态，是制造业转型升级的重要方向。制造业企业通过创新优化生产组织形式、运营管理方式和商业发展模式，不断增加服务要素在投入和产出中

---

① 黄群慧：《培育四种观念推动制造业向服务化转型》，《中国战略新兴产业》2017年第29期。

的比重，从以加工组装为主向"制造+服务"转型，从单纯出售产品向出售"产品+服务"转变，通过不断延伸和提升价值链，提高全要素生产率、产品附加值和市场占有率[①]。与传统制造业相比，文化制造业服务化特性尤为明显，在文化装备生产领域，诸多广播电影电视设备制造、游戏游艺设备制造、演艺设备制造企业经营结构具有更高占比的专业化服务。通过从上游文化装备制造环节入手，不断向下游产品运营、维护、升级等知识服务、文化创意服务环节延伸，进而实现产业链的制造—服务融合发展。

2. 产业协同集聚理论

经济活动的空间集聚研究一直是产业经济的热门话题。就传统制造业而言，规模经济、市场效应以及运输成本决定了产业的集聚[②]。产业集聚可以降低交易成本，并通过市场共享、知识溢出、内部信息交流、分工深化、交易便利化以及优化劳动力结构等提升单位生产率。产业集聚需要满足三个条件，即地理上的绝对集中、专业化分工和部门间的经济往来。就集聚模式而言，产业的专业化集聚有利于降低资本门槛、促进企业间要素共享与流动；而多样化集聚增强了行业间的联系，有利于促进资源在上下游的合理配置[③]。产业集群集聚特征也适用于文化制造行业，尤其是文化用品、文化商品的制造生产常常围绕产业上下游链条形成共生集聚关系，并基于这种地理空间集聚降低原料、运输成本和分享最新文化创意资讯。

3. 制造业创意化理论

制造创意化已成为提高制造环节价值的重要途径[④]，即通过创意与制作的融合将无形的文化创意与有形的工业消费品相结合，以拓展产品市场范

---

① 《三部门关于印发〈发展服务型制造专项行动指南〉的通知》，中国政府网，2016年7月28日，https://www.gov.cn/xinwen/2016-07/28/content_5095552.htm。

② P. Krugman, "Increasing Returns and Economic Geography," *Journal of Political Economy* 3 (1991).

③ 李涛等：《产业集聚空间格局演变及其对经济高质量发展的影响——基于中国278个城市数据的实证分析》，《地理研究》2022年第4期。

④ 李夏迪、许强：《文化创意产业与制造业融合的内在机理——以浙江宁海县文具中小企业集群为例》，《北方经济》2014年第7期。

围，增加其产品价值，扩大文化消费新空间①。从主导性来看，制造创意分为制造环节推动的融合和文化创意环节推动的融合。前者主要通过传统制造企业将设计、营销环节进行文化创意外包，实现以终端产品生产为导向的文化创意渗透，后者主要依托文化创意企业通过创意工业化的形式将无形的创意构思转为有形的文化消费产品。制造创意化驱动是文化制造业生产活动重要的运行逻辑，也是文化制造业不同于一般制造业的根本内涵。目前，制造创意化主要通过文化创意元素融入工业产品的渗透融合以及文化创意 IP 产品有形化产出的衍生融合两种模式驱动文化制造业创新发展。

（三）文化制造业发展趋势

1. 文创附加值对文化产品溢价具有决定性影响

文化产品本身关联文创内容的内涵式发展成为推动文化制造业进步的主要知识驱动力。文化制造业开始由外部生产要素粗放式投入转向更加依赖于柔性设计、文创 IP 的内容驱动型增长阶段。文化性与艺术性、地域性与民族性、经济性与时代性等文化内容生产内核成为发展的原动力。

一是在文化性与艺术性方面。文化制造业特别是面向终端文化消费品的文化制造更加注重文化、生活方式对文化产品本身带来的情感溢价，以及基于材质、工艺、外观设计所体现出的独特的艺术价值对文化产品本身带来的审美溢价。

二是在地域性与民族性方面。文化制造业将更加突出对中华优秀传统文化元素、符号、文化象征的挖掘、提炼和活化。面向终端市场的文化消费品将更加注重对地域性、民族性文化形态的表达，反映特定地区民族哲学、艺术、宗教、风俗等人文精神活动的文化内核将为产品带来民族文化自信的特色化溢价。

三是在经济性与时代性方面。文化制造业将更加注重对未来科技、人体工程学、生活实用学等时代价值、经济价值和实用价值的吸收借鉴。面向终端市场的文化消费品将通过增强产品的科技体验感、生活便利体验感

---

① 李夏迪、许强：《文化创意产业与制造业融合的内在机理——以浙江宁海县文具中小企业集群为例》，《北方经济》2014 年第 7 期。

等获得较高的体验溢价。

2. 新业态新模式创新成为文化制造业竞争重点

除传统的产品性能、质量、内涵竞争外，服务模式、商业模式甚至业态模式的创新也深刻影响着文化制造业的未来发展。

一是平台型运作重塑了文化制造业生产组织模式。随着网络化、在线化文化消费趋势从一般性媒体、娱乐消费向文化制造业生产端延伸，基于生产者—消费者双向反馈的柔性制造、云端制造以及衍生品开发等生产组织新模式成为新的趋势。

二是产业链经营对服务型制造模式创新带来深刻影响。推动文化制造业以创新设计为桥梁，提升产品制造水平及制造效能。文化制造业与服务的协同融合，可以重塑文化制造的产业链，占领价值链高端，重塑制造业价值链，培育产业发展新动能。文化制造业更加强调产需互动和价值增值，其由单纯提供产品向提供全生命周期管理转变，由提供文化设备装备向提供系统解决方案转变。从供给端提高文化供给体系质量和效益，能破解文化产品与市场消费需求的不匹配矛盾。服务要素在生产环节的投入和供给，不仅能够提高最终消费品部门的产品质量和市场份额[1]，还能够有效实现价值链中各个利益相关者的价值增值[2]。

三是虚拟现实为商业模式创新提供发展新空间。通过文化创意与虚拟现实、增强现实、混合现实以及人工智能、全息影像、动态捕捉、互动多媒体等现代科技的深度融合，实现了文化产品、文化服务的"超现实"文化艺术表达与体验，并进而衍生出文化消费者与文化产品、服务供给者之间更多元的内容互动模式。同时这种虚拟现实技术的多文化场景应用还广泛渗透到教育、母婴、养老等更多功能性服务行业，形成了文化产业与其他消费服务业之间的跨界融合。

---

[1] K. Blackburn, G. F. Forgues-Puccio, "Why Is Corruption Less Harmful in Some Countries Than in Others?" *Journal of Economic Behavior & Organization* 72 (2009).

[2] E. D. Reiskin et al., "Servicizing the Chemical Supply Chain," *Journal of Industrial Ecology* 3 (1999).

3. 艺术、技术、知识多元跨界催生文化制造新赛道

艺术、科技创新等多元融合发展是文化制造业发展的重要动力源。特别是在文化装备制造和终端设备制造领域，艺术、技术、知识多元融合成为行业发展不断裂变新赛道的重要动因。一是沉浸式体验设备。如各地纷纷开展 AR、VR 体验项目，不断拓展声、光、电控制技术的研发与应用等。二是主题型娱乐设备。如智能运动平台建设和应用、超大功率 LED 演艺灯具研发及产业化、3D 互动轨道车等。三是辅助类装备设备。如 AI 智能特拍机器人、智慧显示终端设备生产项目、自助导览服务驿站系统等①。

第二节　广东文化制造业发展评价

依托较完备的工业体系格局，广东文化制造业发展居于全国首位，具有较强的产业规模优势。随着广东制造业整体转型升级，广东文化制造业在创意设计、科技融合、数字孪生等领域积累了丰富的技术创新优势资源。随着广东文化强省建设和高质量发展向纵深推进，广东文化制造业在"文化+实体经济"跨界连接、融通共生等多领域将呈现新的增长态势。

（一）广东文化制造业发展总体概览

1. 文化制造多项指标居于全国首位

广东文化制造业是全国领头羊，文化制造业工业总产值、文化制造业增加值连续多年居全国首位，文化制造业从业人员、法人单位、营收总额等多项经济指标，长期在全国名列前茅。从产业规模看，2021 年广东文化制造业增加值 2575.6 亿元，占全国文化制造业总增加值的 18.81%。广东规模以上文化制造业企业总产值达到 10276.52 亿元，占全国比重的 23.5%，是全国首个产业规模超万亿的省份。从市场主体活力看，2021 年广东规模以上文化制造业企业法人单位数 4267 个，分别是江苏同期法人单位数的 1.3 倍、浙江同期法人单位数的 1.6 倍。广东文化制造业年末从业人员数达

---

① 李游：《由 2020 年度国家文化产业发展项目库看文化产业发展趋势》，《出版发行研究》2022 年第 3 期。

到 107.69 万人，是全国首个产业从业人员超百万的省份。从经营效益看，广东文化制造业的营业收入、利润总额、营业利润居于全国首位。

2. 文化制造服务协调发展态势显现

广东文化制造业规模稳步扩大，文化制造业增加值从 2015 年的 2101.45 亿元增长为 2021 年的 2575.6 亿元。与此同时，广东文化产业整体结构持续优化，2015~2020 年文化制造业增加值占文化产业总体增加值比重持续下降，文化制造业与文化服务业协调发展的产业结构日臻完善。2015 年，文化制造业增加值占广东文化产业增加值比重为 54.16%，2020 年，文化制造业增加值占比下降为 36.47%。与全国相比，广东文化制造业增加值占比高于全国 26.1% 的平均水平，体现了广东"制造业当家"的鲜明产业特色（见图 8-1）。另外，广东文化制造业与服务业形成 3：5 的产业结构，制造与服务协调发展态势日益显现。

图 8-1　2015~2021 年广东文化制造业增加值与占比情况

3. 基本转向创新驱动型内涵式增长

近年来广东文化制造业生产函数发生深刻变化，已基本从要素驱动型粗放式增长转向依靠科技创新的内涵式增长。从行业技术创新投入看，2021 年，广东规模以上文化制造业企业研发投入占营业收入的 2.3%，高于全国平均水平（2.14%）。2021 年广东规模以上文化制造业企业 R&D 经费内部支出 122.73 亿元，比 2012 年（59.5 亿元）增长了 1 倍。广东规模以上文化制造业企业新产品开发项目数达到 11576 个，占全国的 29.58%。

4. 大中小企业的融通发展格局初现

广东文化制造业市场主体活跃，2020 年规模以上文化制造业法人单位数 4089 个。基于广东文化制造业科技附加值高、文化消费终端市场占有率高的行业特征，广东文化制造业大中小企业协调互促、融通发展的格局初步显现。2020 年统计数据显示，广东拥有文化制造业大型企业 149 家、中型企业 670 家、小型企业 3036 家（见表 8-2）。产业链头部企业在助力产业链整合方面发挥了较好的"头雁"作用。具备专精特新优长的中型企业发挥自身技术、专业化生产优势，对提高产业链整体竞争力和抗风险能力发挥了积极作用。数量最多的小型企业则借力行业领军企业和专精特新企业，实现了协同创新、共同发展，持续优化自身发展方向，为完善产业生态发挥了积极作用。

表 8-2   2020 年广东文化制造业不同规模企业情况

企业类型	企业数（家）	从业人员数（人）	营业利润（万元）	研发费用（元）
大型	149	395150	2089124.9	1110622.4
中型	670	405507	1320006.5	489931.1
小型	3036	331160	501706.2	457729.4

5. 文化制造行业集中态势日益明显

文化装备生产是广东文化制造业的重要支柱，占全国文化装备生产的 1/4。广东文化装备生产比重远远超出其他文化制造行业部门。2021 年，广东文化装备生产实现增加值 543.8 亿元，占全国文化装备生产增加值的 1/4（2021 年，全国文化装备生产增加值 2134 亿元）。此外，广东文化消费终端生产占据较大份额。2021 年，广东文化消费终端生产实现增加值 1103.8 亿元，占广东文化制造业增加值总额的 42.86%。

从文化制造业行业小类分组情况看，广东文化制造业法人单位主要集中在珠宝首饰及有关物品制造（283 家）、其他工艺美术及礼仪用品制造（130 家）、油墨及类似产品制造（120 家）、包装装潢及其他印刷品制造（910 家）、音响设备制造（424 家）、塑胶玩具制造（491 家）以及影视录放设备制造（135 家）领域。按照工业总产值规模评定，行业规模排名前六的分别是珠宝制造（1724.73 亿元）、电视机制造（1482.84 亿元）、包装印刷制造（1016.69 亿元）、音响设备制造（800.85 亿元）、塑胶玩具制造（507.62 亿元）、机制纸及纸板制造（500.76 亿元）。按照研发费用投入情况看，技术密度较高的行业主要分布在智能无人飞行器制造（29.56 亿元）、应用电视及广播电视设备制造（10.05 亿元）、包装印刷制造（16.29 亿元）、机制纸及纸板制造（10.22 亿元）、露天游乐设备制造（25.02 亿元）。由此可见，黄金珠宝时尚文化消费品生产、演艺声光电技术设备制造、游戏游艺设备制造、包装印刷制造、玩具制造以及人工智能文化活动辅助设备制造是广东优势文化制造业门类。

6. 文化制造业区域特色集聚效应突出

广东文化制造业已形成了较为鲜明的区域集聚效应，且文化制造业集聚与广东制造业技术特征分布具有较强的相关性。从区域分布看，基于珠江口东岸电子信息产业集聚特征，深圳、东莞在新一代电子信息相关联文化产品、文化辅助生产类产业具有更为集中的行业分布。同时，文化装备制造业主要呈点状集聚在珠江口西岸高端装备制造业产业带重点城市。如灯光影音演艺装备主要集中在广州，游戏游艺装备产业主要集中在中山等。此外，珠宝、钟表时尚文化产业主要集中在深圳、广州。玩具等文化消费终端生产制造主要集中在汕头、潮州等东部沿海经济带。

从发展规模看，各地市文化制造业工业产值形成梯度位序。2020 年数据显示，规模以上文化制造业工业总产值超千亿元城市有两个，分别是深圳 3355.02 亿元和东莞 1371.56 亿元。规模以上文化制造业工业总产值超百亿元城市有 11 个，其中广州实现 794.52 亿元，佛山实现 959.23 亿元，汕头实现 377.48 亿元。珠海、汕尾、中山、江门、湛江、肇庆、潮州、揭阳也达到百亿元以上产值。

（二）广东文化制造特色行业发展评价

1. 黄金珠宝首饰等时尚文化消费品生产进入品牌化升级期

广东是黄金珠宝首饰产业重要的生产集聚中心、商贸交易中心与行业信息枢纽。广东黄金珠宝首饰产业链完备，涵盖设计研发、生产制造、展示交易、品牌推广、检验检测等各个环节。珠宝制造企业主体规模庞大、产业生态完备，是国际黄金珠宝产业全球生产网络的重要组成部分。目前，广东形成了番禺沙湾珠宝首饰加工、深圳罗湖珠宝加工交易、深圳盐田珠宝首饰设计加工、佛山顺德珠宝加工等黄金贵金属、钻石首饰镶嵌制造集聚中心，以及以佛山南海平洲、肇庆四会、揭阳阳美为主的翡翠玉器加工生产中心。

作为与时尚文化消费紧密结合的奢侈文化终端消费生产，广东黄金珠宝首饰集聚区已经从一般的来料加工集聚区向文创 IP 驱动、品牌化驱动的高端时尚文化产业高地升级发展。以黄金珠宝首饰典型集聚区——深圳市罗湖区为例，深圳市罗湖区黄金珠宝产业增加值从 2004 年的 3.26 亿元提升至 2021 年的 93.56 亿元①，占 GDP 比重从 0.7% 提升至 3.36%。深圳市相继出台《深圳市时尚产业发展规划（2021—2025 年）》《深圳市现代时尚产业集群数字化转型实施方案（2023—2025 年）》等行业指导规划与产业政策，支持罗湖区以珠宝首饰为重点，建设国际化高端时尚基地；支持盐田区黄金珠宝产业向价值链高端延伸，打造黄金珠宝时尚制造基地。

专栏 1：珠宝首饰产业品牌化升级——以周大生为例

"周大生"是国内最具规模的珠宝品牌运营商之一，经营范围涉及品牌珠宝首饰的设计、推广和连锁经营，主要产品包括钻石镶嵌首饰、素金首饰。公司终端门店数量达 4616 家，其中加盟门店 4367 家，自营门店 249 家。公司将产品的生产外包于专业的珠宝首饰生产厂商，充分发挥其专业性和规模效应。针对国内珠宝首饰加工企业的现状和特点，公司建立了一套有效的供应商管理机制，实现了委外生产厂商的生产体系与公司业务发展的良性互动。2022 年，公司自营线下业务收入 10.69 亿元，同比下降 15.13%；自营线上（电商）业务收入 15.46 亿元，同比增长 34.65%；加盟业务收入 82.96 亿元，同比增长 27.20%。黄金、铂金和

---

① 《深圳市罗湖区 2021 年国民经济和社会发展统计公报》，深圳市罗湖区政府网站，2022 年 6 月 8 日，https://www.szlh.gov.cn/zwgk/jggk/tjsj/tjgb/content/post_10116262.html。

钻石是公司采购的主要原材料，黄金、铂金主要自上海黄金交易所采购，采购金额分别占报告期采购总额的89.70%、0.06%；报告期钻石采购总额为5.58亿元，占采购总额的5.63%；公司产品主要通过委外加工方式进行生产，报告期委外工费总额为2.3亿元，占报告期采购总额的2.33%。

公司采取指定供应商模式。素金首饰产品供货一般通过指定供应商完成，产品仅限于公司指定品类和指定标准。指定供应商和加盟商自行结算货款，所选购产品均需经过公司内检和国家/地方检测机构检测合格后使用"周大生"品牌销售，公司根据黄金/铂金、黄金摆件、绒沙金摆件、K金、钯金、黄金镶嵌、银饰、翡翠、和田玉、珍珠等产品种类的重量、成本或标签价的一定比例收取产品品牌使用费。

从珠宝产业消费市场格局看，珠宝首饰行业渠道格局仍然以线下为主，且渠道优势明显。国内市场的品牌格局大致形成以下四类：一是品牌知名度较高和地域覆盖面较为广阔，如品牌市场占有率较高的周大福、老凤祥、周大生等大众化珠宝首饰市场领先企业；二是知名度高，但地域覆盖度低，价格昂贵，如卡地亚（Cartier）、蒂芙尼（Tiffany）等国际一线高端珠宝品牌；三是知名度较低或渠道覆盖面较为局限的品牌；四是施华洛世奇、潘多拉、APM等定位以年轻人为主的轻奢饰品品牌。目前，中国内地黄金珠宝首饰行业集中度仍比较低，这与中国香港市场、欧美及日本等海外国际市场相比，还有很大提升空间。因此国内大众珠宝品牌目前仍以渠道扩张为核心战略。近两年，港资及内资中高端品牌加快渠道下沉。同时外部不利因素加速了尾部出清，珠宝行业呈现强者恒强的局面。未来，随着竞争持续，行业集中度会继续向头部品牌集中，但难以出现一家独大的局面。周大生注重规模扩张、注重黄金产品的品牌打造，迎合黄金高景气度趋势，引领行业发展。周大生品牌整体较为年轻化，符合新时代消费者定位；早年公司依托三、四线城市的渠道先发优势，率先抢占了下沉市场红利，处于渠道规模第一梯队；同时在2021年快速调整产品策略，发力黄金，并配合深度营销、高效营运，迅速提升黄金产品市场份额。

结合互联网消费趋势，以周大生为代表的珠宝企业围绕品牌形象和影响力的提升夯实品牌基础，积极探索融合发展新模式，大力推进品牌升级、变革创新、数字化转型，充分利用互联网优势，扩充品牌私域流量，多媒介联动实现品效协同。根据中国珠宝玉石首饰行业协会出具的证明，"周大生"品牌市场占有率在境内珠宝首饰市场排名前三。同时，自 2011 年起，公司连续 12 年进入世界品牌实验室（World Brand Lab）发布的"中国 500 最具价值品牌"榜单，品牌价值从 2018 年的 376.85 亿元上升到 2022 年的 758.85 亿元，居中国轻工业第二，已成为中国境内珠宝首饰市场最具竞争力的品牌之一。

2. 演艺设备基于沉浸式文旅新业态的发展步入加速发展期

基于广东照明、音响等上游制造业的工业优势，广东演艺技术设备制造业居于全国前列，并在全球中低端市场占有压倒性份额。随着体验型文旅新业态的蓬勃发展以及虚拟现实、智能交互等技术的日新月异，广东演艺技术设备制造进入信息技术与内容创意深度融合的快速发展期。

演艺技术设备制造业起源于欧美，其在广东的发展历程可分为四个阶段。第一阶段：声光单一功能工业化制造阶段。基于广东来料加工等外向型加工贸易经济的主流生产模式，白炽灯、日光灯等照明设备以及晶体管、第一代集成电路音响设备作为生活消费品在珠三角核心城市形成了一定的集聚规模，同时在传统舞台效果营造方面有少量应用。第二阶段：声光电特效初步发展阶段。随着 LED 电光源、激光光源和场效应管音响的多领域市场化应用，舞台灯光照明音响设备功能不断丰富，出现了多种声光效果的舞台推广应用。珠三角部分传统照明、音响制造企业逐步向舞台技术设备制造领域进行专业化转型升级。第三阶段：声光电融合发展阶段。数字化控制系统在舞台设备领域的涵盖范围和处理对象越来越广，对灯光、音响等设备的集成控制和信息处理方式日益复杂，舞台声光电效果日益多样化。同时，北京奥运会等重大体育赛事和"印象系列"大型实景演出等文旅演艺产业的发展对广东特别是珠三角地区演艺技术设备上游产业链发展起到较大的推动作用。第四阶段：演艺技术设备制造与沉浸式文旅新业态融合发展阶段。AI、自适应、云计算、5G 通信等先进技术在声光电领域的深度渗透促进了演艺技术设备的更深层次的文化科技融合发展。特别是随着国内新型体验型文旅业态的蓬勃发展，演艺技术设备制造成为营造虚实结合、互动叙事场景空间的重要生产部门。广东演艺技术设备制造产业已经从传统演艺、影视、音乐、展览等文化媒介生产制造业跨越发展成为集成多元视听效果和多元媒介，多方位、全角度调动观众视觉、听觉、触觉感官进入沉浸式互动叙事文旅场景的先进文化价值供给的产业部门。

目前，广东声光电演艺技术设备制造业涵盖了上游电子电器、光学元件、五金、光源、塑料及橡胶、印刷和包装材料等原材料供应商；中游演艺声光电设备生产商；下游演艺设备集成服务商、演出承办方、出口贸易代理商等在内的全产业链生态（见图 8-2）。

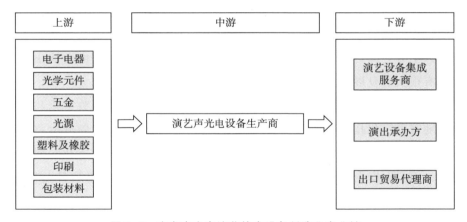

图 8-2　广东声光电演艺技术设备制造业产业链

资料来源：华经情报网、光大证券研究所整理。

从整体来看，广东演艺技术设备上游原材料制造业处于充分竞争状态，各类供应商广泛分布在珠三角地区，原材料供给充分。少数经营规模较大的演艺灯光和电子音响设备厂商具有较强的议价能力。中游演艺声光电设备制造业由早期 OEM 代工发展转向 OBM 品牌发展阶段。在广州、佛山集聚有浩洋电子、珠江灯光科技、彩熠灯光、雅江光电、明道灯光等具有一定业界影响力的龙头企业。伴随文化和旅游深度融合的沉浸式演艺、旅游、城市景观装置塑造产业进入爆炸性增长阶段，广东演艺技术设备产业进入集成升级快车道，引领着国内体验经济发展的产业制高点。

特别是近年来，中国专业演出市场有所增长，行业细分增加市场定制化需求。2021 年以来，全国剧场演出、大型音乐会、音乐节演出市场悄然复苏。2021 年中国演出市场总体经济规模达 335.85 亿元。未来，演出市场呈现专业剧场院线布局下沉趋势，三、四线城市剧场演出有望成为市场新的增长点①。随着消费者对流行音乐文化喜爱的加深，及音乐鉴赏能力的提高，专业剧场演出、音乐会逐步向二、三线城市渗透，演出场次保持持续增长；沉浸式、互动式演出新业态保持增长。以沉浸式体验、场景式消费为突出特点的小剧场、演艺新空间、小型音乐现场（Livehouse）等新型演艺空间建设明显提速，场所数量和演出场次均较 2019 年上升超过 50%②。舞台创作者为追求艺术创作的效果，增加了对舞台灯光设备的个性化需求。同时，伴随旅游业的复苏，旅游演艺需求同市场保持同步增长趋势。参考海外以主题公园为代表的旅游演出市场发展情况，未来中国旅游演出市场仍具有很大的发展潜力。

在技术迭代升级方面，灯光技术与艺术结合，产品更加数字化与智能化。随着数字化技术在各行各业的迅猛发展，演艺灯光设备领域也将逐步跨进全面数字化的时代。当前，演艺灯光设备技术正处于数字化、网络化时代，用户对安全性、稳定性、扩展性以及使用方便性的需求日益提高，便携式、多功能、智能化、信息管理的集成已成为新的技术创新目标。

专栏 2：演艺设备制造步入沉浸式产业快车道——以浩洋股份为例

浩洋公司是一家集舞台娱乐灯光设备、建筑照明设备、桁架和紫外线消毒设备等产品的研发、生产与销售于一体的高新技术企业。2022 年，

---

① 张悦：《大型演出活动将呈爆发性增长》，《中国艺术报》2023 年 4 月 14 日。
② 《报告：2022 年中国演出市场总体经济规模 243.6 亿元》，新京报百度百家号，2023 年 4 月 8 日，https://baijiahao.baidu.com/s?id=1762577593085694071&wfr=spider&for=pc。

公司实现营业收入约 12.23 亿元，同比增长约 97.80%。经过十余年的积累，其在演艺灯光设备的造型、电子、光学、热学、机械结构及控制系统等技术领域拥有多项自主知识产权。

公司是国家文化出口重点企业，国家文化产业示范基地，工信部认定的"制造业单项冠军示范企业""专精特新小巨人企业"。公司产品参与了国内外众多有影响力的大型项目，如 2008 年北京奥运会、2010 年上海世博会、2014 年南京青奥会、2016 年 G20 杭州峰会、2017 年广州财富论坛、2018 年上海合作组织青岛峰会、2019 年国庆 70 周年天安门庆典、央视及各大卫视春晚，以及欧洲歌唱大赛、2012 年伦敦奥运会、2022 年卡塔尔世界杯等国内外大型会议演艺活动和上海中心大厦、深圳平安金融中心等知名建筑项目。

公司生产模式为订单式生产、非订单式生产相结合，并采用外协加工的方式。公司主要产品包括舞台娱乐灯光设备、建筑照明设备、桁架和紫外线消毒设备，其中舞台娱乐灯光设备分为订单式生产和非订单式生产，而建筑照明设备与桁架基本为订单式生产。订单式生产是根据业务部门的订单进行生产；非订单式生产则是公司根据相关产品的实际产能与生产周期以及市场需求状况进行预测判断，进而安排预生产。在加工模式方面，公司采用外协加工模式，主要集中于技术含量低、生产环节有一定污染、需要专用加工设备投入的金属表面处理的环节，不涉及公司的核心技术，且市场上存在较多具有可替代性的外协厂商。

演艺消费具备文化消费属性，这赋予了优质中游厂商较大利润空间。以下游文化演艺市场龙头企业宋城演艺、锋尚文化为例，二者的文化演艺相关业务毛利率近 5 年均维持在 35% 以上，2017~2019 年，宋城演艺的现场演艺业务毛利率更是高达 70%。下游现场演艺产业的高赢利水平，源自其文化消费属性，其核心消费者对价格敏感性不高，因此，能输出实现更佳演艺效果的演艺装备的中游装备制造商，有望获得较高赢利空间。以舞台灯光设备代表性公司浩洋股份为例，尽管受疫情扰动，但其近 5 年的毛利率始终维持在 40% 以上。

3. 游戏游艺设备制造业基于文旅消费空间下沉进入转型期

广东游戏游艺设备制造业起步早，通过近40年发展，已形成以广州番禺、中山港口为代表的专业集聚区。具有国内较高的市场占有率和较好的技术、人才先发优势，并在游戏设备和游戏游艺专用设备等领域形成了华立、金马等一批头部企业。游戏游艺设备制造一般是指综合运用机械、电、光、声、水、力等技术，满足游客游乐需求的设备载体。随着新一代信息技术发展和文旅消费活动的融合升级，广东游戏游艺设备制造业步入深度转型期。

广东商用游戏游艺设备制造萌芽于20世纪80年代，基于游乐园、主题乐园等一批文化消费空间在广东经济发达城市的先行试水，珠三角一些地区以游戏游艺设备维修厂为基础逐步发展起了游戏游艺特种设备专业化制造集聚区。目前，广东游戏游艺设备制造业营收规模超百亿元并在全国处于领先地位，是中国游戏游艺设备生产主要基地。2016~2021年数据显示，广东省游戏游艺机营收规模占全国市场比重保持在98%以上。从参与海外市场竞争情况看，省内部分优势企业在部分领域掌握着自主知识产权，逐步在中高端市场参与全球一线品牌的市场竞争。

游戏游艺产业上游主要包括电子元件、结构材料、五金器材等行业，下游主要为游艺娱乐场所、游乐场、主题乐园、旅游景区等。游戏游艺设备制造处于整个产业链的中端环节。一方面，其与上游原材料厂商具有密切的技术互动关系以及价格传导机制。上游电子元件、电子芯片、显示屏触屏、外框架结构部分等产品的技术更新将带来游戏游艺制造的延伸产品、功能创新。上游行业产品的价格波动也会直接影响游戏游艺设备制造的整体发展环境。另一方面，其与游戏游艺娱乐终端服务业之间也有较强的供需联动关系，并对下游相关服务业的宏观调控形成传导机制。下游游戏游艺娱乐市场的消费者需求喜好、文化消费习惯、创意体验需求直接对游戏游艺设备制造形成反馈效应。国家、地区游艺娱乐政策、文旅规划等也会对游戏游艺设备制造业发展形成间接推动或抑制作用。

文旅消费新变化以及文旅业态加速向二、三线城市下沉对上游环节游戏游艺设备制造转型发展带来深刻影响。一方面，多样化、个性化文旅消费模式新变化加快推动传统文旅消费市场结构的重组。统计数据显示，2021年，城镇居民的休闲时间较 2019 年以前有较大幅度增长。以近郊游、微度假为主的本地化小通勤高频次游成为都市文旅消费新增长点，催生文旅文化空间、文旅业态的新变化。旅游景区、大型主题公园等传统旅游消费市场份额不断被城市历史文化街区、大型商业综合体、城市小公园等次级公共商业文化空间分割。另一方面，文旅消费业态加速向二、三线城市下沉。统计数据显示，近年来新投资新开工的重大文旅项目主要集中在二、三线城市，文旅投资下沉趋势加剧。伴随文旅消费新变化，游戏游艺设备制造产业不断向"高科技游乐设备制造+文化内容创作+现代游乐服务"融合发展转型，游乐生活化、游乐地标化、游乐文创化特征明显。

专栏3：游戏游艺设备制造业步入文旅融合转型发展期——以华立公司为例

华立是国内商用游戏游艺设备的发行与运营的综合服务商与龙头企业，公司以"为用户创造快乐"为宗旨，业务涵盖游戏游艺设备设计、研发、生产、销售、运营等环节，形成了完整产业链。2022 年，公司实现营业收入 6.04 亿元，同比下降 3.55%，归属于上市公司股东的净利润-7122 万元，同比下降 235.56%；报告期末，公司资产总额 11.53 亿元，较期初减少4.94%，归属于上市公司股东的净资产 6.38 亿元，较期初减少 11.77%。

公司主要产品包括可以满足用户娱乐、亲子、体育健身等需求的游戏游艺设备以及动漫 IP 衍生产品。

公司还开展了设备合作运营业务和游乐场运营业务。设备合作运营业务指公司与下游客户签订协议，约定由公司将游戏游艺设备寄放在客户运营的游乐场所，公司从该设备经营收入中收取分成款。设备合作运营业务为公司带来持续稳定收益的同时丰富了公司的赢利渠道，降低了客户运营游乐场所的前期成本，实现了双方的优势互补、互利共赢。同时，设备合作运营业务有助于公司及时了解产品运营情况、分析用户需求，为引导公司开发、引进新产品、新技术提供及时、有效的指导信息，形成"研发支持销售，销售引领运营，运营促进研发"的良性循环。

　　游乐场运营业务指公司在商业综合体直接经营游乐场所的业务。鉴于室内游乐场等休闲娱乐项目强大的吸引客流能力，国内商业综合体积极引入游乐场门店已成为行业显著趋势。核心地段的游乐场因其巨大的聚集性人流量成为一种不可再生的稀缺资源。公司经过多年的发展，拥有丰富的产业经验，同时，公司与粤海、永旺、万科等大型商业地产公司建立了良好合作关系，将运营服务进一步延伸至游乐场运营服务。游乐场运营业务有助于公司对消费者的消费习惯、消费偏好进一步分析，及时调整游乐场经营布局及设备配置，对公司产品的设计、研发具有重要的意义，自营游乐场也是公司向下游客户展示优质产品及经营模式的直接平台，对引导客户进行产品的选购、经营理念的优化提供了重要的参考素材，有利于促进原有客户加快引进优质产品，也有利于吸引行业外的投资者进入游戏游艺行业。

（三）广东文化制造业发展的问题与困境

　　广东文化制造业既有当前中国制造业发展所面临的一般问题，也存在文化生产力转化为产业资源、创造产业价值的特殊问题。除此之外，文化制造业内部各行业之间的劳动生产率也存在较大的部门差异。

1. 文化产品制造仍处于工业产品规模化加工阶段

　　经过 30 余年的发展，广东成为文化产品的生产大省。尽管文化制造业经过持续的产业转型升级，形成了特色的产业集群。但是，乐器、珠宝、玩具、工艺美术品等诸多文化产品所附加的深刻文化和艺术内涵仍然匮乏[①]。特别是在时尚文化制造领域，广东占有一定的国际国内市场份额，但产业链整体仍然处在低附加值发展环节，还有相当多企业处于贴牌加工制造发展阶段。以乐器生产制造业为例，乐器制造具有现代工业技术、传统工匠技艺与文化艺术深度结合的特征，同时乐器制造业发展水平又与音乐教育、音乐生产、音乐发展等息息相关。当前，广东从事中乐器、西乐器、

---

① 马铭波、王缉慈：《知识深度视角下文化产品制造业的相似问题及根源探究——基于国内钢琴制造业的例证》，《中国软科学》2012 年第 3 期。

电子乐器及其他乐器、乐器零件制造的规模以上企业有 40 多家，达到上百亿元产值规模。其中，珠江钢琴作为全球产量规模领先的钢琴制造商，2022 年，销售 113395 台钢琴，截至 2022 年，累计产销钢琴超过 280 万架①。但产量规模具备优势的同时，其在工艺技能、音乐和文化等各种知识的积累以及与制造技术的融合方面与国际顶端品牌仍有一定差距。正如珠江钢琴董事长童志成所说，最好的钢琴不是由机器生产出来的，而是用心生产出来的②。

2. 文化制造所依赖的工业体系水平整体有待提高

广东是金属、非金属材料加工，装备制造，电子信息产品等工业制造大省，但钢丝、油墨、油漆、胶以及数控加工设备等产业链最基础的上游原料品恰恰成为制约广东文化制造业发展的短板。由于核心原材料的产品质量、精度和稳定性与国际一流水平存在差距，文化产品制造的一些核心零部件和关键材料仍需要从日本、德国等工业发达国家进口。制造业基础能力和产业链现代化水平不高的短板，制约了广东文化制造业的创新发展。

3. 文化制造业内部结构失衡，行业间生产率差距较大

广东文化制造业整体发展规模处于全国前列，但产业内部发展结构不均衡，不同细分行业部门之间的劳动生产率水平差异较大。企业户均产值、从业人员人均产值以及分行业研发投入等指标呈现较大差异。高科技含量、高技术附加值的声光电演艺装备制造、数码文化产品制造等体现广东文化制造业水准的产业与文具、玩具等劳动密集型传统文化制造业之间的行业生产效益、行业创新效益存在巨大差异。加快实施传统文化制造业转型升级面临较大压力。

4. 传统文化资源的数字化工业化价值化开发不足

广东文化制造业中的"粤味"不浓，地域文化优势尚未充分显现。基于广东本土优秀岭南地域传统文化资源进行价值化活化开发的文化制造业

---

① 《珠江钢琴：2022 年年度报告》，新浪财经，2023 年 3 月 31 日，https://vip.stock.finance.sina.com.cn/corp/view/vCB_AllBulletinDetail.php?stockid=002678&id=8940958。

② 马铭波、王缉慈：《知识深度视角下文化产品制造业的相似问题及根源探究——基于国内钢琴制造业的例证》，《中国软科学》2012 年第 3 期。

发展不足。广东岭南传统文化资源丰富，但传统地域文化仅仅在工艺美术品及礼仪用品制造领域进行了不完全开发利用。2020 年数据显示，广东工艺美术品及礼仪用品制造领域的规模以上法人单位有 130 家，其中亏损企业达到 11 家。行业整体盈利能力偏低，对广东岭南地方文化的传统工艺、艺术、内涵、文化元素挖掘不足。另外，传统岭南地方文化与其他文化产品制造业的融合程度也偏低。

第三节　广东文化制造业发展建议

实现制造业高质量发展是广东加快塑造新发展格局的战略优势，也是推进高质量发展的重要举措。实现文化制造业创新发展需要广东在以实体经济为本，坚持制造业当家的总战略下，把科学技术创新与文化创意创造作为其产业发展的核心动力①。以文化制造的高质量发展，进一步助推广东壮大实体经济，努力为广东在新征程中走在全国前列、实现高质量发展提供有力支撑。

（一）全域统筹，打造具有国际领先水平的现代文化制造高地

1. 优化完善纵深协同的特色产业发展格局

健全省级规划统筹机制，科学优化文化制造业全省产业布局，加强珠三角地区与港澳、粤东粤西粤北地区与粤港澳大湾区、全省与国内国际重点文化产业集聚区域的协同联动，不断拓展产业发展腹地和战略纵深。对标世界一流谋划珠三角地区文化制造产业高端化发展，推动珠江口西岸电子信息类文化制造与珠江口东岸文化装备制造深度融合，全面增强核心区的文化制造业的创新策源能力和辐射带动力。支持粤东粤西粤北地区结合在地文化资源禀赋和功能定位，全面加强与粤港澳大湾区的文化制造产业链供应链协同合作，形成紧密衔接、互为支撑的产业分工体系。

2. 培育壮大特色文化产业集群

推进文化装备制造向千亿元产值，文化终端消费向万亿元产值进军，

---

① 《中共广东省委 广东省人民政府关于高质量建设制造强省的意见》，广东省人民政府网站，2023 年 6 月 1 日，https://www.gd.gov.cn/gdywdt/zwzt/kdyxtz/zcsd/content/post_4190612.html。

打造一批世界级先进文化制造业集群。在沉浸式演艺、文化高端装备制造领域培育新增 1~2 个万亿元级战略性产业集群。推动数字文化终端消费等新兴产业跃增式发展，培育新增 2~3 个战略性新兴文化制造产业集群。前瞻谋划未来文化产业，利用 6G、新一代人工智能、量子科技、基因技术等领域的硬核成果与传统文化产品、服务相结合，积极抢占产业发展战略制高点。开展传统产业提质升级专项行动，加快推动工艺美术品制造、文具玩具制造、珠宝与乐器制造等产业提质升级，分行业打造特色优势产业集群。

3. 提升文化产业关联工业基础能力

借助广东全面实施产业基础再造的发展契机，着眼文化制造领域核心基础零部件、核心基础元器件、关键基础软件、关键基础材料、先进基础工艺等领域，推进工程化攻坚和平台建设，建立长周期支持机制持续推进共性技术攻关突破和推广应用。对接"广东强芯"工程，扩大半导体及集成电路产业投资基金扶持范围至文化装备制造、游艺游戏制造等领域。实施黄金珠宝产业贵金属等原材料保供稳价长效机制，确保相关原材料资源供应保障能力。

（二）提级赋能，打造文化与制造多元融合的产业发展平台

1. 实施文化制造园区载体高标准建设工程

充分用好粤港澳大湾区、深圳中国特色社会主义先行示范区的政策优势，利用好横琴、前海、南沙、河套等重大平台建设机遇，打造具有区域影响力的文化制造业集聚园区。探索建立全省统一高效的文化制造业园区工作协调机制，统筹各类文化制造业园区运营管理。完善园区政策支撑体系，发挥广东省大型产业集聚区、高新技术产业开发区、经济技术开发区、产业园等各类园区文化领域与产业经济领域的政策叠加效应，引导文化制造业集聚区在制造业当家战略中不断发展壮大。

2. 实施县域特色文化资源开发利用工程

将文化制造业集聚区作为县域发展特色经济的重要载体，推动"一县一园"建设，依托资源禀赋和产业基础，引导国有企业、"链主"企业积极

参与文化专业性工业园区开发运营，支持符合条件的文化产业园区开发运营公司发债上市。

3. 高质量打造文化相关新型基础设施网

围绕特色文化制造业产业集群发展需要，加强质检、标准、计量、特检等质量机构综合能力建设，创建一批国家级和省级质检中心、产业计量测试中心、技术标准创新基地、质量标准实验室等。

（三）扩容增量，加大对重大文化产业项目和投资的支持力度

1. 推动文化制造企业投资跃增

聚焦关键领域推动一批文化制造业重点项目加快建设，加大对存量文化制造业企业增资扩产项目的政策支持力度。支持文化制造业企业开展新一轮技术改造和设备更新投资，支持文化制造业企业申请文化科技融合发展示范项目。落实再投资递延纳税优惠政策，促进存量文化制造业外资企业实现利润再投资。打造涵盖天使孵化、创业投资、融资担保、上市培育、并购重组等全生命周期的金融服务体系，有效撬动社会资本为文化制造业企业扩大投资提供资金支持。

2. 推动文化制造招商引资增量提升

建立健全招商引资"一把手"负责制，明确省、市、县以及园区承担文化制造业招商职能的机构，搭建全产业、可视化、智慧化招商引资信息平台。在演艺、电子信息文化装备、数字文化消费终端设备等领域招引一批高质量项目。

第九章
深化文化产业融合发展

随着产业结构的调整、经济转型升级的加速，中国文化产业取得了长足发展。新发展格局下，文化产业融合发展是加快产业转型升级、促进第三产业蓬勃发展、培育国民经济新增长点、提升国家产业竞争力和文化软实力的重要举措。以文化赋能产业既是全面、完整、准确贯彻新发展理念，加快构建新发展格局，着力推动高质量发展的必要手段，也是促进业态融合，要素渗透，产品延伸，满足多样化消费需求，提高人民生活质量的重要途径。目前，广东省文化产业融合的广度和深度不足，文化产业尚未助力相关产业占领"微笑曲线"两端的价值高地等问题依然突出。如何深化文化产业融合发展，激发发展新动能，推动相关产业优化升级是落实文化产业高质量发展的重点与难点。

第一节 文化产业融合发展的内涵与机理

一 文化产业融合发展内涵

产业融合作为一种经济现象，最早源于随着数字技术出现而导致的通信、邮政、广播、报刊等传媒行业之间的相互交叉。从狭义角度讲，产业融合是为了适应技术变革而出现的产业边界的收缩或消失。从广义角度讲，产业融合是一个由技术进步或管制放松引发的、创造性破坏的产业动态发展过程①。在这一过程中，不同产业或同一产业内不同行业之间的业务、组织、管理发生优化整合，改变了原有产业、产品和市场需求的特征，导致产业中企业之间的竞争合作关系发生变化②，从而逐步形成新的产业属性或新型产业形态。产业融合可以是包含产业联系、产业转移、产业合作、产业分工等诸多内容在内的一般性概念，也可以是强调融合路径的技术融合、业务和管理融合、市场融合等实现的过程。

随着产业融合的发展和对产业融合认识的加深，越来越多的学者意识到，技术创新固然重要，但也不是推动产业增长的万能因素，特别是对于位于产业链两端的产品设计和品牌营销等高附加值环节，技术所能发挥的推动作用有限，文化的赋能作用更为明显。文化产业具有无污染、强渗透、高附加值等特点。在互联网时代，文化产业对其他产业的渗透变得更为容易③。在中国经济发展的新常态下，通过文化产业与相关产业的融合发展，既可以有效发挥文化产业在优化产业结构、提高生活品质、增强国家文化软实力等方面的重要作用，又可以利用文化资源为产业赋能，促进高端制造业、新型服务业等实现产业结构调整与优化，促进新兴产业发展，扩大有效供给。

党的十八大以来，以习近平同志为核心的党中央高度重视文化工作，积极推动文化产业融合发展。2014 年，国务院印发的《关于推进文化创意和设计服务与相关产业融合发展的若干意见》明确提出，文化产业要跨越产业固有边界，打破行业与区域壁垒，相互融合发展促进产业结构的升级。2020 年，文化和旅游部印发的《关于推动数字文化产业高质量发展的意见》指出，要推动 5G、大数据、AR/VR、人工智能、超高清等数字技术在文化和旅游业广泛应用。2020 年 9 月 17 日，习近平总书记在视察湖南长沙马栏山视频文创产业园时指出："文化和科技融合，既催生了新的文化业态、延

---

① 张来武：《产业融合背景下六次产业的理论与实践》，《中国软科学》2018 年第 5 期。
② 杨娇：《旅游产业与文化创意产业融合发展的研究》，硕士学位论文，浙江工商大学，2008。
③ 张来武：《产业融合背景下六次产业的理论与实践》，《中国软科学》2018 年第 5 期。

伸了文化产业链，又集聚了大量创新人才，是朝阳产业，大有前途。"①
2020 年 9 月 22 日，习近平总书记在教育文化卫生体育领域专家代表座谈会
上指出："文化产业和旅游产业密不可分，要坚持以文塑旅、以旅彰文，推
动文化和旅游融合发展，让人们在领略自然之美中感悟文化之美、陶冶心
灵之美。"②

广东省先后出台《广东省推进文化创意和设计服务与相关产业融合发
展行动计划（2015—2020 年）》《关于促进文化旅游融合发展的实施意见》
《关于贯彻落实深入推进文化金融合作的实施意见》《广东省关于加快文化
产业发展的若干政策意见》《广东省加快推进文化和旅游融合发展三年行动
计划（2020—2022 年）》《关于促进文化和科技深度融合的指导意见》《广
东省促进文化和科技深度融合实施方案（2021—2025 年）》等政策文件，
推动文化与旅游、科技、金融等产业及领域的深度融合。

二 文化产业融合发展的机理

文化产业通过对产业交叉领域的探索，寻找相通点，进而对其他相关
产业进行渗透和影响。从内在动力来看，产业关联性、需求多元化、投资
多样性构成了文化产业融合发展的内部动力。产业关联是产业融合的基础
和前提，两个产业的关联性越强，彼此间的资源利用率就会越高，越容易
形成融合发展。市场需求或用户偏好、模块化、社会经济发展、全球化等
也被认为是推动产业融合发展的动力。杨颖将旅游产业融合动因总结为旅
游的体验性、闲暇的二重性以及经营者对经济性回报的追求③。董桂玲指
出，文化产业存在推力子系统、引力子系统、支持力子系统，三个子系统
共同作用，形成动力系统，推动动漫业和旅游业之间的融合④。刘辛田和刘

---

① 《大湖之南 | 马栏山，快马如何再加鞭》，金台资讯百度百家号，2023 年 7 月 28 日，ht-
tps://baijiahao.baidu.com/s？id=17726530785299222303&wfr=spider&for=pc。

② 习近平：《在教育文化卫生体育领域专家代表座谈会上的讲话》，人民出版社，2020，第
7 页。

③ 杨颖：《从业态多样性现象透视旅游业转型发展——以旅游业与创意产业融合为例》，《旅
游论坛》2008 年第 6 期。

④ 董桂玲：《动漫业和旅游业产业融合的动力机制研究》，《经济研究导刊》2009 年第 32 期。

金元将文化产业与旅游业的耦合式发展，看作建构文化产业核心竞争力的一种必然选择，从产业竞争力角度指明了文化产业和旅游业融合的意义①。林榀荷和吕庆华认为，目前文化产业存在产业下游化和需求高级化两股力量，前者是推动力量，后者是拉动力量，这两种力量推动着非公经济与文化产业的融合发展②。

从外在动力来看，政策引导、经济驱动、技术革新等多重因素，共同构成了文化产业融合发展的外部动力。Porter 指出，产业融合的主要动力来源于技术创新或技术融合对传统产业边界的改变③。Hamel 和 Prahalad 认为，管制放松、全球化、私有化以及新技术正在慢慢消解产业的边界④。Yoffie 等发现技术创新、政策管制放松、管理创新或战略联盟等是产业融合的主要动力⑤。Greenstein 和 Khanna 认为，产业融合是为了适应产业增长而发生的产业边界的收缩或消失⑥。张海燕和王忠云指出，技术进步通过作用于创意，使之变更，进而推动民族文化旅游创意产业的发展⑦。

三 文化产业融合发展是一个演进过程

文化产业融合发展过程包括从产业间互为资源和工具的传统自然融合，到以技术为核心的创新性产业融合，再到以文化为核心的引领性产业融合。总体上看，目前我国文化产业融合主要是以信息技术为基本支撑的数字化

---

① 刘辛田、刘金元：《基于区域文化产业竞争力的富厚堂文化产业与旅游业耦合发展研究》，《湖南人文科技学院学报》2010 年第 2 期。

② 林榀荷、吕庆华：《与文化产业融合：非公经济发展的新视角》，《科技和产业》2011 年第 9 期。

③ M. E. Porter, *Competitive Advantage: Creating and Sustaining Superior Performance*, Free Press, 1985.

④ G. Hamel, C. K. Prahalad, *Competing for the Future*, Harvard Business Review Press, 1996.

⑤ D. Yoffie, "Introduction: CHESS and Competing in the Age of Digital Convergence," In D. Yoffie (ed), *Competing in the Age of Digital Convergence*, Boston: Perseus Distribution Services, 1997, pp. 1-35.

⑥ S. Greenstein, T. Khanna, "What Does Industry Convergence Mean?" In D. Yoffie (ed), *Competing in the Age of Digital Convergence*, Boston: Perseus Distribution Services, 1997, pp. 201-226.

⑦ 张海燕、王忠云：《基于技术进步的民族文化旅游创意产业发展研究》，《贵州民族研究》2010 年第 6 期。

融合和文化内容转化为产业资源的融合，尚处于文化与其他行业的产业要素相互利用、整合的渗透式融合阶段，即文化产业融合发展的中间阶段，应主动构建以文化为核心和引领的文化产业融合发展格局。

在文献研究方面，杨娇提出，旅游产业与文化创意产业融合的三种模式，分别是渗透型、重组型和延伸型①。蔡旺春和李光明将文化产业与制造业的融合路径归纳为延伸融合、交叉融合与关联融合三种类型②。焦斌龙和王建功提出，文化产业通过对其他产业的影响力和关联效应，通过转化、渗透和提升三种解构机制，与传统产业相融合③。花建提出，从创意设计到时尚体验的联动、从空间再造到创意社区的联动、从遗产传承到创意旅游的联动、从影视演艺到体验消费的联动、从美食产业到创意之都的联动这五种文化产业与旅游联动发展的模式④。袁俊将文化产业与旅游业互动发展的模式归类为产业融合的旅游新产品模式、产业联动的新型旅游营销模式，以及产业链延伸的文化产业景点化模式⑤。占耀宗和金颖若以旅游资源状况和文化产业发展基础为前提条件，提出旅游业主导类型、主导倾向不突出类型、文化产业主导类型三种旅游与文化产业融合发展的模式⑥。崔向阳通过分析都市圈文化产业与信息产业之间的互动关系，并以南京市为例总结了二者融合的三种发展路径，分别为：发展为文化产业提供支撑的信息产业、以信息产业改造传统文化产业、发展新型信息文化产业⑦。

四　文化产业融合发展的研究综述

作为新兴产业，学术界对文化产业与相关产业的融合发展研究相对较

① 杨娇：《旅游产业与文化创意产业融合发展的研究》，硕士学位论文，浙江工商大学，2008。
② 蔡旺春、李光明：《中国制造业升级路径的新视角：文化产业与制造业融合》，《商业经济与管理》2011 年第 2 期。
③ 焦斌龙、王建功：《文化产业解构传统产业：机制与路径》，《晋阳学刊》2009 年第 3 期。
④ 花建：《论文化产业与旅游联动发展的五大模式》，《东岳论丛》2011 年第 4 期。
⑤ 袁俊：《深圳市旅游业与文化产业互动发展模式研究》，《热带地理》2011 年第 1 期。
⑥ 占耀宗、金颖若：《旅游与文化产业融合发展的几点思考》，《乐山师范学院学报》2011 年第 9 期。
⑦ 崔向阳：《南京都市圈文化产业与信息产业互动研究》，《南京社会科学》2008 年第 3 期。

晚，大部分文献集中在旅游业、信息产业、金融业这些已经和文化产业出现融合现象的领域，有少部分文献研究文化产业与农业、制造业等其他产业的融合问题。现有文献研究主要涉及文化产业融合的内涵和意义、融合动因、融合模式、融合路径等方面①。

关于文化产业融合的内涵和意义，Pine 和 Gilmore 认为，在文化旅游产业中，供应商之间的激烈竞争会把产品供应提高到一个新的阶段。在体验消费时代，经营者可以通过文化创意手段，引导游客通过旅游体验，完成对自我的重新认识，从而创造新的经济价值②。Richards 认为，与传统的被动观赏的旅游产业相比，文化与旅游产业的融合是一个主动学习的过程。游客在旅游的过程中不断实现自我发展，也促进了经济增长③。Rogerson 认为，创意文化对城市旅游产业发展有促进作用④。李江敏和李志飞将文化旅游的创造性开发过程描述为：在原有文化基础上进行的一定程度的开发利用，并通过引入新的文化载体或在原有文化的基础上揭示出新的文化内涵，进而进行的创造性旅游开发活动。他们将文化要素的融合方式概括为文化的再开发、文化的引入，以及文化的创造三种类别⑤。蔡旺春和李光明认为，文化产业与制造业相互渗透与交叉，既提升了制造业的附加值，也扩展了文化产业的发展空间，二者融合发展对制造业升级具有促进作用⑥。

关于文化产业与相关产业的融合方式，多数学者分析了文化产业和旅游业融合的现状及存在的问题，并基于各自的研究角度提出异质性的融合路径。杨娇指出，旅游产业与文化创意产业融合的核心要素是文化创意旅

---

① 冯晓棠：《文化产业与相关产业融合发展研究述评》，《中国市场》2014 年第 4 期。

② B. J. Pine, J. H. Gilmore, *The Experience Economy*, Massachusetts：Harvard University Press, 1999.

③ G. Richards, "Creativity：A New Strategic Resource for Tourism," in J. Swarbrooke, M. Smith, and L. Onderwater (eds), *Tourism, Creativity and Development：ATLAS Reflections*, Arnhem：Association for Tourism and Leisure Education, 2005, pp. 11–22.

④ C. M. Rogerson, "Creative Industry and Urban Tourism：South African Perspectives," *Urban Forum* 17 (2006)：149–166.

⑤ 李江敏、李志飞主编《文化旅游开发》，科学出版社，2000。

⑥ 蔡旺春、李光明：《中国制造业升级路径的新视角：文化产业与制造业融合》，《商业经济与管理》2011 年第 2 期。

游产品、旅游企业和文化创意企业、以及文化创意旅游客源，需要从供给、需求、政府与环境四个维度探讨推动旅游产业与文化创意产业融合的对策。张海燕和王忠云提出，要重视科技与民族文化的结合，建立民族文化旅游创意产业创新体系，完善知识产权保护制度，培养文化科技人才等指导民族文化旅游创意产业发展的策略①。温学勤等提出，应该以农业为抓手，以休闲旅游为媒介，以文化创意为动力，发展体验农业经济②。林楒荷和吕庆华指出，应通过鼓励企业规模化经营和专业化协作，建立企业产权主体制度，增强企业自身研究开发实力，提高文化企业的综合竞争力③。

与重点在于剖析文化产业与相关产业融合现状，发现问题并提出对策的规范性研究相比，文化产业融合发展的实证研究相对较少，理论基础相对薄弱。鲍洪杰和王生鹏提出，文化产业与旅游业之间存在天然的耦合性，他们从文化产业核算指标和旅游产业核算指标两个方面构建了文化产业与旅游产业耦合发展评价指标体系，并构建了耦合度模型和评判标准④。张海燕和王忠云基于系统性与主体性相结合、层次性、动态性和可操作性四个原则，从基础条件竞争力、竞争潜力和环境竞争力三个角度构建了文化旅游业竞争力评价指标体系⑤。顾江和郭新茹通过赫芬达尔指数测算法测算高新技术产业和文化产业的融合度，并将全国 30 个省份分为：文化产业强、科技融合度高；文化产业强、科技融合度差；文化产业弱、科技融合度高；文化产业弱、科技融合度低；两者都差强人意五个类别。广东属于第一类别⑥。

---

① 张海燕、王忠云：《基于技术进步的民族文化旅游创意产业发展研究》，《贵州民族研究》2010 年第 6 期。

② 温学勤等：《促进三业融合 打造河北特色文化产业》，《现代农村科技》2011 年第 17 期。

③ 林楒荷、吕庆华：《与文化产业融合：非公经济发展的新视角》，《科技和产业》2011 年第 9 期。

④ 鲍洪杰、王生鹏：《文化产业与旅游产业的耦合分析》，《工业技术经济》2010 年第 8 期。

⑤ 张海燕、王忠云：《基于技术进步的民族文化旅游创意产业发展研究》，《贵州民族研究》2010 年第 6 期。

⑥ 顾江、郭新茹：《科技创新背景下我国文化产业升级路径选择》，《东岳论丛》2010 年第 7 期。

第二节　国内外文化产业融合发展的
模式、经验与趋势

一　文化产业融合的模式

文化具有强渗透、强关联的效应，在产业融合发展的背景下，文化产业表现活跃，铸造了"文化+"这个崭新的发展形态，意味着文化产业迈向"升级版"的融合发展新阶段①。从文化产业与相关产业的关系出发，文化产业融合模式大体可分为两类。

一是要素融合于文化产业之内。即"+"后的名词作为要素与文化产业相结合。代表性的有"文化+科技""文化+金融""文化+创意"。"文化+科技"主要是指高新技术要素与文化产业的融合。通过高新技术在文化领域的应用，实现传统文化创造性转型与创新性发展，培育文化新业态、新形态，丰富文化创意产业的内容。"文化+金融"主要通过将融资平台、融资手段、融资方式、融资渠道、金融产品等引入文化领域，盘活文化资源，激活文化发展动能，刺激文化消费等。"文化+创意"则是通过引入创意人才、创意资源等对文化资源进行重新设计与包装，实现文化资源的产业化运营。

二是文化作为要素融合于其他产业之内。即"+"后的名词是被文化赋能发展的产业。代表性的有"文化+制造业""文化+旅游"。"文化+制造业"主要通过文化产品的 IP、创意、设计等提升制造业产品的附加值，增加产品的文化内涵，拓宽产品的销售渠道等。"文化+旅游"是以文化内容、文化 IP、文化内涵等赋能旅游产业，从而丰富旅游产业的服务内容与文化内涵，增强游客的旅游体验。

---

① 张湘涛：《"文化+"：产业融合发展的新形态》，《光明日报》2015 年 12 月 25 日，第 10 版。

二 先进国家与地区的模式与趋势

（一）文化与业态的融合

1."文化＋旅游＋商业"

2016年6月，历时6年筹建，总投资约340亿元的上海迪士尼正式开放。这是迪士尼在中国内地的第一个主题乐园，而在此之前，迪士尼已在全球范围内建立了5个主题乐园。大量的客流显著带动了周边相关产业的发展，大量游客产生的购物、餐饮、居住等需求，促进了相关产业的发展。

迪士尼主题乐园的成功首先应归功于"主题＋情节＋场景"的沉浸式体验。数年来，迪士尼乐园通过整合主题，以建筑、演出、游乐场景设置、娱乐方式等来展现与塑造故事情节，不断推出以童话故事、科学幻想为主题及背景的卡通形象来打造自身的主题形象[1]。除了经典的银幕形象，如加勒比海盗、艾莎公主等，迪士尼还拥有达菲、星黛露、玲娜贝尔等原创IP形象，各种IP凭借自己鲜明的性格特征与感人的故事情节深入人心，吸引了大批游客。

其次，迪士尼乐园人性化的设计也是令游客对这个"梦幻国度""欲罢不能"的原因。迪士尼在规划和设计之初均以让游客感受快乐为宗旨，即便是跳楼机或过山车等刺激性项目也都花了大量心思来减少游客身体的不适感[2]。如美国洛杉矶迪士尼乐园的跳楼机被设计成"酒店"的外观，工作人员会亲切地介绍"酒店"的故事，以减少游客的紧张感，在机器下跌过程中也会设计几个缓冲阶段来减少人体的失重感。迪士尼的员工会全身心扮演其负责的角色，热情为游客服务，并注重与游客的互动。同时，迪士尼乐园也是用高科技武装起来的。其自主设计、生产、建造并安装新型娱乐设施，从声、光、特效等方面为游客带来沉浸式的体验。

最后，因为创意主题新颖，产业链长，迪士尼乐园在人们心中的美好

---

[1] 《从迪士尼乐园看主题公园的运营管理》，搜狐网，2017年9月25日，https://www.sohu.com/a/194368694_100006667。

[2] 《投资4000亿破产提示，本土主题乐园如何生存？》，搜狐网，2019年9月25日，https://www.sohu.com/a/343288223_783459。

形象"长盛不衰"。迪士尼有句口号叫作"永远建不完的迪士尼"，即实行以不断添加新的游乐场所、器具及服务方式来吸引游客与"回头客"的经营策略。其在经营项目上采用"三三制"，即每年都要淘汰 1/3 的硬件设备、新建 1/3 的新概念项目，以不断带给游客新鲜感①。除了主题园区之外，迪士尼乐园每个主题乐园都有对应的餐厅、咖啡厅等，园内还有大型主题酒店和售卖 IP 产品的商店，从衣食住行各方面全面满足游客的休闲娱乐要求，打造全方位的休闲娱乐体验。

2."文化+农业"

2020 年 11 月，全国首家功能性产业园——广东省乡村振兴文化服务产业园（以下简称"文化服务产业园"）肩负着文化赋能、品牌强农的使命而诞生。经过 500 多天的运营，文化服务产业园"硕果累累"：成立全国首个现代农业产业园公共文化服务平台；创建首个农业 VR 影院，建立农业产业园专题 VR 矩阵；打造全国首个农业农村元宇宙虚拟人物；开创百千田头直播，推进建设农产品直播第一县；挖掘首个"市场驻村"新模式；创新推出荔枝、丝苗米、化橘红等农产品慢直播，累计直播破 1 万小时纪录；联动品牌、电商企业开创"品牌助农"新模式，解决农产品销售难题，单次销售柑橘 10 万斤；探索农产品预售、定制、众筹、拍卖、认养、跨界联名、文创组合等新型销售模式，延长农产品销售周期；推出田头音乐会、稻田走秀、农产品主题说唱等新兴文化传播方式，挖掘农产品文化内涵……文化服务产业园一手连着农民，另一手牵着消费者，将品种丰富的农产品推向更广阔的大市场②。

但是，绝大多数的现代农业产业园目前只配置了"种了养了再卖掉"的生产链条，缺乏对市场的洞察力，尚无能力帮助农产品建立起具有辨识度的品牌。在广东省委、省政府的鼓励支持下，广东省农业农村厅大力推

---

① 《从迪士尼看主题乐园的运营管理!》，搜狐网，2018 年 6 月 20 日，https://www.sohu.com/a/236885988_99932979。

② 《234+1 找到文化赋能农业产业振兴的支点——记广东省乡村振兴文化服务产业园》，中国日报网百度百家号，2022 年 5 月 11 日，https://baijiahao.baidu.com/s?id=17325205725555 84973&wfr=spider&for=pc。

进现代农业产业园建设。截至 2022 年 6 月 2 日，已建设 18 个国家级、288 个省级、73 个市级现代农业产业园，形成了国家、省、市三级梯次发展格局，实现了主要农业县、主导产业与主要特色品种"三个全覆盖"①。除了几家生产性的产业园之外，绝大多数是为了帮农产品"找路子""创品牌""增效益"的文化服务产业园。

据统计，截至 2021 年底，广东省现代农业产业园产品品牌（含企业自有品牌）达到 6374 个，其中，新增公共品牌 189 个、新增企业品牌 1121 个，广东荔枝、梅州柚、徐闻菠萝、广东丝苗米、英德红茶、新会陈皮、翁源兰花等一批省级区域公共品牌名气响亮。粤东、粤西、粤北 191 个产业园带动农户 99.06 万户，其中订单农户 40.93 万户，吸引返乡创业人员 47880 人，吸纳农民就业人员 704673 人。产业园内农民可支配收入 23763.60 元，比产业园建设前收入增长 27.98%②。

（二）文化与城乡建设其他领域的融合

1. 文化赋能城市建设

南京是中国四大古都之一，是首批国家历史文化名城，也是联合国教科文组织认可的"文学之都"。为了将"文学之都"的名片与城市建设紧密融合，南京通过政策引导、财政补贴、旅游规划、活动策划等多种方式，推动城市建设，提升公共服务水平，丰富市民生活。

在政策引导方面，南京先后制定出台了《南京市引导城乡居民扩大文化消费的实施意见》《关于促进旅游投资和消费的实施意见》《关于推进南京旅游高质量发展行动方案》，并配套出台《南京市促进演出市场消费实施办法》《南京市文化消费政府补贴剧目实施管理细则》等具体政策，促进文化和旅游消费市场繁荣发展③。

---

① 《做强特色农业产业，广东今年再建 53 个现代农业产业园》，羊城派百度百家号，2022 年 6 月 3 日，https：//baijiahao.baidu.com/s？id = 1734542503350166560&wfr = spider&for = pc。

② 《234+1 找到文化赋能农业产业振兴的支点——记广东省乡村振兴文化服务产业园》，中国日报网百度百家号，2022 年 5 月 11 日，https：//baijiahao.baidu.com/s？id = 1732520572555584973&wfr = spider&for = pc。

③ 谢国庆：《双向奔赴 放大文旅消费示范效应》，《群众》2023 年第 16 期。

在财政补贴方面，自 2017 年起，南京市每年落实 1500 万元文化消费专项资金，补贴演出市场的供给端和消费端。截至 2020 年 9 月底，已评选出 15 批次 531 台 970 场政府补贴剧目，补贴比例为 10%～50%，直接补贴资金 4755 万元。2018 年南京首次设立艺术基金，每年投入 3000 万元用于资助舞台艺术创作、美术创作、广播影视与文学创作、传播交流推广四大类项目，3 年来已拨付资金近 1 亿元，资助项目 334 个①。

在旅游规划方面，南京推出文化遗产之旅、文博科教之旅、古都美食之旅、历史鉴证之旅、养心文化之旅、休闲度假之旅等六大主题线路；全面启动"夜之金陵"品牌打造计划，推出"夜购、夜食、夜宿、夜游、夜娱、夜读、夜健"精品消费线路②。

在活动策划方面，南京持续举办秦淮灯会、国际梅花节、"金陵菜"主题厨艺大赛、国际登高节等一系列品牌节庆活动；不断推进"非遗进校园"传承工作，开展"博物馆+高校"大学生非遗传承实践及"我是小小传承人"等活动，紧紧围绕"创新名城，美丽古都"建设大局，不断营造城市文化氛围，持续丰富"文都"内涵，为"文学之都"IP 注入源源不断的活力③。

2. 文化赋能乡村振兴

陕西旬阳传统木刻版画是一种具有广泛群众基础的古老民间美术工艺，版画上刻绘的高山流水、花草树木、劳动场景、建筑景观等，具有很高的艺术性和观赏性。近年来，旬阳市持续强化旬阳传统木刻版画艺术链、服务链、产业链"三链"建设，探索出一条"活用地域文化资源，赋能乡村文化振兴"的创新实践之路④。

政府统筹规划建设，完善艺术链。旬阳市将版画的传承和发展作为全市"兴文强旅"工作重点和促进乡村振兴、建设美丽乡村的重要抓手，出

---

① 袁婷婷：《南京：文学赋能城市 诗意晕染旅途》，《中国旅游报》2021 年 1 月 8 日，第 3 版。

② 袁婷婷：《南京：文学赋能城市 诗意晕染旅途》，《中国旅游报》2021 年 1 月 8 日，第 3 版。

③ 袁婷婷：《南京：文学赋能城市 诗意晕染旅途》，《中国旅游报》2021 年 1 月 8 日，第 3 版。

④ 李卫：《地域文化赋能乡村振兴——旬阳强化传统木刻版画"三链"建设》，《陕西日报》2022 年 7 月 25 日，第 11 版。

台系列文件，在全市开展版画传承人摸底调研，成立了以蔚、肖、刘、李等六个版画世家为代表的传承人专业团队，不断加大版画后备人才培育力度，为推动旬阳传统木刻版画的传承和发展奠定坚实基础[①]。

建立艺术普及培训体系，强化服务链。旬阳市以市版画院为中心，建设中小学木刻版画教育基地、农民木刻版画职业培训学校、旅游景区版画体验中心等，形成了较为完善的木刻版画公益培训体系；常态化开展木刻版画艺术进家庭、进校园、进社区、进机关、进景区活动；广泛开展版画主题展、版画艺术交流和版画保护等公益活动，并组织优秀作品参加各类展览比赛[②]。

成立木刻版画合作社，发展产业链。旬阳市探索出"培训学校+合作社+体验馆+农户"的经营模式，培训和组织农村富余劳动力从事版画艺术创作和生产，由版画合作社负责对农户创作的作品以质论价进行收购，实现产、展、销一体化。旬阳市各旅游景区建立版画体验馆，开发推广版画旅游纪念品，开发游客体验项目，让游客在充分了解版画的同时，体验动手制作版画的乐趣。此外，旬阳市在网络销售平台上推广版画，让版画的艺术价值转换成经济价值，延长产业链条；推进旬阳传统木刻版画和美丽乡村建设融合，当地农民积极参与版画制作，用版画装饰家园、扮靓乡村，体现了文化艺术之美；推进旬阳传统木刻版画与乡村旅游融合，在蜀河、仁河口、金寨、红军等镇的旅游景点建立版画体验和销售网点，预计年收益可达200万元[③]。

（三）文化融合的支撑条件

1."文化+科技"

华纳兄弟娱乐公司是全球最大的电影和电视娱乐制作公司，它的成功

① 李卫：《地域文化赋能乡村振兴——旬阳强化传统木刻版画"三链"建设》，《陕西日报》2022年7月25日，第11版。

② 李卫：《地域文化赋能乡村振兴——旬阳强化传统木刻版画"三链"建设》，《陕西日报》2022年7月25日，第11版。

③ 李卫：《地域文化赋能乡村振兴——旬阳强化传统木刻版画"三链"建设》，《陕西日报》2022年7月25日，第11版。

依赖于其不断吸收利用资源、开发应用新技术的能力。2002 年，华纳与 ESC 特效公司合作的《黑客帝国 2》，首次应用了无标记点表情捕捉。片中电脑合成的人物精致皮肤，十分逼真。2008 年发行的《本杰明·巴顿奇事》运用了苹果工程师开发的 Mova Contour 系统。该系统可以一次捕捉超过 10 万个多边形的动作形态，精度达毫米以下。自 2003 年起，华纳兄弟就与 IMAX 公司开始了合作，当年上映的《黑客帝国 3》就是首部在 IMAX 银幕和普通银幕同时上映的好莱坞影片。除了 IMAX，2012 年华纳兄弟也与中国自主研发的巨幕技术建立了合作关系，以期进一步开发亚洲市场。手机、网络等新媒体的普及与发展，无疑使电影业的发展受到了冲击。为了应对新媒体的冲击，2011 年 3 月，华纳兄弟牵手 Facebook，推出在线电影租赁服务①。

2. "文化＋金融"

华侨城集团是国家文化产业龙头企业之一，是"全球旅游景区集团四强"中唯一的亚洲企业。2012 年，华侨城集团通过中国工商银行承销，采用信用担保方式在银行间债券市场发行私募债②，成为全国首个发行私募债的文化企业，突破了传统的文化企业单纯依靠信贷融资的模式，开创了大型文化企业融资的新渠道，放大了优质文化企业的信用功能，降低了融资成本，有效促进了文化与相关产业的融合发展。该案例荣获文化部、中国人民银行评选的"优秀文化金融合作创新成果奖"③。

与传统的公开发行债券相比，私募债具有信息披露简化、保密性强、注册流程进一步优化、降低评级中介费用、发行期限和规模不设限等优势。中国工商银行在充分了解华侨城融资需求的基础上成功为华侨城集团发行全国首个文化企业私募债，注册金额达 60 亿元，首期融资金额为 30 亿元，期限为 3 年。所募集的资金主要用于华侨城在全国范围内的旅游项目建设，

---

① 余菲菲等：《开放式创新视角下"文化—技术"融合路径探究——国外文化企业的案例启示》，《企业经济》2013 年第 8 期。

② 简彪：《文化金融创新硕果累累》，《中国文化报》2014 年 5 月 15 日。

③ 戴莲等：《创新融资模式 助推文化产业发展——中国工商银行成功营销华侨城全国首笔文化企业私募债》，《中国城市金融》2015 年第 4 期。

获得了企业的高度认可与好评①。

三 国内主要省市文化产业融合发展经验与模式

（一）北京

1．"文化＋贸易"

《北京市人民政府办公厅关于加快发展对外文化贸易的实施意见》于2016年发布，该意见从加快推进国家对外文化贸易基地（北京）建设、支持文化企业开展对外文化贸易业务、充分发挥国际性文化展会平台作用、促进文化和科技融合发展，以及建立健全文化贸易标准体系五个方面提出若干指导意见，并综合应用财政资金、税收政策、融资渠道、金融工具、促进措施、服务保障支持文化贸易发展②。

2．"文化＋金融"

实施"投贷奖"联动体系。"投"，是指股权投资机构为文创企业提供股权融资服务；"贷"，是指金融机构为文创企业提供低利率、高效率的贷款；"奖"，是指对"投贷奖"体系内成功获得股权融资、债权融资的文创企业进行发债融资、贴息、贴租等奖励支持③。健全完善文化创意产业投融资服务体系，鼓励文创企业合理利用债券、票据、定增、并购等资本市场工具，扩大直接融资规模。开通文创企业上市"绿色通道"，建立拟上市、新三板挂牌企业储备库，培育资本市场的"北京文创"板块④。探索建设北京市文创企业股权转让平台，促进文化版权和文创企业股权的交易或流转。鼓励金融机构设立支持文化创意产业发展的专业性机构或业务部门，积极推动文创银行建设。鼓励保险机构加强文化创意产业保险产品创新，积极

① 戴莲等：《创新融资模式助推文化产业发展——中国工商银行成功营销华侨城全国首笔文化企业私募债》，《中国城市金融》2015年第4期。

② 《北京市人民政府办公厅关于加快发展对外文化贸易的实施意见》，北京市人民政府网站，2016年3月23日，https：//www.beijing.gov.cn/zhengce/gfxwj/201905/t20190522_59080.html。

③ 《拓宽文化投融资渠道 北京推出"投贷奖"联动政策》，国际在线百度百家号，2018年6月8日，https：//baijiahao.baidu.com/s？id=1602670720392447443&wfr=spider&for=pc。

④ 《北京市文化消费券每年发放5000万元》，千龙网，2018年8月21日，https：//beijing.qianlong.com/2018/0821/2774793.shtml。

开展知识产权、影视、演艺、体育、会展、旅游等方面保险保障服务①。完善文化金融中介服务市场体系和企业信用评价体系。

3. "文化+科技"

加快互动影视、超感影院等新型产品开发，加大情感感知、新型人机交互、全息成像、虚拟现实、文化资源数字化处理等技术创新力度。推进数字技术创新与文化创意产业有效衔接，支持发展高精尖文化装备。推动大数据、物联网、云计算、人工智能等先进技术在新闻出版、广播影视、广告会展、文化旅游等领域深度应用，提升影视后期制作、艺术展演展陈、文物和非物质文化遗产保护修复等方面的数字化、智能化、网络化水平。发展基于互联网的新型文化商业模式和产业业态，发挥新一代信息技术、数字技术对内容创作、产品研发、模式创新的支撑作用，提升文化创意领域 "互联网+" 创新发展水平②。

4. "文化+设计"

发挥 "设计之都" 资源汇聚优势，大力发展产品设计、建筑与环境设计、视觉传达设计等行业，使北京成为传统文化元素和现代时尚符号汇聚融合的时尚创意之都。支持创意设计类众创众包服务平台建设，提升企业的自主创新和成果转化能力。推进创意设计与高端制造、商务服务、信息、旅游、农业、体育、金融、教育服务等产业融合发展，打造北京设计、北京创造品牌③。

（二）上海

1. "文化+旅游+科技"

上海市文旅局于 2020 年发布《上海在线新文旅发展行动方案（2020—

---

① 《北京市人民政府关于加快发展现代保险服务业的实施意见》，北京市人民政府网站，2015 年 9 月 10 日，https://www.beijing.gov.cn/zhengce/zfwj/zfwj2016/szfwj/201905/t20190522_58699.html。

② 《中共北京市委 北京市人民政府印发〈关于推进文化创意产业创新发展的意见〉的通知》，北京市人民政府网站，2018 年 7 月 5 日，https://www.beijing.gov.cn/zhengce/zhengcefagui/201905/t20190522_61321.html。

③ 《中共北京市委 北京市人民政府印发〈关于推进文化创意产业创新发展的意见〉的通知》，北京市人民政府网站，2018 年 7 月 5 日，https://www.beijing.gov.cn/zhengce/zhengcefagui/201905/t20190522_61321.html。

2022年）》，提出至2022年，建成更加便捷、高效、共享、融合的上海文化和旅游公共服务体系。全市文旅场馆逐步实现智慧管理、智慧服务和智慧展示，营造融入市民日常生活空间的数字文化旅游场景，进一步提升公共文化和旅游服务能力及文化民生保障水平。加快推进文旅场馆智能化升级：提升文旅场馆的智慧化水平；创新公共文化服务业态。深入推动智慧旅游服务发展：创新"大数据+智能化+互联网"模式，推动旅游要素全面数字化；全面探索5G、VR、4D、5D环境下的"文化+旅游"创新应用，推动旅游景区发布数字化体验产品，支持开展云游览、云科普等相关活动，研发全息互动投影、球（环）幕等产品，丰富游客体验内容；做优做强"文化上海云""乐游上海"两大公共服务平台，增强平台入口实力，深化云平台应用；着力推动智能停车场、智能酒店、智能餐厅、无人商店等景区公共服务配套设施建设。着力推进文旅企业在线服务：打造"云端投资洽谈会"，发挥资本对文旅产业新技术、新业态、新模式的挖掘作用，助力文旅创新的商业转化。梳理文旅产业及文化产业园区政策，提供在线政策辅导。组建上海文旅产业项目库，开展金融机构与文化旅游企业的交流互动，支持符合条件的文化旅游企业的融资需求①。

2. "文化+金融"

上海市于2017年印发《关于加快本市文化创意产业创新发展的若干意见》，提出发挥产业基金撬动放大效应，创建文化创意投融资体系，充分利用多层次资本市场，加大财政支持力度，创新财政资金扶持方式等多项意见措施，鼓励本市文化企业创新发展②。

3. "文化+设计"

上海市经济和信息化委员会联合发改委等8个部门于2022年2月印发的《上海建设世界一流"设计之都"的若干意见》指出，推动价值链、产业链、创新链、服务链四链协同，构建市场、国际化、企业、载体、科技、

① 《上海在线新文旅发展行动方案（2020—2022年）》，上海市文旅局网站，2020年9月10日，https://whlyj.sh.gov.cn/jhgh/20200910/4357aac309cd4837b33e3e9daacf7ed9.html。

② 《上海印发〈关于加快本市文化创意产业创新发展的若干意见〉》，搜狐网，2017年12月14日，https://www.sohu.com/a/210471265_260616。

人才、平台和金融八要素相融共生的设计创新生态体系，为"设计之都"建设提供坚实基础①。

（三）浙江

1. "文化+旅游"

浙江以文旅高质量融合为抓手，按照"宜融则融、能融尽融，以文促旅、以旅彰文"的总体工作思路，不断增强"诗画浙江"魅力。2019年5月29日，浙江设立全国首个文旅IP研究中心，14个村入选全国乡村旅游重点村，居全国第一。2019年7月6日，良渚古城遗址申遗成功，成为中国第55项世界遗产。2020年9月24日，全国第一部关于大运河世界文化遗产保护的省级地方性法规《浙江省大运河世界文化遗产保护条例》正式施行，共有10个项目列入联合国教科文组织人类非物质文化遗产名录，217个项目入选国家级非物质文化遗产代表性项目名录。2020年，浙江通过举办长三角文化和旅游联盟联席会议、首届长三角古镇一体化发展大会等具有影响力的活动，推动了长三角文化和旅游联盟加快形成②。

在新冠疫情期间，为了尽可能降低疫情影响，浙江省市县联动投放"10亿文旅消费券""1亿元大红包"，省文旅厅和省财政厅在七大网络平台发放总价5亿元的旅游消费券，不断激发消费活力。浙江首创"文旅绿码"，截至2021年1月，"文旅绿码"走进全国2300多家博物馆，服务超过3000万人次。"诗画浙江文化和旅游信息服务平台"项目全功能上线，并实现省市县贯通，通过搭载"浙里好玩"，累计服务超过2500万人次。截至2020年底，全省文化和旅游在建项目共2839个，总投资达2.01万亿元，文化和旅游项目投资实现"全年红"③。

2. "文化+科技"

浙江把打造文化与科技融合的创新服务体系作为构建区域创新服务体

---

① 《上海市经济和信息化委员会等关于印发〈上海建设世界一流"设计之都"的若干意见〉的通知》，上海市人民政府网站，2022年2月17日，https://www.shanghai.gov.cn/nw49248/20220217/ccb9be53e1e64fec891d32cb3ae6fb9c.html。

② 沈文缕：《文旅融合燃亮"重要窗口"》，《今日浙江》2021年第5期。

③ 沈文缕：《文旅融合燃亮"重要窗口"》，《今日浙江》2021年第5期。

系的重要组成部分，持续以数字化改革撬动文化领域全面发展，大力培育发展文化产业，全力推动示范基地建设。共获批国家文化和科技融合示范基地9个，支持建设文化领域省级公共创新平台与载体4个、重点实验室及工程技术中心2家。突出之江文化产业带主平台作用，集聚重大项目84个，推动建设具有"文化+科技"特色的全省数字文化产业发展高地。认定文化领域高新技术企业近1000家、数字文化示范企业30家。全省在文化领域支持立项省重点研发计划项目23项，累计资助财政科技经费5300余万元，带动企业研发投入近2.3亿元。全省数字文化企业营收占规上文化企业营收比重超55%[①]。

2020年，浙江印发《浙江省关于促进文化和科技深度融合的实施意见》。该意见提出要加快文化产业云平台建设、加快公共文化和旅游服务云平台建设、推动媒体融合纵深发展、引导数字化文化消费、提升文化装备技术水平、有效引导县域文化和科技融合等十三项重点任务。争取到2025年创建一批文化科技领域国家科技创新基地，国家文化和科技融合示范基地达到15家以上，形成30家拥有知名品牌、引领行业发展、竞争力强的全国文化和科技融合领军企业；培育省级文化和科技深度融合示范园区50个、"文化上云"示范企业100家；基本形成重点领域全国领先、各类主体协同创新、发展载体统筹立体、成果转化渠道通畅的文化和科技融合创新体系[②]。

3. "文化+服务"

"十三五"期间，浙江全面实现全省基本公共文化服务标准化，建成遍布城乡的图书馆分馆956个、文化馆分馆762个、城市书房604家、农村文化礼堂17511家；基本实现市有五馆、县有四馆、区有三馆的布局，以及乡

---

① 《浙江获评国家文化和科技融合优秀示范基地数居全国之首》，《今日科技》2022年第5期。

② 《浙江省科技厅等七部门印发〈浙江省关于促进文化和科技深度融合的实施意见〉的通知》，衢州市衢江区政府网站，2020年9月30日，https://www.qjq.gov.cn/art/2020/9/30/art_1229075001_1627102.html。

镇（街道）综合文化站和村（社区）文化服务中心全覆盖①。

浙江以标准化推动民宿规范化，民宿经济领先全国，被文化和旅游部确定为第一个全国民宿等级评定试点省；承担起草首个国家民宿行业标准《旅游民宿基本要求与评价》，率先出台省级《品质饭店评价规范》地方标准。目前全省 1.98 万家民宿带动直接就业超 15 万人，总营收超 100 亿元，位列全国第一②。

（四）江苏

1. "文化+旅游"

江苏按照"两廊两带两区"文旅发展布局，依托江河湖海构建"两廊两带两区"文旅空间布局，打造世界级运河文化遗产旅游廊道③。从 2019年起，江苏立足"大运河全域"，以"融合·创新·共享"为主题，连续 3年成功举办大运河文化旅游博览会。累计现场观览人数达 37.6 万人次，线上受众超 4.5 亿人次，大运河文化旅游博览会已成为具有国际影响力的运河城市文旅融合发展平台、文旅精品推广平台、美好生活共享平台。高水平建成并运营扬州中国大运河博物馆，征集各类文物展品超万件（套）；创新展示中国大运河"百科全书"；"大运河—中国的世界文化遗产"常设展获评全国博物馆十大陈列展览精品奖，自 2021 年 6 月开馆以来已成为大运河国家文化公园建设的标志性项目和旅游网红打卡地④。

2. "文化+服务"

江苏率先出台《江苏省公共文化服务促进条例》，建成国家公共文化服务体系示范区 4 家、示范项目 8 个，推动将"人均接受公共文化场馆服务次数"纳入全省高质量发展监测和考核范围，引导文化资源更多更好地向农村倾斜。全省 21 地新上榜"中国民间文化艺术之乡"，位居全国前列。投

---

① 《诗画浙江，不负诗和远方——浙江文化和旅游发展交出高分答卷》，《浙江日报》2021 年 2 月 2 日，第 11 版。

② 徐继宏：《守好"红色根脉"，推进共同富裕——浙江以"红船精神"引领"诗画浙江"高质量发展》，《中国文化报》2021 年 7 月 23 日，第 1 版。

③ 《依法推进我省大运河文化传承保护利用》，《新华日报》2019 年 12 月 28 日，第 3 版。

④ 《让"水韵江苏"成为高质量发展鲜明标识——全省文化和旅游系统昂首奋进新征程》，《新华日报》2021 年 11 月 26 日，第 10、11 版。

入 2.5 亿元，培育 1000 支活跃在老百姓身边的优秀群众文化团队，打造 1000 个主客共享最美公共文化空间。每年送戏下乡 2.5 万场，其中扶持经济薄弱地区 2800 场。新建"江苏公共文化云""江苏图书馆云""苏心游"等平台，实时提供云观展、云演艺、云阅读等服务。实施文旅"一卡通"工程，实现文旅场所"一卡通行"。制定出台工作指南和评价指标，引导各地推动非物质文化遗产融入吃住行游购娱各环节，创设省级非物质文化遗产创意基地 13 家、非物质文化遗产旅游体验基地 10 家①。

3."文旅+乡村振兴"

"十三五"期间，江苏共建设全国乡村旅游重点村 39 个，2020 年上半年，江苏乡村休闲旅游接待游客数达 1 亿人次，综合收入超 300 亿元。2022 年"五一"假期期间，乡村旅游监测点共接待游客 314.42 万人次，全省旅游消费总额 40.70 亿元，其中乡村旅游消费收入 10.73 亿元。乡村文化旅游正成为拉动市场消费、促进乡村振兴的新亮点②。江苏省农文旅融合发展主要有以下几方面经验做法。

第一，科学谋划，激励产业发展。2021 年 1 月，江苏省文旅厅发布《关于促进文化和旅游产业融合发展的指导意见》，鼓励支持发展农业文化旅游延伸文旅产业链。3 月，江苏省一号文件再次强调，推动农村第一二三产业融合发展，重点发展乡村旅游、手工文创等新产业新业态。在江苏农文旅融合发展中，农业是基础、文化是灵魂、旅游是载体，产业融合以生态农业为基础，在传承与创新乡村发展过程中，将乡村打造成多功能的休闲度假点③。以文促旅、以旅彰文，文旅融合发展，激发乡村活力，正成为江苏乡村振兴工作的有力抓手。

第二，多元融合，助力乡村振兴。江苏将旅游元素、文化创意与乡村

---

① 姥海峰：《江苏文旅十年发展成就"连连看"，五位一体助力推进文化强省建设》，扬子晚报百度百家号，2022 年 8 月 19 日，https://baijiahao.baidu.com/s? id = 17415703622381196 27&wfr = spider&for = pc。

② 孙利英：《江苏省"农文旅"融合促进乡村振兴发展经验》，吉林省政府发展研究中心网站，2022 年 6 月 27 日，http://fzzx.jl.gov.cn/yjcg/202206/t20220627_8490982.html。

③ 顾伟：《江苏农文旅融合发展的多案例分析》，《商展经济》2021 年第 19 期。

农业发展有机结合，鼓励各地依托当地的自然风貌、农俗风情等资源优势，找准市场定位，深入发掘和策划具有乡村风貌风情特色的农业旅游产品，突出司徒茶叶、皇塘火龙果、丹北樱花等不同地方的优势种植、养殖业，加强市、区联动，实现与城市旅游的错位发展。在农业产前、产中和产后环节，分别注入花期观赏、农耕体验、农产品销售与展示等旅游活动，通过农业庄园、国家农业公园等新型业态，结合中小学生的劳动教育、大学生团体的实践课程、婚恋市场的婚纱摄影、老年市场的休闲康养等，不断延长与拓宽产业链。充分发挥农业旅游化在延伸产业链、实现人气与消费积聚、提高附加值等方面的作用，促进农业发展与农民致富，加快"农文旅"提档升级①。

第三，创意引路，打造品牌基地。创新是农业竞争力的核心动力，是推动现代乡村文旅发展的重要引擎，更是乡村振兴的关键支撑。近年来，江苏先后打造徐州贾汪区马庄村、南京江宁黄龙岘茶文化村、苏州高新区树山村、苏州吴江震泽众安桥村谢家路等多个乡村旅游重点基地。在数字赋能农文旅融合方面进行创新探索，打造了以广泛兼容、高效交互、沉浸体验等为特色的农文旅融合项目，解决了农文旅资源承载力有限、开发模式同质化等问题，建立网络文学创作基地，以网红经济助推农文旅发展②。

第四，加强培训，强化人才支撑。江苏结合农业产业发展实际，加强管理人员、从业人员专业知识培训，提高经营管理人员的能力与水平，提升从业人员的综合素质、服务水平、服务质量。充分发挥重点单位重点人才引领带动作用。面向旅游院校、旅游企业和组织开展示范性旅游人才培养项目，吸引、激励更多优秀人才攻读旅游专业，扎根农业旅游领域，为乡村农业文化旅游发展带来源源不断的生机与动力。与此同时，将农业旅游从业人员培训纳入农民培训工程，通过挖掘本土的传统习俗、生态文化

---

① 赵凯等：《"农文旅"结合提升休闲农业乡村旅游内涵》，《江苏农村经济》2021年第10期。

② 孙利英：《江苏省"农文旅"融合促进乡村振兴发展经验》，吉林省政府发展研究中心网站，2022年6月27日，http://fzzx.jl.gov.cn/yjcg/2022nyjcg/202206/t20220627_8490982.html。

等乡土知识，培训打造乡村旅游的服务队伍，让人才"进得来，留得下"，从而实现乡村旅游的持续、健康发展，推进"农文旅"融合的进程①。

第三节 广东文化产业融合发展的现状、特点与问题

一 广东文化产业融合发展的现状

近年来，在全面推进文化产业融合发展的过程中，广东通过挖掘岭南文化内涵，激活岭南文化和旅游资源，推动文化产业与制造业、信息服务业、教育、旅游、体育等产业和领域的加速融合，为文化产业高质量发展注入了强劲的推动力。

（一）文旅融合深入推进，互促共进局面初步形成

广东历史文化资源丰富多元，广府、客家、潮汕三大民系各具风情，粤剧、舞狮、功夫、骑楼、中医养生等文化元素自成特色，是岭南文化中心地、海上丝绸之路发祥地、中国民主革命策源地和改革开放先行地②。截至 2023 年 12 月，广东拥有世界文化遗产 1 处、全国重点文物保护单位 131 处、省级文物保护单位 887 处、国家级非物质文化遗产代表性项目 165 项、省级非物质文化遗产代表性项目 701 项，历史文化资源的数量、级别均居全国前列③；拥有 17 个红色旅游经典景区、7 个全国爱国主义教育示范基地、24 个广东省爱国主义教育基地④，还有一大批红色文化和旅游博物馆、纪念馆；推出 5 家单位创成国家全域旅游示范区、2 家单位创成国家工业旅游示范基地、2 家单位建设文化产业和旅游产业融合发展示范区；

---

① 赵凯等：《"农文旅"结合提升休闲农业乡村旅游内涵》，《江苏农村经济》2021 年第 10 期。
② 广东省委党校红色文化研究课题组：《以文化强省建设赋能广东高质量发展》，《南方》2024 年第 17 期。
③ 《广东，又一次走在了时代的前面！》，搜狐网，2023 年 12 月 2 日，https://gov.sohu.com/a/740762920_121118710。
④ 《英雄花开英雄城｜广州地铁站内导向系统多了个"英雄花印记"》，大洋网，2024 年 3 月 12 日，https://news.dayoo.com/guangzhou/202403/12/139995_54641413.htm？from=timeline。

打造 88 个广东省全域旅游示范区，25 个广东省文化和旅游融合发展示范区，259 个广东省文化和旅游特色村，以及包括"广东省粤港澳大湾区文化遗产游径"、"广东省历史文化游径"和"广东考古游径"在内的 118 条游径①；建设了一批精品文化旅游景区、线路以及文化主题民宿等，红色旅游、南粤古驿道游、博物馆和美术馆旅游、文化遗产旅游等精彩纷呈。

（二）文化和科技深度融合加速，产业发展新动能强劲

截至 2023 年底，广东建成文化产业园区（基地）300 多个，共计容纳企业 2 万多家；申获国家文化和科技融合示范基地 8 家，数量居全国第三，其中集聚类 3 家（广州高新区、深圳高新区、深圳南山区）、单体类 5 家（南方报业、广州励丰、广州欧科、华强方特、雅昌文化）②。有文化企业、相关高新技术企业近 800 家，其中腾讯已进入世界 500 强企业行列，华侨城连续入选全国文化企业 30 强，雅昌集团成为艺术科技领域的领头羊。网易游戏、三七互娱等跻身引领游戏行业发展的第一阵营，YY（欢聚时代）和虎牙直播等网络直播企业、酷狗和荔支等数字音乐企业均为行业巨头。在 4K/8K 超高清视频、虚拟现实、文化装备等领域突破了一批关键核心技术，基于国产 8K 技术标准的媒体终端芯片实现全球行业领先③，数字音频 DRA 技术得到国际标准的认可④。

（三）"文化+金融"体系逐步健全，文化产业投融资渠道不断拓宽

广东求实创新，不断拓宽文化产业投资融资渠道，逐步健全文化产业投融资体系。2015 年以来，广东具有国资背景的文化产业基金已有近十只，包括粤港澳大湾区文化产业投资基金、广东省新媒体产业基金、广东南方

---

① 《2022 广东省重要考古发现及首批广东省考古游径公布》，广东省人民政府网站，2023 年 4 月 18 日，https://www.gd.gov.cn/gdywdt/bmdt/content/post_4156127.html。

② 《科技赋能，金融浇灌，数看广东文化产业投资新趋势》，南方都市报百度百家号，2023 年 11 月 28 日，https://baijiahao.baidu.com/s?id=1783806061748617469&wfr=spider&for=pc。

③ 刘肖勇：《广东实施六大重点工程促进文化和科技深度融合》，《广东科技报》2021 年 4 月 2 日，第 2 版。

④ 胡春民、胡洪森：《我国自主研发音视频标准 CBHD 和 DRA 获国际认可》，《中国电子报》2009 年 3 月 19 日。

媒体融合发展投资基金等。2019年至2023年10月,大湾区文化产业合计发生融资事件527件,据估算总融资金额约为407.3亿元,其中融资金额主要分布于501万元至3000万元,1亿元以上规模融资达74笔,10亿元规模融资有3笔①。截至2023年底,广东已相继组建多只百亿元量级的新媒体产业基金、投资基金,大力吸引社会资本参与,培育、孵化和储备了一大批优质文化类企业数字化转型项目②。2023年广东文化和旅游产业投融资对接会共有280个文化和旅游项目参加,其中广东省内144个、省外136个;有9家银行、12家企业在现场进行银企授信签约,涉及金额达186.05亿元,有5个重点文旅项目在现场进行合作签约③。

(四)文化产业与公共服务、教育等领域加快融合,全面推进

广东省文化和旅游厅利用公共文化大数据,推进文化信息资源共享工程、公共电子阅览室建设计划和数字图书馆推广工程三大文化惠民工程的建设。利用文化交流大数据,打造由粤港澳三地共同建设的"粤港澳文化资讯网"。广东省文化馆以"文化在线——广东公共数字文化联盟平台"(以下简称"文化在线"平台)为核心,稳步推进省级公共文化数字服务平台建设工作,并同步开展国家公共文化云对接暨广东省数字文化馆平台试点应用对接工作。2022年6月,已实现100%的市级、县级文化馆接入"文化在线"平台并具备数字服务能力④。广东省文化艺术信息中心基于广东文化网,创建"网上图书馆""网上博物馆""网上美术馆"等网络八大馆和"广东文化继续教育网络平台""网上剧场"等栏目。利用非物

---

① 《金融添薪又赋能 文化产业看湾区 2023粤港澳大湾区文化产业投资大会(广东·广州)开幕》,金羊网百度百家号,2023年11月29日,https://baijiahao.baidu.com/s? id=1783851140557352937&wfr=spider&for=pc。

② 《粤港澳大湾区文化产业投融资联盟成立 首批23家单位合筑文化金融"朋友圈"》,21经济网,2023年11月28日,https://www.21jingji.com/article/20231128/herald/952ec7d9b333d2f8127761fd0a4f5096.html。

③ 《280个文旅项目参会,2023广东文化和旅游产业投融资对接会成功举办》,南方新闻网百度百家号,2023年9月14日,https://baijiahao.baidu.com/s? id=1777004771123472517&wfr=spider&for=pc。

④ 《国家公共文化云对接暨广东省数字文化馆平台试点应用工作提前完成》,广东省文化和旅游厅网站,2022年7月11日,https://whly.gd.gov.cn/news_newzwhd/content/post_3966446.html。

质文化遗产大数据开发"广东省非物质文化遗产电子地图"App。广东星海演艺集团创办数字文旅产业应用实验室，自 2014 年起陆续推出线上惠民剧场"星海直播"、在线看展"网演中国"数字文旅平台、数字文化公共服务产品"数字文化站"。其中"网演中国"开设的网上文创商城引入广东省文物总店、各院团文创产品①，为消费者提供了购置文创周边的便利与保障。

（五）文化和信息服务产业融合全面推进，新业态蓬勃发展

2022 年，广东数字创意产业集群营业收入 5728 亿元，增加值 1442 亿元，相关发明专利累计有效量 6521 件，居全国首位②；数字出版产业产值超 2100 亿元，居全国第一；动漫产业产值超 600 亿元，约占全国的 1/3；游戏产业收入 2115 亿元，约占全国的 4/5；电竞产业收入占全国七成以上③；规模以上文化制造企业 4267 家，营业收入 1.04 万亿元，均占全国 1/5，居全国首位。此外，围绕 4K/8K 超高清视频、虚拟现实、文化装备等领域突破了一批关键核心技术④。腾讯依托"文物保护+前沿数字技术"，让中华传统文化 IP 走出国门，助力流散在海外的国宝"数字化回归"；深圳雅昌通过独创的"印刷+IT+文化艺术"模式，实现了高端艺术品的电子商务转型⑤；广州励丰文化以"光影秀+交互体验+大型情景演艺"的方式，打造了包括公共空间（公园）数字艺术景观、互动体验装置、街区的沉浸式情境消费空间、景区的视觉艺术娱乐产品、主题行进式探秘夜游项目等在内的位于街区、景区、园区的文化空间。

---

① 《广东星海演艺"数字+演艺"融合发展》，广东省文化和旅游厅网站，2022 年 7 月 4 日，https://whly. gd. gov. cn/gkmlpt/content/3/3962/post_3962115. html#2628。

② 《文化产业加"数"跑，广东赢在哪?》，南方+，2023 年 6 月 7 日，https://static. nfapp. southcn. com/content/202306/07/c7763236. html。

③ 《游戏出海态势向好 广东游戏厂商如何构筑全球竞争力?》，时代周报百度百家号，2023 年 7 月 5 日，https://baijiahao. baidu. com/s? id=1770573059848507540&wfr=spider&for=pc。

④ 刘肖勇：《广东实施六大重点工程促进文化和科技深度融合》，《广东科技报》2021 年 4 月 2 日，第 2 版。

⑤ 毕嘉琪等：《广东文化产业增加值约占全国总量 1/7》，民生导报百度百家号，2021 年 9 月 23 日，https://baijiahao. baidu. com/s? id=1711674901865380764&wfr=spider&for=pc。

二　广东文化产业融合发展的特点

目前广东文化产业融合发展既包括以技术，特别是以信息技术为基础的数字化融合，也包括将文化内容转化为产业资源的融合。前者的发展更为迅猛。综合来看，广东文化产业融合发展凸显了如下特点。

（一）政策积极引导文化产业融合发展

广东先后出台《关于加快文化产业发展的若干政策意见》《促进全域旅游发展实施方案》《加快推进文化和旅游融合发展三年行动计划（2020—2022年）》等政策，制定《推进"粤港澳大湾区文化圈"建设三年行动计划（2019—2021年）》，落实了"共建人文湾区"部署。同时，发布《广东省文化和旅游发展"十四五"规划》《广东省促进文化和科技深度融合实施方案（2021—2025年）》等促进文化产业融合发展的重要专项政策和措施，并在文化产业各类综合政策或相关政策中提出对融合发展的要求和具体措施，彰显了强烈的产业融合发展观念和政策的重要引导作用。广州、深圳等市先后出台了文化产业与科技、旅游、金融等融合发展的政策措施、规划和行动方案，各市文化产业对接广州、深圳和港澳的主动性明显增强。

（二）供给侧各生产主体积极探索文化产业融合发展新模式

在广东文化产业融合发展过程中，供给侧各生产主体充分发挥主观能动性，积极探索文化产业融合发展的机制、动能、业态和产品，是最重要的创新力量。文化和科技融合彰显了以大数据、人工智能等先进技术为支撑的数字文化产业的广阔前景；在数字出版、动漫、网络游戏、超高清视频、电竞等领域广东企业的竞争力均居于全国领先水平。文旅融合先行先试，通过"文旅资源+文化创意"开发优质文化旅游产品，建成了一批"文化+旅游+科技"融合示范基地。各类媒体加快融合，省市主要媒体建成"中央厨房"采编一体化平台[1]，移动端成为新闻信息分发传播的重要渠道，全新融媒体矩阵已具规模。文化事业与文化产业互动融合，繁荣发展，文

---

[1]　韩文嘉、林洲璐：《广东文化产业交出高质量成绩单》，《深圳特区报》2019年5月18日，第A2版。

化事业通过文化产业创新提供的新技术、新业态、新模式更好地为人民群众提供公共文化服务；文化产业与文化事业互为补充，实现良性循环，满足人民群众多样化、多层次的文化需求。

（三）需求转型升级成为文化产业融合发展新动力

广东文化产业市场需求旺盛且出现了明显的转型升级趋势，促进文化产业融合新业态、新品类持续增长。2023 年，广东社会消费品零售总额为 4.75 万亿元，同比增长 5.8%；升级类商品销售总额实现较快增长，限额以上单位化妆品类，体育、娱乐用品类，通信器材类零售额保持两位数增长，分别增长 15.9%、14.3%、15.8%；网络购物持续释放增长潜力，全省限额以上单位通过公共网络实现商品零售额增长 13.8%，占社会消费品零售总额比重为 13.4%[①]。2023 年，广东出台"促消费 7 条"，带动文旅、餐饮、住宿、夜间消费加快恢复，其中网上零售额增长 9.4%，规模居全国第一[②]。

文化市场需求转型升级，推动文化产业融合发展。这主要体现在三个方面。一是 B2B 端的文化服务和产品需求推动文化与制造业融合发展。在制造业企业向产业链和产业生态的高价值端转型升级的过程中，文化因素凭借其在丰富产品内涵、提升产品价值、增强品牌影响力等方面的独特作用，在诸如网购服务、家具家居生产、工程设计服务、产业园区管理服务等领域成为产品升级的重要路径。二是 B2C 端的文化服务和产品需求催生文化融合服务新模式。广东在扩大文化消费需求，打造文化消费新业态、新场景、新模式等方面进行了诸多有益尝试。网络直播、视听、游戏、夜间消费等消费新业态、新场景和新模式成为文化消费的重要渠道。文化企业为适应消费新业态、新场景和新模式，创新了服务和产品的内容与方式，丰富了文化服务和产品的供给。三是数字贸易与文化贸易相融合，打造"文化出海"新增长点。2021 年，广东省数字贸易进出口规模超 800 亿美元，居全国第二；文化贸易进出口总额为 6.62 亿美元，同比增长 86.98%。

---

① 《2023 年广东经济运行简况》，广东省人民政府网站，2024 年 1 月 24 日，https://www.gd.gov.cn/zwgk/sjfb/sjkx/content/post_4339612.html。

② 《2023 年广东 GDP 为 135673.16 亿元 同比增长 4.8%》，中国经济网百度百家号，2024 年 1 月 23 日，https://baijiahao.baidu.com/s? id=1788862127087645379&wfr=spider&for=pc。

数字与文化相融合是广东省近年来服务贸易发展的一大特色。广东加大高质量数字内容产品的供给力度，通过互联网、超高清视频、虚拟现实与数字媒体的融合发展，加快数字影音、动漫游戏、网络文学、电子竞技等数字内容的创作生产，推动其数字文化贸易实现快速增长[①]。在网络游戏、数字娱乐、远程教育、数字医疗等领域已形成较大规模的数字内容产业集群[②]。

（四）较高的经济社会发展水平成为文化产业融合发展的沃土

广东较高的经济社会发展水平为文化产业融合发展提供了优良土壤，这主要表现在以下几个方面。一是较高的经济发展水平和消费能力为文化产业融合发展提供了经济生态条件。2023 年，广东地区生产总值达到 13.57万亿元，同比增长 4.8%，是全国首个突破 13 万亿元的省份，总量连续 35年居全国首位；经营主体突破 1800 万户，占全国 1/7；A 股上市公司总量、新增境内外上市公司数量均居全国第一[③]，展现了强大的经济实力。2023年，广东居民人均可支配收入为 49327 元，同比增长 4.8%；人均消费支出34331 元，同比增长 6.7%；教育文化娱乐消费支出增速为 10.7%[④]，消费实力在全国范围内居于领先水平，为文化产业融合发展提供了经济保障。二是较高的科技发展水平为文化产业融合发展提供了创新突破条件。广东区域综合科技创新能力连续七年居全国第一[⑤]，规模以上工业企业超 7.1 万家、高新技术企业超 7.5 万家，均居全国首位。2022 年，广东数字创意产

① 《数字贸易、文化贸易齐头并进 主宾省广东亮出双名片》，澎湃新闻网，2022 年 9 月 4 日，https://m.thepaper.cn/baijiahao_19759591。
② 《跨境电商领跑全国，湾区领航贸易数字化！秒懂广东数贸力量》，金羊网，2023 年 11 月23 日，https://news.ycwb.com/2023-11/23/content_52343518.htm。
③ 《广东 2023 年 GDP 突破 13 万亿元大关 新增境内外上市公司数量居全国第一》，证券时报百度百家号，2024 年 1 月 23 日，https://baijiahao.baidu.com/s? id = 1788870464172523382&wfr = spider&for = pc。
④ 《2023 年广东民生数据公布：居民人均可支配收入 49327 元》，羊城派百度百家号，2024 年1 月 18 日，https://baijiahao.baidu.com/s? id = 1788425028434450907&wfr = spider&for = pc。
⑤ 《广东一定得：广东是科技创新第一大省，企业梯度培育表现出色》，南方都市报百度百家号，2024 年 1 月 31 日，https://baijiahao.baidu.com/s? id = 1789605399347968152&wfr = spider&for = pc。

业集群营收 5728 亿元，相关发明专利累计有效量 6521 件，居全国首位①。在数字创意、数字出版、网络视听、动漫游戏等数字文化产业和领域优势明显，在 VR/AR/XR、游戏交互引擎、人工智能等先进科技领域崭露头角。新材料、新工艺、新技术的应用使得文化制造业不断向数字化、智能化和价值链高端延伸，进一步推动文化产业与创新科技深度融合。三是较大规模的人才队伍为文化产业融合发展提供了创意成果转化条件。截至 2022 年底，广东建有博士后科研平台 1239 家、博士工作站 1083 家，在站博士后超 1.1 万人，占全国 1/7。全省专业技术人才总量达 873 万人，其中高层次人才 87 万人，居全国前列。全省技能人才总量达 1804 万人，其中高技能人才 602 万人②。科技人才、文化人才和产业人才队伍规模较大、集聚度较高，有力地促进了创意成果的产业化转化。四是良好的营商环境为文化产业融合发展提供了市场基础和制度保障。截至 2023 年底，广东全省登记在册经营主体突破 1800 万户，经营主体总量、企业总量、外资企业总量、民营经济主体总量均位居全国第一③；连续 4 年荣获营商环境最佳口碑省份④。针对文旅行业市场主体面临的经营困境和存在的突出问题，2022 年 9 月，中国人民银行广州分行联合省文旅厅印发《关于金融支持文化和旅游行业恢复发展的通知》，要求持续加大金融支持力度，进一步推动广东文化和旅游行业纾困发展。2022 年 10 月，省文旅厅与省直机关工委、省财政厅等 8 部门联合印发《关于鼓励机关企事业单位及社会团体委托旅行社开展服务有关事项的通知》，提出要切实畅通委托承接渠道、增加旅行社业务量⑤。

---

① 《科技赋能，金融浇灌，数看广东文化产业投资新趋势》，南方都市报百度百家号，2023 年 11 月 28 日，https://baijiahao.baidu.com/s? id=1783806061748617469&wfr=spider&for=pc。
② 《广东高层次人才达 87 万，居全国前列丨粤港澳大湾区全球招商大会》，南方+，2022 年 12 月 21 日，https://static.nfapp.southcn.com/content/202212/21/c7195769.html。
③ 《广东登记在册经营主体突破 1800 万户》，国家市场监督管理总局网站，2024 年 1 月 4 日，https://www.samr.gov.cn/xw/df/art/2024/art_36a1acb861d248eab3159396885a6605.html。
④ 《"无事不扰，有求必应"！广东连续 4 年荣获营商环境最佳口碑省份》，南方网，2024 年 3 月 29 日，https://news.southcn.com/node_54a44f01az/820bf8b3ec.shtml。
⑤ 《广东省文化和旅游厅关于广东省人大十四届一次会议第 1064 号建议答复的函》，广东省文化和旅游厅网站，2023 年 6 月 25 日，https://whly.gd.gov.cn/open_newrdjy/content/post_4206362.html。

三　广东文化产业融合发展存在的主要问题

（一）文化产业融合发展的制度性支撑不足，尚未形成有效机制

广东国有文化企业经营收入、赢利能力徘徊在全国第七第八位，规模偏小、管理水平参差不齐等问题突出。许多国有文化企业转制多年，仍未建立有文化特色的、符合市场经济要求的现代企业管理制度，经营水平不高、活力不足、发展能力不强。省主要媒体尚未整体转型，"浅层融合"问题突出。非时政类报刊的主管主办制度与企业资产管理制度未能有效衔接，存在"管人管事管导向"与"管资产"分置现象。移动平台建设和传播存在单兵突进现象，与传统平台协同不够高效。文化市场中"条块分割""行业壁垒"等体制性障碍仍然存在，阻碍文化资源合理流动。制造、服装、旅游、贸易、体育等领域运用文化创意成果、提升发展品质的能力尚未充分发挥。在内容创作领域，依然存在"照搬照抄""新瓶装旧酒""千人一面"等问题；在产品生产领域，普遍面临创意匮乏、缺少大 IP、形式单一、技术趋同等挑战。

（二）以文塑旅、以旅彰文成效不明显

各地市尚未摸清特色文化旅游资源的家底，存在开发方式较为粗放，文旅融合层次较低，产业化运作理念薄弱等问题。缺少标志性、综合性、代表性、有品牌影响力和文化辐射力的文化旅游项目。缺乏立足于粤港澳大湾区视角的旅游项目规划与实施方案，省市特色资源协同机制尚未完全理顺。缺乏复合型、专业型文旅人才。缺乏多样化的投融资渠道，对民间资本的调动不足。

（三）文化科技发展不平衡不充分

近年来广东"文化+科技"产业与领域快速发展，科技在"互联网+"、动漫游戏、网络直播、网络音乐、电竞产业、工业设计和超高清视频等领域与文化产业的融合不断加深，但在出版行业、演艺行业、旅游行业、传统手工艺行业、非物质文化遗产的传承与保护等领域，科技的运用相对不足。不同区域文化科技融合发展水平不平衡。以广州、深圳为中心的珠三

角地区的文化产业总量占广东总量的 85% 以上，科技进步贡献率超 60%，粤东、粤西、粤北地区发展程度较低，如云浮市文化产业总量仅占全省总量的 0.3%。镇、村两级公共数字文化服务水平不高，人均公共数字文化资源占有量偏低。在对党报党刊、电台电视台等进行网络化改造和技术升级，融媒体平台的运营，"内容+平台+终端"的新型新闻内容生产和传播体系建设，运用人工智能赋能舆论引导，VR/AR 技术在内容传播上的运用，推动超高清内容制作、交易、版权保护全链条产业体系建设等方面，仍存在科技赋能的广度和深度不全面、不充分等问题。

（四）文化金融体系尚不健全

文化企业对接资本市场的氛围较为薄弱，成功上市的文化企业案例数量偏少。文化从业者个体素质参差不齐，对资本运营的重要性认识不足，绝大多数文化企业家高度依赖银行贷款资金或自有资金维持企业发展。文化企业融资渠道过于单一，传统银行授信仍然是绝大多数文化企业的主要融资方式，虽然金融机构开发了不少文化金融产品，但离文化企业的融资需求仍有很大差距。加之大部分文化企业是轻资产运营的创新型企业，其资产大多是著作权、商标权、品牌等无形资产，可用来贷款抵押的固定资产少，因此常因担保不足导致银行贷款困难。除此之外，供需双方信息不对称，文化金融人才紧缺也是制约文化金融融合的重要因素之一。文化企业对金融机构的融资渠道、方式、产品等缺乏了解，银行等金融机构对文化企业无形资产进行评估的经验不足。懂金融的人才不懂文化产业，对文化企业的发展潜力难以准确评估和判断；懂文化产业的人才不懂金融，不了解如何运用资本市场和金融手段壮大企业实力，从而影响了行业的发展。

第四节　广东文化产业融合发展的未来进路

一　推进广东文化产业融合发展的战略思考

第一，活用文化资源，打造"文化+"生态圈。活化本地文化资源，打造文旅 IP。推动内容创作，打造内容 IP。通过 IP 与旅游、农业、教育、康养、体育、科技、在线娱乐、餐饮的相互跨界、创新、融合，催生一大批前所未有的文旅新场景、新体验、新消费、新概念，不断打破行业边界，打造"文化+"生态圈。

第二，以推动文化产业高质量发展为目标，培育壮大文化科技创新主体。前瞻布局文化科技产业版图，加强文化科技融合示范基地建设。培育发展文化科技类企业，培养引进文化科技类人才。加强文化领域核心技术研发，推动参与相关标准制定，推动文化科技成果产业化。大力发展文化新业态，拓展文化科技消费市场。

第三，加快粤港澳大湾区文旅融合高质量发展，推动大湾区文化产业融合发展。围绕打造高水平的世界级城市群，聚焦建设大湾区国际旅游目的地等战略目标，健全大湾区文旅合作会议机制。强化三地官民密切沟通对接，支持企业开展项目合作、人才交流和平台建设，打造方便快捷的外商投资环境。提供线上政务服务，建立多元化、多形式、多途径的融资模式，为跨境资金打造新的管理模式。开展丰富多彩的文化交流活动，在着力扩大文化及相关领域对外开放的同时，坚决守护意识形态安全，向世界讲好中国故事、大湾区故事。

二　推进广东文化产业融合发展的路径

第一，重视顶层设计，优化文化产业融合发展体系。进一步提升文化科技融合发展水平，着力推进新技术、新材料、新工艺与文化产业深度融合发展，拓宽智能技术、交互技术、数字化技术等在文化领域的应用场景，提高数字化技术水平和服务能力。深化文化和旅游融合发展，提高景区赢利能力与运营水平，提高文旅融合效益，推动文化和旅游数字化、网络化、智能化发展。加强政策对文化金融融合发展的支持与引导，创新文化金融融合发展的体制机制，扩大文化金融融合发展的领域，"让金融发现文化，让文化找到金融"。拓展文化产业连接其他产业的渠道，全面提升文化服务业、制造业和文化贸易水平，实现相关产业"赋能文化"从而提升文化产业发展质量，促进文化繁荣兴盛；实现"文化赋能"相关产业从而形成文化产业的外溢效应，促进经济社会高质量发展。

第二，建立高效的组织领导机制和相关部门的联动机制。从广东省文化与相关产业融合发展的政策情况来看，政策的覆盖面以"点"为主，"线"占少数，"面"和"体"相对欠缺。这就使得文化产业融合发展缺乏系统性引导和体系性建构，进而使得政策无法充分发挥调节市场供需关系、优化市场资源配置的作用。要进一步完善政府部门之间的协同运作机制，保证政策的一致性、稳定性和可持续性，强化政策落实，形成政策合力。

第三，加快出台培育融合生态的措施。把培育文化产业融合发展生态放在文化产业创新发展、高质量发展的突出位置，通过推动形成文化产业融合发展的生态圈、生态链，孕育文化产业融合创新发展的内生动力，扩大文化产业融合发展的广度和深度。激励文化产业的龙头企业利用其在技术、知识产权、产品和市场等方面的核心竞争力，丰富并创新融合发展业态，发挥引领与带动作用，从而扩大整个产业链的溢出效应；加快出台促进中小微文化企业参与融合发展的"大众创业、万众创新"的措施，广泛激发原创、首创动力；以加大力度放活文化市场、着力保障市场秩序为目标，进一步深化文化体制改革，形成守正、创新、繁荣、融合的文化产业市场。

第四，探索建立融合发展示范区。探索建立文化产业资源、技术、资本、人才、企业相对集聚的文化产业融合发展示范区，充分给予文化产业融合创新发展的政策空间，提供具有较强针对性的服务和激励措施，探索新技术条件下激发融合创新活力的管控机制。在全省分类别打造一批示范性、标杆性的文化产业融合创新发展示范基地。把握推动粤港澳大湾区高质量发展的机遇，建设一批粤港澳合作的文化产业融合创新发展示范区或示范项目。

第五，加快建设复合型创新创意人才队伍。重点加强对文化产业人才科技素质和能力的培养，同时注重对科技人才文化素养和能力的培养。在高校建立一批文化产业融合发展复合型人才培养基地，在产业园（区）

建立一批相应的人才实践基地，鼓励头部企业承担部分复合型创新创意人才的培养任务。搭建一批复合型人才创新创意项目竞赛和交流的常态化平台，为其提供展示才华的舞台和获得创业扶持的机会。借助港澳的国际化人才培养优势，加强合作，共同培育具有国际视野的复合型创新创意人才。

第十章

展望与建议：面向2035年的广东
文化产业高质量发展

　　文化兴则国运兴，文化强则民族强。在新的历史起点上继续推动文化繁荣、建设文化强国、建设中华民族现代文明，是我们党在新时代的文化使命。文化产业高质量发展是双循环新发展格局下满足人民美好生活需要、助推中国经济持续攀升的重要路径，更是坚定文化自信、走好中国式现代化道路、从容应对百年未有之大变局的战略选择。以习近平同志为核心的党中央创造性地丰富和发展了马克思主义文化理论，形成了习近平文化思想，构成了习近平新时代中国特色社会主义思想的文化篇。习近平文化思想既包括文化理论观点的创新和突破，也包括文化工作布局上的实践要求，明确了新时代文化建设的路线图和任务书，在中国社会主义文化建设中展现出强大伟力，为广东加快推进文化产业高质量发展，高标准建设文化强省提供坚强思想保证、强大精神力量、有利文化条件。

第一节　科学把握习近平文化思想，开创广东
文化产业高质量发展新局

　　在新的历史起点上，习近平总书记准确把握世界范围内思想文化相互激荡、中国社会思想观念深刻变化的趋势，举旗定向、谋篇布局，正本清

源、守正创新，提出一系列新思想新观点新论断，内涵十分丰富、论述极为深刻，是新时代党领导文化建设实践经验的理论总结。在新的历史起点上继续推动广东文化繁荣、建设文化强省，必须深入学习贯彻习近平文化思想，更好担负起新的文化使命，在坚定文化自信、秉持开放包容、坚持守正创新中全力投身文化强国和中华民族现代文明建设。

（一）坚定文化自信

在新的历史起点上深入推进文化建设，必须坚定文化自信。在漫长的历史进程中，中华民族走过了不同于其他文明体的发展历程，创造了源远流长、博大精深的中华文化，其中蕴含的亲仁善邻、协和万邦的处世之道，惠民利民、安民富民的价值导向，革故鼎新、与时俱进的精神气质，道法自然、天人合一的生存理念，是中国人看待世界、社会、人生的独特价值体系，积淀着中华民族最深层的精神追求，为中华民族生生不息、发展壮大提供了丰厚的滋养。新征程上，我们只有植根中华民族历史文化沃土，文化之树才能根深叶茂。只有坚定文化自信，坚持古为今用、推陈出新，不断夯实中国特色社会主义文化的历史基础和群众基础，才能推动中华文明在赓续传统中发扬光大。

（二）秉持开放包容

在新的历史起点上深入推进文化建设，必须秉持开放包容。开放包容是中华文明的突出特点，也是中华文明发展壮大的基因密码。纵观历史，可以发现，中华文明自古就以开放包容闻名于世，在同其他文明的交流互鉴中不断焕发新的生命力。中国共产党成立后，成功推进马克思主义中国化，开启了民族复兴的征程，中华文明开启新篇章。改革开放以来，中华文明在吸收人类文明成果中大踏步赶上了时代。在开放包容中交流互鉴、取长补短，让中华文明始终保持旺盛的生命力，历久弥新。新时代新征程，发展中国特色社会主义文化，必须在坚守中华文化立场的基础上，秉持开放包容，不忘本来、吸收外来、面向未来，在交流互鉴中更好地构筑中国精神、中国价值、中国力量，为民族复兴提供精神支撑和价值引领。

（三）坚持守正创新

在新的历史起点上深入推进文化建设，必须坚持守正创新。中华文明具有守正不守旧、尊古不复古的守正创新精神。守正，就是要坚持马克思主义在意识形态领域的指导地位，就是要坚持"两个结合"的具体要求，就是要坚持中国共产党的文化领导权和中华民族的文化主体性，在坚守根脉与魂脉的基础上推进文化建设，赓续历史文脉。创新，就是要根据新时代面临的新形势新任务，创新思路、话语、机制、形式，在马克思主义的指导下做到古为今用、洋为中用、辩证取舍、推陈出新，在实现传统与现代的有机衔接中，谱写文化建设的当代华章。守正才能不迷失自我、迷失方向，创新才能更好地把握时代、引领时代。新征程上，只有坚持守正创新，以科学的态度对待科学、以真理的精神追求真理，才能更好担负起新的文化使命，建设中华民族现代文明，为推进和拓展中国式现代化注入强大精神力量。

第二节　面向 2035 年的文化产业发展趋势

习近平总书记在 2023 年召开的全国宣传思想工作会议上强调，宣传思想文化工作面临新形势新任务，明确提出"七个着力"，其中就有"着力推动文化事业和文化产业繁荣发展"。国家《"十四五"文化发展规划》指出，贯彻新发展理念，构建新发展格局，推动高质量发展，文化是重要支点，必须进一步发展壮大文化产业，强化文化赋能，充分发挥文化在激活发展动能、提升发展品质、促进经济结构优化升级中的作用。因此，文化产业高质量发展不仅关乎中国式现代化进程，也是加快建成社会主义文化强国这一宏伟目标的战略力量。

当前，经济社会的"文化转向"已经成为全球浪潮，作为战略性新兴产业和朝阳产业，文化产业的经济增长功能日益凸显，正在向国民经济的支柱性产业迈进，中国文化产业发展进入跨越式成长的高质量发展阶段。党的十八大以来，中国文化产业始终坚持社会效益与经济效益双效统一原则，在政策引领、试点先行的创新发展理念引导下，坚持走融合化、集约化、协同化的发展路径，以推进产业转型升级、释放市场活力为抓手，以平台建设强化服务保障，初步构建成中国特色现代文化产业发展体系和市场体系。文化产业规模持续增长，产业结构不断高级化，市场主体越发活跃；对外文化贸易异军突起，有力推动中华文化"走出去"战略实施；乡村文化振兴势头喜人，释放居民文化消费潜力、满足居民美好生活需求。在新的历史方位与新一轮科技革命交汇的大背景下，中国文化产业已经进入一个长周期、大繁荣的阶段，探索中国文化产业的发展趋势，能够深化我们对文化产业发展的规律性认识，探寻文化创新动能与新的发展路径。

（一）"文化+科技"双轮驱动激活文化产业发展新动能

实施国家文化数字化战略是党的二十大报告明确提出的重要目标。2020年习近平总书记在长沙考察时就指出："文化和科技融合，既催生了新的文化业态、延伸了文化产业链，又集聚了大量创新人才，是朝阳产业，大有前途。"[1] 2021年，习近平总书记在清华大学美术学院考察时，提出"美术、艺术、科学、技术相辅相成、相互促进、相得益彰，要发挥美术在服务经济社会发展中的重要作用……把美术成果更好服务于人民群众的高品质生活需求"[2]。从2020年文旅部发布《关于推动数字文化产业高质量发展的意见》，到2021年将"实施文化产业数字化战略"写入中央网络安全和信息化委员会发布的《"十四五"国家信息化规划》，再到2022年中共中央办公厅、国务院办公厅印发《关于推进实施国家文化数字化战略的意见》，文化产业的数字化战略正成为国家推进文化产业高质量发展的重要驱动力。2022年8月，中央办公厅、国务院办公厅印发《"十四五"文化发展规划》，提出"加快文化产业数字化布局"，并将"加快发展数字出版、数字影视、数字演播、数字艺术、数字印刷、数字创意、数字动

---

[1] 《提升数字文化建设水平》，中国政府网，2022年9月10日，https://www.gov.cn/xinwen/2022-09/10/content_5709351.htm。

[2] 《更好发挥艺术服务发展培根铸魂的重要作用——学习贯彻习近平总书记在清华大学考察时的重要讲话精神》，中国作家网，2021年4月21日，https://www.chinawriter.com.cn/n1/2021/0421/c403991-32083974.html。

漫、数字娱乐、高新视频等新型文化业态，改造提升传统文化业态，促进结构调整和优化升级"作为"健全现代文化产业体系"的重要方面。这些重要政策文件的陆续出台，为中国"文化+科技"的双轮驱动发展指明了方向和战略路径。

5G、8K、大数据、云计算、区块链、物联网、虚拟现实、人工智能等新兴数字科技蓬勃发展，为文化产业探索新的业态与模式，解锁新的文化消费场景，拓宽新的产业增值空间，提供源源不断的技术底座。在数字化、智能化赋能下，视频、音频、文字等信息传输的速度、广度和深度大大提高，数字内容媒介快速迭代，组织范式不断更新，极大地增强了文化的创造力、传播力和影响力，推动文化产业的全面转型和创新发展。比如，人工智能具备强大的数据运算处理能力、丰富的内容展现能力和个性化的创新能力，为文化产业注入了智能化创新动力。人工智能为游戏提供了丰富的人机交互形式，并融入短视频等文化产品的生产、用户的联结以及产品与信息的分发，为文化创新与传播提供了更多的场景及可能性[1]。值得一提的是，信息通信技术、激光技术、纳米技术、生物技术、航空技术、新能源技术等先进技术不断取得新突破，将催生包括数字孪生、算法赋能、沉浸体验、材料革命、智能物联、虚拟景观等在内的新兴文化业态。届时，数字文化产业发展将紧密围绕"交互融合"与"虚拟现实"展开，通过数字产业化、产业数字化的双向交融，全面推进文化创意 IP 产业链的开发，有效提升优质数字文化产品供给量；全面唤醒和激活传统文化，为文化遗产的活化创新提供新动能，有力地促进中国文化产业占领竞争制高点和实现消费全面转型升级。

科技创新是一把"双刃剑"。从长期来看，数据要素安全和隐私保护、内容监管难度持续增大，少数平台型企业可能存在垄断市场的隐忧，关键技术创新能力和人才储备不足，优质文化内容供给不足等问题是文化产业数字化必须应对的挑战。其一，少数文化数字化平台企业依靠其掌控的渠

---

[1] 张振鹏：《文化产业数字化的理论框架、现实逻辑与实现路径》，《社会科学战线》2022 年第 9 期。

道优势建立产业运营规则，形成了文化内容生产、传播、消费和交易的垄断机制，从而挤压部分中小企业的成长空间。其二，文化产业数字化、智能化对数据要素安全和隐私保护、内容监管提出更高的要求。数字技术在对用户数据的收集、使用、存储过程中可能出现一定的安全漏洞和风险。其三，知识产权保护愈加艰难。一方面，数字化赋能下的文化要素、内容和市场主体日益多元化，加速了与知识产权相关的利益主体复杂化，知识产权确权、维权的难度持续加大；另一方面，由于数字平台传播渠道多、速度快、范围广、自由度高，知识产权的侵权方式更加隐蔽，且侵权成本远低于维权成本。其四，产业治理的复杂性显著增加。文化内容生产、传播、消费、交易方式数字化的主要特征是内容个性化、视角多元化、生产去中心化、传播民主化、社会关系虚拟化①。在"人人都是文化内容的生产者和传播者"的新媒体时代，亟须提升文化组织和服务平台的控制力以及政府的治理能力。此外，数字技术催生的文化新业态和新领域，往往也是产业融合程度更深、市场主体边界更模糊的细分领域，极易出现政府监管的越位、错位、缺位等治理难题。

（二）文化数据要素成为文化生产力提升的重要来源

数字经济背景下的文化数据资源是文化生产（尤其是数字文化生产）的关键要素，成为经济活动中可评估、可确权、可交易的资产②。当前，全国在加快推进文化大数据体系建设，将散落在各区域、部门、主体间的文化资源进行数字化改造，为文化生产要素、文化数据资产的确权和交易提供了基础保障，实现了文化资源（尤其是传统文化资源）的高效流通与利用。2022年5月，中共中央办公厅、国务院办公厅印发《关于推进实施国家文化数字化战略的意见》，明确提出要统筹利用文化领域已建或在建数字化工程和数据库所形成的成果，构建中华文化数据库，"到2035年，建成物理分布、逻辑关联、快速链接、高效搜索、全面共享、重点集

---

① 张振鹏：《文化产业数字化的理论框架、现实逻辑与实现路径》，《社会科学战线》2022年第9期。

② 赵伟：《文化产业数字化发展趋势及路径探析》，《人民论坛》2022年第19期。

成的国家文化大数据体系，中华文化全景呈现，中华文化数字化成果全民共享"。

在文化产业数字化发展过程中产生的海量数据，是极具价值的商业资源。作为一种新型生产要素，文化数据资源将对文化产业转型、价值增值产生重大影响。比如，以文化数据资源为关键要素，加快数字技术与文化产业深度融合，为数字文化产品的开发、创新发展等提供基础支撑，有助于盘活存量文化资源和赋能文化创意，极大提升文化产业效益和创新价值；将文化数据要素与其他生产要素相融合，可以提升生产要素的匹配效率，充分提高数字文化产品的生产质量和效益。

（三）文化跨界融合和多元赋能作用愈加凸显

移动互联时代，跨界融合将是文化产业发展的重要驱动力。作为文化产业未来发展的大趋势，跨界融合将使"文化＋""＋文化"创新频繁，产业竞合生态越来越多样化。文化跨界融合不仅指各类文化创意产业之间的融合，更需要各种高稀缺性、高附加值产业的跨界融合，使之成为中国文化产业创新的重要引擎之一。数字文化技术的加速迭代，将使文化产业模式将更加开放，产业边界逐步被打破，产业链条延长化、融合化、网络化现象逐步增多，文化产业将与艺术、设计、网络、工业、体育、金融等多个业态发生紧密联系，在多个产业中植入文化消费场景，以打造出更具时代性和创新性的数字文化新产品，极大丰富着文创产品的数量和产业内容[1]。

在助力乡村振兴方面，文化产业既可以有效整合乡村文化资源，实现由特色资源向优势产业的创造性转化，也可以通过合理引入新兴文化创意产业，促进乡村文化的创新发展和有机更新。在国家层面，中国已初步布局文化产业赋能乡村振兴的八大重点领域，分别为创意设计、演出产业、音乐产业、美术产业、手工艺、数字文化、文旅融合和节庆会展等[2]。全国

---

[1] 赵伟：《文化产业数字化发展趋势及路径探析》，《人民论坛》2022年第19期。

[2] 王文超：《城乡文化产业融合赋能乡村振兴》，《中国社会科学报》2022年12月1日，第8版。

各地还在探索建设文化产业赋能乡村振兴人才库，创新实践文化产业特派员制度，使其既参与到乡村文化发展、文化建设、文化引领当中，又能发挥文化赋能、渗透、引领作用，完善新时代乡村社会治理体系，根本性解决城乡融合问题。又比如，在赋能文旅融合方面。各种"文旅+"的跨界探索推动着文旅新业态、新模式的兴起，比如"酒店+博物馆"、"民宿+休闲"、"餐饮+文创"、"艺术+科技"和"文娱+教育"等，智慧旅游和线上消费的融合也为文旅消费创造全新的空间，有力地助推新时代文旅消费行业的繁荣发展①。

（四）文化产业集群化集聚化一体化发展

党的十八大以来，中国文化产业集群快速发展，已经成为各城市文化产业发展的主要空间形态。提升文化产业集聚度，发展文化产业集群是推动文化产业高质量发展的基本逻辑。文化产业集群正日益成为一个地区乃至一个国家经济社会发展的重要活力源泉。如美国东北部大西洋沿岸城市群的设计、媒体和娱乐产业集群，伦敦中南部城市群的创意设计和数字内容产业集群，欧洲西北部城市群的会展和设计产业集群，日本太平洋沿岸城市群的动漫游戏、数字内容和媒体产业集群等，都成为国家文化软实力的重要代表，也成为推动世界级大城市群不断升级的活力引擎②。

文化产业集聚会通过相关性产业的关联互动机制、组织惯例的扩散，促进默会知识的溢出，在正反馈作用机制下，集聚更多的创意人才、资本、技术等高级要素，进而触发新的创新，促进新的生产与消费网络的形成，推动区域形成新的经济增长极③。可以预见，基于新发展格局，特别在创新驱动和区域协调发展战略的指引下，中国文化产业集聚趋势将愈加明显，空间溢出效应会更强，如何促进区域内、区域间文化要素有序顺畅流通，文创成果广泛传播与共享，提高文化市场一体化发展水平，是学界和政界亟待深入探索的问题。

---

① 张治棠：《兔年文旅：大展宏图正当时》，《中国经济导报》2023年2月4日，第7版。
② 花建：《长三角文化产业高质量一体化发展：战略使命、优势资源、实施重点》，《上海财经大学学报》2020年第4期。
③ 郭新茹等：《文化产业集聚、空间溢出与区域创新能力》，《江海学刊》2019年第6期。

（五）文化消费需求个性化、互动化、品牌化、圈层化

2022 年 12 月，中共中央、国务院印发《扩大内需战略规划纲要（2022—2035 年）》，强调顺应消费升级趋势，提升传统消费，培育新型消费，扩大服务消费，适当增加公共消费，着力满足个性化、多样化、高品质消费需求。诚然，大众精神文化需求正趋多元化，在数字化生产、传播与交易技术的支撑下，文化消费市场也必然趋向层次化、个性化。另外，数字文化需求也逐步展现出本土化特点。当前蕴含中国文化元素的本土化产品已经成为数字文化消费市场的主流，"国潮"消费比重增加，折射出大众文化消费心态的转变①。

另外，文化消费市场将更加多样化、互动化。数字技术变革在很大程度上改变了文化生产的游戏规则，数字科技抹去了文化生产者、文化传播者、文化消费者之间的界限，赋予了文化消费者更强大的权力，使文化消费不再是文化产业活动的终点，它在一定意义上创造了文化生产。这种去中心化的文化生产，提升了规模生产的可能性，极大降低了文化生产的门槛。人人都可以是文化生产者，人人都能参与文化生产过程。这种由消费创造需求的去中心化的文化生产模式提高了全社会文化领域的互动水平和创造能力。"全民 DIY"的微内容生产开启了"零中介"的原创性文化内容生产模式，也创造了以往无法想象的"网红爆款""超级 IP"，催生了网络视频、网络文学、网络音乐等超大体量的新文化业态，为现代文化产业体系的建构提供了一种更开放的可能性。

（六）文化产业全球化、开放化发展

在世界百年未有之大变局中坚定文化自信，提升国家文化软实力至关重要。党的二十大报告提出，要坚守中华文化立场，提炼能展示中华文明的精神标识和文化精髓，加快构建中国话语和中国叙事体系，讲好中国故事、传播好中国声音，展现可信、可爱、可敬的中国形象。今天，文明冲突、文明隔阂、文明跨越的现象和趋势不减反增，中国文化国际传播的规模广度、影响效度、竞争力度，仍然有待大幅提升。新时代背景下，中国

---

① 赵伟：《文化产业数字化发展趋势及路径探析》，《人民论坛》2022 年第 19 期。

人民将坚持走中国特色社会主义道路，同时在社会主义核心价值观引领下，不断增强文化自信与国家文化软实力。第一，要在文化产品输出上下功夫，产出既富含中国哲学、体现中国精神、彰显中国元素，又适应现代受众需求、符合国际话语传播特点、国外民众能看懂能理解的文化产品，用中国创意、中国设计、中国方案"吸粉"世界受众，建构中华文化产品的符号标识和价值体系。将人类命运共同体理念作为文化"走出去"的灵魂，不断扩大与共建"一带一路"国家的文化交流和文化贸易。第二，要寻求掌握国际话语权的突破口，将中华文化通过现代语言加以阐释和表达，利用先进科技手段进行世界性包装，把中华文化放在世界文化格局中去解读和阐释，赋予中华文化以时代精神和世界属性，形成国际传播效应。以数字内容为核心，用数字技术带动文化出口，持续提升我国在世界市场竞争中的文化话语权。

第三节　新时代坚定文化自信，繁荣
广东文化产业的创新路径

习近平总书记指出，要推动文化产业高质量发展，健全现代文化产业体系和市场体系，推动各类文化市场主体发展壮大，培育新型文化业态和文化消费模式，以高质量文化供给增强人们的文化获得感、幸福感。可以说，大力发展文化产业体系，是推动强国建设、民族复兴的题中应有之义，更是赋能中国式现代化文化内核的必要举措。作为全国文化产业领头羊的广东肩负着建设文化强省，探索新时代中国特色社会主义文化软实力提升新路径的崇高使命。广东先后出台一系列壮大文化市场主体、健全文化产业体系、促进文化产业高质量发展的政策与规划，并把重点放在促进跨界融合以及产业形态、产业格局的调整优化上，在规模扩张、结构调整、提质增效等文化产业大发展方面取得较好的成效，综合竞争力稳居全国前列，但仍存在大型文化龙头企业少、单体企业规模小、文化与资本融合度低等影响文化产业高质量发展的问题。在双循环新发展格局下，推动广东文化产业高质量发展，应以文化供给侧与需求侧良性互动为主线，着力激活改革、开放、创新"三大动力"，坚定不移全面深化改革、扩大高水平对外开放，加快实施创新驱动发展战略，全面构建现代文化产业体系，注入创新发展动力和活力；激活产业供需两端，畅通文化产业循环；创新文化治理机制，健全现代文化市场体系；加快文化市场高水平开放，培育国际合作竞争新优势。

（一）全面构建现代文化产业体系，注入创新发展动力和活力

1. 持续优化高品质文化产品供给

扩大优质文化产品供给。内容供给是文化产业可持续发展的灵魂，高品质的文化产品供给是实现文化产业高质量发展的必要保证。应重点扶持以粤剧、粤曲、岭南工艺、广东文艺等为载体的文艺创作，鼓励和支持文化企事业单位、个人加大内容原创和产品研发力度，推动戏剧、音乐、舞蹈、美术、动漫、创意设计、工艺美术等文化产品创作生产，实现文化产品和服务内涵品质、创意水平的持续提升[①]。鼓励文艺院团与国内外高端剧院合作，推动文艺名家"走出去、请进来"，建设一批文化艺术名家工作室。引导文化企业研究开发适应老年人文化需求的文化产品和消费模式，突出引领青年文化消费。鼓励体现传统风貌、彰显中国气派、凸显社会主义核心价值观的文化产品和服务不断涌现，加大体现优秀传统文化的产品和服务的扶持引导力度，加速传承历史风貌的文化空间的更新和改造，加快承载中华文明的知识成果的转化和传播。

创新文化产品供给模式。充分借助现代化科技手段，全方位深挖优秀传统文化及其历史底蕴，使其"潮"起来、"动"起来，创造"沉浸式"产品新供给[②]。发挥文化产业的赋能、渗透、融合以及引领作用，将文化品牌、价值理念融入制造业、服务业和其他相关产业的产品定位、设计、加工、营销的全过程，引导一般性产品向带有"文味"的产品转变，提升其

---

① 李杰：《文化产业高质量发展的应变与求变》，《北京联合大学学报》（人文社会科学版）2021 年第 4 期。

② 潘爱玲等：《新发展格局下中国文化产业高质量发展的战略思路与实现路径》，《山东大学学报》（哲学社会科学版）2022 年第 6 期。

品牌价值和文化价值。

2. 推进新型文化数字化战略

加快培育发展数字文化产业。聚焦广东传统优势文化产业，发挥数字技术优势，加快发展数字出版、数字影视、数字艺术、数字印刷、数字创意、数字动漫、数字娱乐、高新视频等新文化业态，积极培育文化产业新动能，推动文化产业不断高端化、专业化。

改造提升传统文化业态。加快推动文化资源数字化转化和文化产业全面转型升级。支持传统企业运用物联网、虚拟现实、增强现实等新兴信息技术，对传统文化资源深度开发，提高原创能力，借助网络视频、动漫游戏、网络文学等数字文化产业形态，开发转化一批具有传统文化特色、蕴含中华优秀传统文化与人文精神的高质量IP①。创新网络文化产品的内容、形式、载体，创作出内容鲜活、形式多样、群众喜闻乐见的网络文化精品力作，满足广大网民日益增长的网络文化需求。支持将"5G+8K"、人工智能、虚拟现实、无人机等多感官体验互动技术应用于文化领域，兼顾科技介入与内容内涵，利用优质的文化资源开发沉浸式体验项目，推动沉浸式数字文化项目在城市更新、红色旅游、艺术展演等场景和领域的运用②。

3. 高起点推进文化与科技、旅游深度融合

加速文化科技融合。打造一批文化科技融合的领军企业和特色企业。高标准打造文化科技创新载体，加快构建高效协同的文化科技创新体系。鼓励支持文化科技企业和机构承担网络游戏、电竞、网络视听、超高清视频等关键技术和核心产品研发工作，并推动成果转化落地。支持文化科技骨干企业补齐产业链关键环节和核心技术短板，加快产业链关键资源整合，积极培育一批文化科技"链主"企业、生态主导型企业和"隐形冠军"。培育打造几个具有强大国际竞争力的文化企业集团。扶持建设更高能级的文化和科技融合示范基地。高标准建设国家文化和科技融合示范基地（集聚

---

① 顾江：《党的十八大以来我国文化产业发展的成就、经验与展望》，《管理世界》2022年第7期。

② 顾江：《党的十八大以来我国文化产业发展的成就、经验与展望》，《管理世界》2022年第7期。

类），推动建好国家文化和科技融合示范基地（单体类）。为促进文化科技成果转化和文化科技类中小企业快速成长，应扶持建设一批文化科技企业孵化载体。支持文化创客创业创新，支持搭建文化科技公共技术服务平台。支持国家和省级文化科技融合示范基地、高水平研究机构和文化科技领军企业在创意设计、媒体融合、游戏开发、电竞、影视动漫、网络视听、超高清视频、人工智能、文化资源保护开发等领域建设文化科技公共技术服务平台。

深化文化旅游融合。积极创建国家全域旅游示范区，打造具有国际影响力的滨海文旅产业带、粤北生态休闲旅游高地。鼓励更新或建设集文化创意、休闲度假等主题于一体的文体商旅综合体。鼓励建设集合文创商店、特色书店、小剧场、文化娱乐场所等多种业态的消费集聚地。创立一批文化要素完备、文化主题鲜明的特色文旅目的地，破解当前景区同质化竞争、低水平重复等难题。紧扣广东岭南文化、红色文化、海洋文化、创新文化四大主题，扶持打造文旅景区、文化主题精品旅游线路，串联景点景区，形成特色鲜明的岭南文化旅游集群、红色文化旅游集群、海洋文化旅游集群和彰显时尚动感的都市文化体验集群。重点支持具有地域特色、能带动贫困人口就业的农文旅项目，探索具有示范效应的乡村文旅发展模式。依托文艺院团振兴提升计划，促进文艺院团与互联网平台合作，扶持打造一批粤品牌的文旅演艺精品节目。完善线上演播商业模式，打造舞台艺术线上演播知名品牌。专项支持艺术团体与 A 级景区合作，打造"文化旅游剧场"，推动广东省艺术节、艺术院团演出季、国际青年音乐周、现代舞周、华语戏剧盛典、美术作品巡展等品牌活动进景区。加强与高端展会展览的融合发展。发挥重大文旅活动的品牌优势，全面发挥中国（深圳）国际文化产业博览交易会、中国进出口商品交易会等高端品牌展会展览对文化消费的带动作用，以文商旅融合增强文旅消费吸引力。筹建具有广东特色的高能级文化旅游综合服务平台和品牌。

4. 优化文化产业空间

应遵循文化产业发展规律和资源要素条件，配合国家区域重大战略、区域协调发展战略、新型城镇化战略和乡村振兴战略，加强区域、城乡统筹协调和协同联动，深化体制机制创新，持续破除区域文化产业集群一体化发展中的行政壁垒，真正实现文化产业要素资源在广东区域内自由流动，打造优势互补、各具特色、协同联动的文化产业空间大格局。围绕粤港澳大湾区建设等重大战略，推动区域文化产业带和产业群建设。支持革命老区发展特色文化产业，传承弘扬红色文化。鼓励有条件的地方发展海洋特色文化产业，助力海洋经济发展和海洋文化建设。积极引导和推动珠三角地区将文化资本和优秀人才输出到粤东、粤西、粤北地区，着力优化文化产业发展环境，大力发掘乡村文化、民俗文化和自然资源特色，保护和挖掘地方非遗资源，实现非遗转化创新，打造具有当地特色的文化品牌，增加乡村传统产业的文化附加值。

联合港澳打造世界级现代文化城市群。依托广深港澳科技创新走廊，支持广州、深圳打造"创意之城""设计之都""直播电商之都"，鼓励珠三角地区重点发展游戏动漫、演艺娱乐、数字会展、创意设计、影视制作、工业设计、数字创意融合服务、游戏游艺装备等产业。用好用足《粤港澳大湾区文化和旅游发展规划》，整合优势资源品牌和合作平台，携手港澳加快建设粤港澳大湾区世界级旅游目的地。串联粤港澳三地历史印记，推出一批高质量粤港澳大湾区文化遗产游径。建好广州长隆粤文化世界、广州塔文商旅融合发展示范区、珠海横琴国际休闲旅游岛、深港国际旅游消费合作区等旅游发展示范区。建立广泛参与、服务高效的文艺联盟体系。携手港澳培育大湾区春节嘉年华旅游品牌、美食文化品牌、文化遗产品牌、体育盛事品牌。携手办好具有较大影响力的展览展会。支持办好深港设计双城展、深澳创意周、中国（广东）国际印刷技术展，以及香港国际影视展、香港书展。支持澳门建设中国与葡语系国家文化产业交易中心。

（二）激活产业供需两端，畅通文化产业循环

1. 激发文化产业市场主体发展和创新活力

充分发挥国有文化企业的主力军作用。在实现社会效益与经济效益相统一的基础上，发挥国有文化企业在新闻信息服务、图书出版、影视制作、

文艺演出、电影院线、有线电视网络等领域的优势，强化龙头带动效应，培育打造具有国际影响力和辐射力的国有文化企业集团。

梯度培育壮大一批有竞争力的文化企业。鼓励大型文化企业通过资源整合、并购重组等方式做优做强，引进世界 500 强、有全国影响力的文旅企业等企业总部落户广东。聚焦数字文化、动漫演艺、创意设计、文化旅游、文化装备制造等产业领域，培育主业突出、核心竞争力强、市场占有率高或行业领先的"单项冠军""隐形冠军"，培育文化独角兽、准独角兽、潜在独角兽企业。完善适应企业生命周期的精准支持体系，围绕政策支持、宣传推广、融资服务、管理提升、产学研合作、人才培养、市场开拓等领域，提升服务企业能力。支持大型、创新型的文化企业引导小微文化企业紧跟科技发展趋势，朝着数字文化产业模式积极转型，并给予数字信息技术和产业研发方面的政策和资金支持。引导中小微文化企业向"专精特新"方向发展。

加快推动文化产业园区提质升级。推进省级以上文化产业示范园区创建，支持有实力的省级文化产业园区争创国家级文化产业示范园区。支持文化产业园区建设具有政务服务、知识产权保护、金融服务、产学研合作、孵化创新等功能的公共服务平台，提升服务效率效能。对文化产业示范园区（基地）、文化旅游融合示范区、文化科技融合示范区（基地）、数字文化创意小镇、旅游文化特色村镇、影视拍摄基地、对外文化贸易基地、数字出版基地、版权示范基地、免税综合体、综合文旅项目、文商旅融合发展项目等给予政策和资金支持。

加快文化产业集聚集群化。围绕出版印刷、游戏动漫、文化创意设计、超高清视频等优势领域，支持依托龙头骨干企业培育升级产业链，主动融入全球创新网络，推动产业链创新链深度融合，加快文化产业稳链、补链、强链、控链，培育若干具有全国乃至全球竞争力的头部企业，推动形成具有明显竞争优势且全国领先的产业集群网络。在媒体深度融合发展方面，推进南方+、羊城派、触电新闻、粤听、21 财经等移动客户端创新发展，打造新媒体发展标杆项目，培育一批有全国影响力、竞争力的传媒集团。引导支持文化装备制造企业依托广州、深圳、东莞、佛山、珠海、中山、惠州等产业集聚地，聚焦核心技术和关键零部件研发，实现产业链创新链价值链整体跃升。加快发展影视业、广播电视业、演艺业、版权业、文旅业等文化产业，在影视、广播电视、演艺等领域推出更多"广东原创""广东制作""广东出品"的精品力作。优化布局网络视听（网络直播、短视频）、电子竞技、沉浸式文化新业态、云服务新业态、数字文化装备及内容类平台经济等产业，打造全国领先的数字文化新业态集群。推动电竞全产业链发展，构建多层次的电竞赛事体系，打造国际一流电竞产业中心。加快直播、短视频产业发展，吸引国内外优质企业集聚，建设全国领先的直播短视频产业聚集区。

2. 引导培育和扩大文化消费

持续优化消费环境。建设功能丰富的数字化基础设施，优化数字化消费硬软环境，改善广大用户的视听消费新体验，鼓励发展基于网络平台的定制消费、体验消费、分享经济、知识付费等文化消费新模式。加快推动创建国家文化和旅游消费示范城市。支持粤东、粤西、粤北地区和国家文化消费试点城市采取政府购买服务、积分奖励、消费返利等多种方式，激发群众文化消费意愿。

引导发展新型文化消费。培育发展夜间文化消费，拓展文化消费新渠道。积极创建国家级夜间文化和旅游消费集聚区，推动夜间文旅消费规范创新发展，丰富夜间游览产品和业态，活跃夜间演艺市场，擦亮"粤夜粤美"夜间文旅消费品牌。推进博物馆夜间开放，鼓励开办 24 小时书店等。支持实体书店、文化娱乐设施等经营性机构提供优惠或免费优质文化产品和服务，扩大数字文化消费、高雅艺术消费、体验式消费和智能硬件消费品供给。实施公共文化设施、A 级景区弹性开放，引导步行街、商圈、景区、酒店、民宿等增设艺术演出、影院剧场和游客参与类项目。大力发展"云综艺""云展览""云旅游"等多样化的新型互联网文化消费形态。

（三）创新文化治理，健全现代文化市场体系

1. 深化国有文化单位改革和体制机制创新

加强广东国有文化资产管理，探索完善社会效益与经济效益双效统一

的综合评价体系。落实转制国有文化企业财税优惠政策。探索组建广东国有文化资本投资及运营平台。健全更加科学、更有效率、更符合文化发展规律的国有文化资产监管机制。按"一企一策"方式推动实力较强的广东国有文化集团通过资源整合、技术创新、品牌输出、跨界经营、兼并重组等方式做大做强。推进国有文化资本授权经营。实行"一团一策"，深度推进国有文艺院团分类改革。建立民营文艺剧团扶持机制，鼓励民营演出中介和经纪人发挥作用。完善文物单位从事文化创意产品开发经营制度。健全文化市场负面清单准入机制和退出制度，鼓励文化企业有序进入负面清单之外的文化行业，促进竞争性交易和市场价格形成。引导国外资本有序投资广东文化领域。支持符合条件的文化企业申报"信息网络传播视听节目许可证"和游戏版号。

2. 促进数据要素的高效利用

推进文化资源数据库建设。着力"摸清家底"，推进广东优秀传统文化、红色文化和社会主义先进文化资源等的普查登记工作。着力推动公共文化机构沉淀的大量优秀文化资源实现"数字化转化"，对已登记在册的文物资源进行数字化修复和转化，按照统一标准关联零散的文化资源数据，推动文化资源科学分类和规范标识，不断完善国家与广东地方文化资源数据库。

推进数据要素市场体系建设。在文化产业领域探索建立健全数据要素按实际贡献参与分配的机制。通过完善数据要素市场化定价规则、建设和规范数据交易平台以及健全数据资产评估机制等，进一步推进文化资源数据、产业发展数据的市场化流通。推动数据、技术、场景在文化产业数字化场域实现深度融合，通过数据要素的放大、叠加、倍增作用赋能传统文化产业数字化转型，催生数字文化新业态新场景，提高数字文化产业全要素生产率。制定文化产业数据使用标准，规范数据的收集、储存、传输、分析等过程，减少数据泄露、数据滥用等事件的发生。

3. 完善文化产业现代监管机制

加强顶层设计，联合相关市场主体，完善文化产品与服务内容的审批、审核体系及风险管理机制等。健全文化产业安全监管机制，守好意识形态、文化安全和社会稳定底线，完善和落实安全生产责任制。运用现代化技术手段监督治理文化新业态以及网络文化中的不良文化内容，制定安全评估制度及平台运行规则。对文化产业的内容生产进行价值引领，消除不良有害的网络文化产品，治理网络空间，把控网络文化产品质量，形成文明健康的网络文化空间。坚决打击盗版和侵权行为，规范文化产品创作、使用、消费、分享等秩序，保护知识产权和合法权益，严惩网络文化产品侵权、盗版、抄袭、山寨等违法犯罪行为，形成竞争有序、公平公正的文化市场秩序。

加强对平台寡头垄断行为的规制。注重把握文化产业发展规律与特点，坚持促进发展和监管规范并重，完善有效遏制平台垄断行为的政策法规体系，保护数据主体权益，避免数据过度收集、数据隐私泄露、平台算法诱导以及大数据"杀熟"等行为。引导内容型平台企业围绕"数据+算法+资本"的思路建立合规体系，注重企业在数据要素全周期运行过程中的行为规范以及在使用算法经营和提供服务过程中的行为规范。

4. 加强知识产权保护与转化应用

创新文化领域知识产权高效运行机制。鼓励建立文化产业领域内部技术市场和知识产权有偿使用机制，提高知识产权实施率。加强知识产权合规使用，在版权许可、转让、收购时，通过评估、协议、挂牌交易、拍卖等市场化方式确定价格。建好用好广东省版权贸易联合市场。加强知识产权与区块链技术结合，整合省内版权资源，搭建版权综合性服务平台。支持建设完善知识产权服务平台。推动前海国家版权创新基地、版权示范园区、中国版权保护中心粤港澳版权登记大厅等建设。推动开展数字文化产品"全生命周期"管理，优化版权产业发展环境，提升版权公共服务水平。

5. 健全文化产业人才供给体系

以文化产业发展需求为导向，建立健全文化产业人才供给体系。一是实施"精准育才"。完善多层次人才培育体系，重点培育中国文化"走出去"战略需要的国际化专门人才。二是实施"以链育才"。围绕文化产业全产业链、全价值链，创新实施文化产业人才培育模式，推动人才链与教育链、金融链、创新链高效协同，打破文化产业人才需求与科技、创意、经营、管理等方面的壁垒。三是实施"政策引才"。优化引才机制，制定引才图谱，优化引才生态环境，鼓励文化企业多形式、多渠道引进海外优秀文化产业专门人才。在资金扶持、项目落地、产业配套、要素保障等方面，加大倾斜力度，解决文化产业人才结构分布不均的问题，优化文化产业人才空间布局。

6. 健全文化金融支持体系

建立健全多功能平台整合文化金融资源。采取政府引导、市场化推进的手段，以广东股权交易中心为主要抓手，整合形成立足广东，覆盖港澳的非上市文化企业股权交易平台。支持广州南方文化产权交易所、深圳文化产权交易所设立省级文化企业金融综合服务平台；鼓励上市国有文化企业通过合规的资本运作方式做大做强做优，广东国有文化企业通过兼并、收购、重组等资本运作方式，做大资产规模和市值规模、提高品牌价值。设立产业基金投向文创产业关联领域，探索引入战略投资者改制上市方式，借力资本市场，加速企业成长。

探索打造粤港澳大湾区国际文化金融创新中心。支持广州、深圳创建国家文化与金融合作示范区，携手港澳合力打造大湾区国际文化金融创新中心。探索粤港澳大湾区文化产业银行、文化保险公司（或艺术品保险公司）的金融牌照创设，打造具有大湾区特色的文化金融品牌。

创新基于企业全生命周期的文化金融政策体系。根据文化企业的全生命周期，制定"初创期—成长期—发展期"分阶段的投融资体系。支持设立并规范运作各类文化产业投资基金引导企业上市。充分发挥省创新创业基金（新媒体产业子基金）、南方媒体融合发展投资基金等引导示范作用，创新基金投资模式，支持设立并规范运作各类文化产业投资基金。支持文化科技企业进入中小企业板、创业板、新三板和科创板，对符合条件的挂牌企业，在完成股份制改造或成功发行私募可转债后，可额外获得省金融发展专项资金的支持。

加快推动金融服务体制机制创新。完善文化品牌、商标、版权、冠名权等无形资产交易评估及规范机制，提供相关配套服务。支持设立一批专营文化产业的金融服务机构，鼓励金融机构建立文化金融专业服务团队，探索支持小微文化企业发展和文化创意人才创业的金融服务新模式。

（四）加快文化市场高水平开放，培育国际合作竞争新优势

1. 对内助力全国文化统一大市场建设

结合国家区域重大战略及广东区域协调发展战略，加快开展广东区域文化市场一体化建设。推动文化市场基础制度规则统一，促进要素和资源市场统一，推进商品和服务市场高水平统一，推进市场监管公平统一，在完善产权、市场准入、公平竞争、信用等方面重点解决隐性壁垒门槛等突出瓶颈。进一步促进区域文化产业一体化合作，建立健全文化产业重大事项、重大基础设施、园区合作的共商共建共享机制，积极探索优化项目资源的跨域合作新模式。

2. 巩固提升对外文化贸易新优势

完善政策体系，培育对外贸易竞争优势。面向共建"一带一路"国家和地区，推动以数字产品为重点的文化贸易，推动以标准为基础的文化科技创新成果"走出去"。加大对国家文化出口重点企业和项目扶持力度。鼓励和引导有实力的文化企业、民营互联网企业、电商平台等在海外建设分支机构、产业园区，开拓国际市场。充分发挥粤商遍布全球的纽带桥梁功能，构建更加稳定的海外营销渠道网络。

深化对外合作，增进文化互信。支持广东本土文化企业与外资企业在版权输出、影视制作、IP开发等领域开展深度合作，积极开展创意设计、运营管理、技术服务、专业人才等领域的国际交流合作。借助"一带一路"建设、亚太区域合作以及中非命运共同体构建的发展机遇，以打造境外产业园区或产业板块为抓手，将中国元素融入文化产品，优先向文化认同感较强的国家传播，增进彼此文化互信和民心沟通，更多地展现中华文化"软实力"。

做强做大贸易平台，打造对外文化贸易基地。建设国家文化出口基地、

国家对外文化贸易基地，推动完善政策集成、企业集聚、产业集中、引领发展的文化出海全链条服务体系。推进对外文化交流重大平台建设，用好中国（深圳）国际文化产业博览交易会、广州文化产业交易会、中国进出口商品交易会等常态化高端交易展示平台，做好"家门口"的文化产业推广宣传工作。探索设立中国（深圳）国际文化产业博览交易会海外分会场，提升其国际影响力，将其打造成为全球文化会展核心平台。支持引进国际知名文创展览落户广东或在广东设立分会场。

争取文化贸易便利化政策突破。发挥广州、深圳核心城市以及横琴、前海、南沙、河套四大自贸区高端平台创新优势，率先探索并主动对接高标准的国际文化贸易规则体系，营造优越的文化产业投资环境和竞争环境，吸引国外优秀文化产品和高质量文化资源流入。创新数字文化贸易政策，争取国家政策，出台文化艺术品贸易便利化措施，探索一站式艺术品全产业链服务，更好地衔接国际、国内资源。

跋

　　文化是一个国家、一个民族的灵魂。坚定文化自信、增强文化自觉、实现文化自强，事关国家前途命运，事关民族发展进程，事关人民利益福祉。党的十八大以来，我国文化建设取得历史性成就、发生历史性变革，为新时代坚持和发展中国特色社会主义、开创党和国家事业全新局面提供了强大正能量。习近平总书记指出，要锚定 2035 年建成文化强国的战略目标，不断发展繁荣新时代社会主义文化。文化产业高质量发展契合人们追求美好生活需要，有利于激发文化创新创造活力，促进经济高质量发展，是推进文化强国建设的必然选择。广东作为中国经济第一大省，肩负着走在前列的重要使命。2025 年，广东省在高质量发展大会上指出，广东改革发展先行一步，既能享受实验区的红利，也会较早遇到发展中、转型中的难题，这是历史必然，也是历史使命。会议坚信，新征程上，广东一定能率先克服"成长中的烦恼"，走进高质量发展的时代之门，开启新的成长周期，创造新的辉煌成就。

　　改革开放四十余载，广东以"敢为天下先"的锐气，在文化产业的蓝海上驶出了一道道璀璨的航迹。在数字技术重构文明形态的今天，4K/8K 超高清技术让粤剧《白蛇传·情》的翎羽纤毫毕现；潮州木雕大师用数控机床雕刻出传统纹样；深圳文博会十五年铸剑，已卓然蝶变成全球文化产业的"风向标"；广州北京路步行街几经改造，千年古道与现代商业文明水乳交融；横琴粤澳深度合作区的文创实践，正在探索"一国两制"下文化产业发展新模式。这些生动而丰富多彩的实践背后，彰显出广东特有的改革智慧：既保持对市场信号的敏锐感知，又赓续对文化根脉的传承使命。

五岭逶迤，珠水泱泱，南粤大地文化产业繁荣发展，文明之花盛开，已成为社会主义市场经济条件下文化治理体系的创新样本。

为系统阐释文化产业高质量发展的理论内涵、全面回顾广东文化产业发展历程、深刻剖析广东文化产业发展的势能与潜能、明晰新时代广东文化产业高质量发展的战略路径，广东省社科院强化有组织科研，成立专项课题组，深入开展广东省文化产业发展相关调查研究。课题组由省社科院党组书记郭跃文研究员、省社科院副院长向晓梅研究员共同领衔，由文化产业研究所、经济研究所以及广州市黄埔区委党校部分科研骨干组成编写组。编写组从历时性、全局性、整体性出发，深入认真调查研究，通过翔实的产业数据、鲜活的创新案例和深度的政策分析，系统性地梳理了广东文化产业高质量发展的脉络和现状，并通过对标对表，展望未来，提出了一系列战略构想和发展建议。

本书立足当下、着眼未来，重视协同攻关、聚合集体智慧。在编写过程中，郭跃文书记统筹谋划，提出总体要求，反复认真审读书稿并提出修改意见。向晓梅副院长就研究思路、框架结构进行了深入指导。文化产业所詹双晖所长承担研究协调工作，带领编写组成员反复研讨、调研，确定研究框架与主要观点；文化产业所严若谷副所长带领编写组成员不断优化论证逻辑、打磨文字表述，并对全书进行统稿修改。编写组以习近平文化思想为理论指导，坚持国际前沿视野和高质量研究的原则，从项目立项到成果付梓，六易其稿。文化产业兼具经济属性和意识形态属性，本书立足文化产业自身特点分十个章节谋篇布局。绪论重在阐释文化强国战略下广东的文化新使命。第一章和第二章分别从理论审视与历史方位两个维度，解析文化产业高质量发展的时代内涵，回顾改革开放以来广东文化产业发展的历程。第三章从国际国内比较出发，评价新时代广东文化产业高质量发展的优势与潜力、问题与挑战。在第四章提出新时代广东文化产业高质量发展战略构想的基础上，第五、六、七、八、九章对文化产业重点领域进行分论，第十章提出面向 2035 年建成文化强国的广东文化产业高质量发展未来展望。各章节撰写分工如下：绪论，郭跃文、孙恺敏；第一章，向晓梅、孙恺敏；第二章，詹双晖；第三章，詹双晖、严若谷；第四章，詹双晖、严若谷；第五章，沈君菡；第六章，揭英丽；第七章，涂俊仪；第八章，严若谷；第九章，段润；第十章，曹佳斌。广东省社科院科研处为课题立项、组织协调做了大量工作。文化产业所谢开来、张青、张洲、吴爱萍、程丹阳、张勇参与课题讨论、资料查询、文稿整理等相关工作。社会科学文献出版社进行了专业细致的编辑出版工作。

衷心感谢所有为本书出版付出辛勤劳动的同人。由于水平有限，如有疏漏或不当之处，敬请读者方家批评指正。

本书编写组
2025 年 2 月

图书在版编目 (CIP) 数据

如何强起来：广东文化产业高质量发展之路 / 郭跃
文等著. -- 北京：社会科学文献出版社，2025.3.

ISBN 978-7-5228-4030-7

Ⅰ. G127. 65

中国国家版本馆 CIP 数据核字第 2024CD1840 号

如何强起来：广东文化产业高质量发展之路

著　　者 / 郭跃文　向晓梅　詹双晖　严若谷 等

出 版 人 / 冀祥德
责任编辑 / 韩莹莹
文稿编辑 / 陈　冲
责任印制 / 王京美

出　　版 / 社会科学文献出版社
　　　　　　地址：北京市北三环中路甲 29 号院华龙大厦　邮编：100029
　　　　　　网址：www. ssap. com. cn
发　　行 / 社会科学文献出版社（010）59367028
印　　装 / 北京联兴盛业印刷股份有限公司

规　　格 / 开　本：787mm × 1092mm　1/16
　　　　　　印　张：17.25　字　数：257 千字
版　　次 / 2025 年 3 月第 1 版　2025 年 3 月第 1 次印刷
书　　号 / ISBN 978-7-5228-4030-7
定　　价 / 148.00 元

读者服务电话：4008918866